意味としての心

「私」の精神分析用語辞典

北山 修

みすず書房

意味としての心

「私」の精神分析用語辞典　目次

あ行

か行

さ行

た行

な行

は行

ま行

や行

ら行

わ行

私の歌はどこで生まれるのか──「旅」と「私」　299

凡例

一、本書は、著者がこれまでさまざまな機会にあらわしてきた、精神分析的観点からみた臨床語を集め編集した。主に「imago 臨時増刊　ことばの心理学――日常臨床語辞典」（青土社、一九九二年八月／後に『日常臨床語辞典』（誠信書房、二〇〇六年）に収録）、『新版 精神医学事典』（弘文堂、一九九三年）、『精神分析事典』（岩崎学術出版社、二〇〇二年）に収められた項目の原稿を元に構成し、あらたに加筆修正を行った。

一、精神医学（精神分析）の専門用語には、見出しに英語を並記した。

一、原則として、書籍名は『　』、雑誌名は「　」、論文名は「　」で括った。

一、フロイト論文については、大論文は『　』、小論文は「　」で括った。

一、巻末に「参考文献」および「索引」（人名・事項）を付した。

あ行

あい
曖昧
あきらめる
あずかる
焦る
遊び
遊ぶ
甘える
ありがたい

生かそう
生きがいがある
移行対象
依存
愛しい
いないいないばあ

ウィニコット
裏
羨ましい

おかし
押しつけられた罪悪感
踊り
思われます

あい

▽多い同音異義語

辞書を見ればすぐに分かりますが、現代の「あい」や古語「あひ」には繊細な意味を分けて伝える同音語が数多くあります。思いつくまま挙げてみても「会い」「合い」「逢い」、そして「相」や「間」、また言葉としては本来「合う」とは関係のないという「愛」と、二人の間の親密な関係を表すものが次々と出てきます。

「あふ」はその語源説のひとつに上下の唇が相寄るときの音から出たという連想があるように、二つが互いに寄り合ってぴったり一致する、調和する、ひとつになる、という意味で、ものともの、人と人との間の基本的意識を示しています。特に「合う」の場合は、「出会い」がさらに進んで、受け入れる、矛盾しない、ぴったり当てはまるという適合、合致、調和のニュアンスが強調されます。また、「嫁う」も「あう」と読み、男女の出会いを言い、結婚する、交合するという意味もあって、男女や夫婦が合わないというのは、「性格の不一致」だけでなく、肉体的で性器的な不一致も含まれます。これは英語の"intercourse（交わり）"が交際と性交の両義があるのと似た使い方といえるでしょう。『日本語源大辞典』（小学館）では「あわい（間・合）」とは「物と物との交わったところ。重なったところ。また、境目のところ。中間。間。」としており、この略が「あい」というわけですから、その意味は隙間があったり、ぴったり合ったりの間を揺れているのです。

そして、「医者に会う」「先生に会う」とは言っても、「通行人に会う」とは言わないように、対人関係について「会う」が使われる場合は会う意味があるときで、無意味に会うことは会うではなくて、むしろ会っていないことになります。よって通常は、会うこと、合わせること自体に大きな意味や高い価値があり、会わないこと、合わせないことにはまったく価値がない、意味がないということになるのです。

このような意識を伴う「あふ」という言葉は、面接と対話を価値ある形式とする日本語臨床の基本語となります。たとえ「ゆきあたりばったり」になってもなんとか合わせながら、出会い、そして触れ合うこと、それが「あい」を持続させることをもっとも有意義で価値の高い関係性とする、私たちの臨床風土をはぐくむのです。

▽「愛」の歴史

一方、「あひ」は「愛」の発音に似ていますが、日本語では古く「愛する」と言うことはありませんでした。これは現代語で言うなら、恋う、思う、好む、会うなどの語で表されており、「愛」の文字はあっても上から下、男から女、親から子への自己本位な愛であり、対等の愛や自己否定的な愛を示すことはなかったのです（西郷信綱）。

「愛」はもともと中国から輸入された漢語であり、『源氏物語』にも一例も登場せず和歌などにも用いられなかったように見えるのですが、実際には広く使われていたという推測もあります。ただし、仏教思想の影響を受けたことも関係して「愛」は性愛や本能的な愛情を指し、執着や貪欲として使用されたこともあり、キリシタンの宣教師は神聖な愛や神の愛を意味させるためにこの生々しい「愛」を避けて「御大切」を用いたのでした。この語が我が国で日常語として爆発的に普及したのは、近代中国語の「愛」と関わりをもちながら、西欧から輸入された「愛の言葉」の翻訳や、キリスト教の博愛に相当する言葉の受け皿として「愛」が活用されるようになったからだと言えるでしょう。

また、愛の具体的な現れである「逢う」と発音が似ていることや、アイウエオの冒頭に来る〈ａｉ〉が口を開いて上下の唇をひきしめて寄せるときの音であること、またその母音の二重の連なりを通して分かち難い親密さや緊密さを示すことなども理由として考えられます。

理念から生理まで歴史的に幅広く入り混じる混成の

素性をもつために、「愛」は会・合・相・逢の「あふ」、英語的なラブ、キリスト教的な博愛、そして人間の性欲など、さまざまな要素が混同されて使用されます。ゆえに、「愛する」という積極的な働きかけが自覚されない環境では、輸入された意味での「愛」という言葉の具体的な使用においては虚偽、裏切り、誤解が伴いやすく、正確な心理を表現しようとする臨床ではあまり使用されず、逆に特別な文脈で貴重な言葉として扱われ注意を喚起しながら使用されるようであります。

▽合わない

このように注目され、臨床において特別視される「愛」に比べ、とくに現代のマスコミや流行歌では「愛」は気軽に使用されていますが、その意味の上滑り現象は言葉を裏づける実体の不在のせいで歯止めがきかなくなっています。さらに社会的には、見合い、出合い、付き合い、知り合って、連れ合いになるとか、慰め合い、喜び合い、励まし合い、話し合うという具合に「あう」もまた大切な言葉として頻繁に口にされます。ただ、これが闘争、戦争を意味してきたことも忘れてはなりません。「仕合」は勝負や決闘を意味し、「渡り合う」は喧嘩であり、「言い合う」は論争です。また、争うは「荒らし合う」、「戦う」は「たたき合う」から出たと言われています。ゆえに、「愛」といっても輸入されただけの意味の使用では、また「会う」や「合う」の合一と調和を強調する意味論では、逆の争うことも「合い」であることが退いて、事態の一面しか意識していないことになります。であるならば、これを捉えるために繰り返し繰り返し愛の言葉を口にしてもなお「あい」の全体は表現できないことになり、「合わない」と言われるためにこそ会うという努力に大きな意義がもたらされると思われます。

▽合わない患者がいる

これだけ多くの治療で、そしてこれだけ多くの治療者が、会うこと、合うことを、治療の基本的な方法としていることろを見ると、これが人間の在り方の基本のひとつであることが納得できます。

しかしながら、どのような「良い先生」にとっても合わない患者やクライエントがいますし、どのような「良い患者」にも合わない医者がいて、二人は相性が悪い、良いと言い合います。精神科臨床では患者と話が合わないことが多いとしても、そのなかには調和しない、合致しないというマイナスの意味で合う場合と、会わないという意味でも合うことがない場合とがあるのです。前者の場合、合わなくとも争い合うという形でなら合うことがあるかもしれず、治療関係ではその関係に意味のあることが最初から貴重になるでしょう。「喧嘩友達」と言うように、すべての平和な人間関係に争いのないことや会いたいという願望を前提にすることは危険であり、臨床でも合わせたくない患者や、会いたくない患者もいます。そして外界との生きる接点が失われた患者とでは、とりつく島がなく、接点を模索して無限の時間が費やされ、合うための島を作ることに無数の工夫が求められることがあります。それは、赤ん坊と母親とが合わず、その唇と乳首が合わないなら、人生の開始時点で最大の不幸せを経験することと並行するものでしょう。ということは、たとえば離乳するために乳首にカラシを塗ったという風習は、多くの根源的な不幸や苦悩を作り出していたと考えられるのです。

[関連項目] 幸せにする、性

曖昧

▽分かれていない

「曖昧」とは、辞書によれば、はっきりしていないこと、ぼんやりしていることを指します。ときに分明でないことと解されているように、それははっきりと何であるとは同定できないもののことであり、曖昧模糊と言うならば、さらにその事情が明らかになるでしょう。これを英語で ambiguity と訳すと、その指し示すところは、「複数以上の意味にとれるadmitting of more than one meaning」という多義性や「両義語double meaning」と同義のように取り扱われてしまいやすいのですが、これはわれわれの曖昧の本義ではないでしょう。ambivalenceの場合もそうなのですが、ambi-という接頭辞にはすでに、両側、ふた通りという意味があるので、意味の分かれていない曖昧と、それが分かれているambiguityとは正確には対応しないのです。

▽どっちつかず

ここで曖昧の意味を明快に切ることはできませんが、曖昧についてならば、いくらでも語れます。まとまらない考えで頭がいっぱいで吐き出したくても、我慢すれば、やがて消化され小さくまとまって溶けていくように、曖昧について語ることの目的は、未消化物の置き場所のひとつを紹介することにあります。まず曖昧は、現象的に「どのようにもとれないundetermined」ということが第一義にあり、ふたつ以上の意味にとれるというのは、その「いかがわしさ」を嫌って何とか複数の意味にとって処理しようとする〈割り切りたい〉〈のみこみたい〉〈消化したい〉〈吸収したい〉という消化優先の結果である場合が多いのです。むしろ、曖昧とは簡単に割り切ることのできない〈どっちつかず〉の状態を指し、本来的にはどっちにもとれてしまうことだけを意味するものではありません。曖昧とは「どっちにもとれそうだが、どっちにもとれないもの」と、どっちつかずに描写することができ、こうして、英語で言うところの“betwixt and between”に対応させることにしたいと思います。

実際に、曖昧とは「どっちにもつきながら、どっちにもつかないものである」と言うほうが、われわれが自然の曖昧に向かい合うときの反応の全体を言い当てているように思います。私たちは、人間の知識が躍起になって把握しようとしているこの生の自然の有様が、本来曖昧で混沌としているのか、それとも一切に「真理の法則や秩序」を見込めるものなのか、そのどちらだとも言えないのであります。それは、原初の心が、混沌とした状態にあるのか、それとも分化し二股をかけた状態にあるのか、どちらなのか「分からない」と言うのと同じでありましょう。

▽噛んで含める

赤ん坊は、血（チ）のつながりを通してすんなり納得できるものを取り入れてきたのです。乳児の、曖昧なものを許容できず割り切れる〈知〉だけを取り入れるという積極的な選択傾向は、生の身体機能に由来する消化吸収傾向と未消化物流出とに基盤を置いています。精神分析の観点から言うなら、摑んだものは何でも口に入れて消化しようとする赤ん坊の肉体はすでに知的なのです。さらに、その知的能力が発揮されるのは、現代の育児環境が、赤ん坊の放出する未消化物を除去し先送りして、消化しにくいものや生々しいものは先取りして与えないという育児を行っているからでありますす。もしこの親の「噛んで含める」というような、先送りと先取りがまったくないとすれば、赤ん坊はとたんに未消化物にまみれてしまい、混沌とした〈痴〉という悪い曖昧さのなかに放り出されることになるのです。

（北山修『心の消化と排出』より）

あきらめる

▽潔くあきらめる

『日本語源大辞典』（小学館）にはこういう歴史的過程が載っています。

①「あきらむ（明）」は、上代では心を曇りない状態にし、晴れ晴れさせることをさした。②中古には「言ふ」「聞く」などと複合する例が多く、事情を明らかにする意味になる。③近世になると「……と、あきらむ」の形をとって心にはっきり決める、迷いを断ち切るという意を表すようになり、さらに目的を明示しない形で「断念する」ことをいう現代の「諦める」につ

ながっていく。

　これはそのまま「あきらめ」の発達段階論にできるかもしれません。そうしてみるなら、第一の晴れ晴れしい心境や第二の事情や理由を明らかにすることもなく、ただ断念しろというのでは無理が生じるのでしょう。また敗北や従属の際に「潔く諦める」と言うように、この種の日本語には反動的な清潔感覚を伴う場合があります。つまり『古事記』でスサノオは「異しき（ケシキ）心なし」「邪き（キタナキ）心なし」と言って、清く明るき心、つまり忠誠心を誓いますが、実は後の物凄い乱暴狼藉に見られる反逆心と隣り合わせになっているのです。

▽あきらめ半分

「あきらめた」と言っている人はあきらめてなんかいないし、「あきらめないぞ」と言っている人は、半分はあきらめかけているでしょう。明るいことだけを強調するあきらめとは、「暗い心」「汚き心」「異心」「裏切りの心」や執着心と「ふたごころ（二心）」の関係にあるのです。というわけで実際は、意味は明暗の両極にぶれているのであり、これを特定する思考は再び「あきらめ」と「あきらめないぞ」とに分かれます。そして、思考そのものが無理で不自然となり、それで程好いところで止めなければと思って止まったところこそが丁度いいことが多いのです。つまりは「あきらめ半分」なのです。

　日本語で悪い意味の「いい加減」と良い意味の「良い加減」の両方が、どっちつかずになってぶれる時、その真ん中あたりに「ちょうど良い加減」がありそうです。似たような言葉の「適当」や「平凡」が良い意味と悪い意味、つまり肯定と否定の二つの意味を持っているのは周知の通りですが、その両面に二股かけて意味がぶれ、やがて落ち着いたところに適当な着地点がありそうです。

　それらには、分かろうとしても分からないところがあって、そこでは意味のぶれや混乱が生じます。私たちがこの動揺を何とか止めようとして、「仕方ない」「きりなし」「是非もない」と言って、「諦め」の心境や境地が発生するのです。「仕方ない」「どうしようもない」「余儀なし」というのは、方法の枯渇を言っており、「やむなし」「きりなし」とは終わりがないことを強調しています。

ここに、千手観音のごとく「あの手この手」を使い果たし、思い詰める思考を断念させ、きつい思考が「ゆるむ」ポイントがあります。そしてその後は、時間や自然、そして川の流れ、潮の流れにまかせ、ゆったりとすごすしかないわけです。この緩んだ「あきらめ」とはどこかだらしなくて、余裕が生まれており、テンションが高くて潔いあきらめとは違うように思います。

【関連項目】自然だ、はかなさ、ゆ

あずかる

▽仲裁と審判

「あずかる」には「預かる」「与る」がありますが、後者の「……にあずかる」は「……を受ける」「……と関係をもつ」の意味で使用します。「預」の字で表記される「あずかる」「あずける」は保管のための授受を指しますが、物や金銭ではなく、人間関係で使われる場合、もめごとや勝負の勝ち負けをそのまま任せるという意味や、その処理をしばし委任する、ゆだねることにして、時間をかけようという意図が際立つのです。喧嘩する人間たちの中に入って仲裁したり、勝負する二人の間に割って入ったりする第三者的な人間は、まずはその勝負をあずかり保管せねばなりません。また、割って入るだけでなく、両者を結び付けるために、間に立って写真をあずかり良縁を紹介する仲人の仕事も「あずかり」のうちでしょう。

人間関係で「間に入る」「間に立つ」という仕事は重要な機能を果たすはずですが、スポーツの審判に比べて相撲の行司の体格が小さいように、勝負している当事者より小さく評価されるようなのです。多くの場合この一時的なあずかりは保管の責任を負うだけであり、勝ち負けの裁定も正邪の審判も期待されていません。第三者的な役割は求められながら、はっきりした判断を示さないことや、その利害に関わる当事者でもないことが、この仲裁者が軽く扱われる理由なのでしょう。このような仲介者は、いつまでも二者の間の中間的存在にとどまり、力学的に二者の上に上昇して第三者として独立するのはなかなか難しいのです。そして、権威のある第三者とは、むしろ勝負をあずかるのではなく、逆に「よきにはからえ」とまったく勝負やもめごとに深く関係しないのが最善の態度となるのです。

▽悪いようにはしない

以上のあずかりでは、所有権はもとのままであり、あずけたものを返してもらうのは比較的簡単です。しかしながら、このような中間的な第三者は、これが不在で一対一の「ぬきさしならぬ関係」になったならば、その重要性が明確になります。第三者のいない二者間の直接的なあずかりになると、あずかる側とあずける側との間は濃厚な師弟関係や親分子分関係になりやすく、勝負や喧嘩ではなく、かけがえのない魂や命、そして身体や身柄、さらに人生や未来までもがあずけられ、ときにあずけた後の処遇や、返してもらえるかどうかの不安が強くなります。このような場合のあずかる側は、あずける側の絶対的な信頼と依存を引き受けるので、「悪いようにはしない」と約束することが求められます。だから、これをひらくために仲介者の存在が必要なのでしょう。

また、子育てにおいては、一時期子どもを親戚にあずけることや、赤ん坊をあずかることが稀ではありません。これらの「あずけられる」ことが心理的な外傷体験の発生の契機になりやすいことを考え合わせれば、きわめて日常的な「あずける—あずかる」や貸し借りもまた間違いなく特別な意味を帯びてきて裏切りや外傷体験につながりやすいことが分かります。

▽時間的な預かり料

治療者は有形無形に、さまざまなものをあずけられます。身体医学では、患者が医師に体や命をあずけることは稀ではないでしょうが、精神科ではプライベートな話や秘密をあずかり、症状、身体、生活をあずかりますが、実際には品物をあずけられることもあります。それは心の一部を委ねることであり第一に信頼、依頼の表現でありますが、一般的に結果としてあずけっぱなし、借りたままになることがままあり、不必要な恩や不安や恐怖の元にもなるでしょう。だから、精神科の治療が有料で行われ治療費をちゃんと払ってなるべく借りをつくらないようにすることには大きな意味があり、治療者は有料で心の貸し借りを精算しながら悩みや秘密をあずかり、面接時間を売っているのだと言えます。患者はこの時間をかけるという仕事に対し、治療費を払うことで恩を不必要に感じたり負い目を感じなくてよいことになり、心理的治療の有料化は患者―治療者関係が対等に近くなるための方法なのです。実に、家族やカップルの場合でもそうですが、心理的な問題を扱うときは、第三者が間に入ってもめごとを預かるだけで十分仕事になることがあり、時間がものを言うのです。そのときの保管料は時間制で治療料金としていただくことになりますが、この預かり料をいただくことで、不平や不満も言ってもらいやすくなることは興味深い事実です。

焦る

▽時間はあるか

「時間がない」と言うときは、余裕やゆとりに絶望し、待てなくなって、「焦り」と呼ばれる焦慮と切迫が生じています。逆に「時間がある」は、もっぱらそれは時間のあることがもたらす余裕という、何物かの訪れを待つための希望に満ちた時空のあることを示しています。心配、不安と呼ばれるものには、すべて時間がなくなり、どこかに焦りが生まれています。この多少の焦りが全面的に展開すると、「異常に焦っている」と言われる事態が勃発するのです。そして、このとき生き方と体験は現状に留まることなく総がかりで、そしてときには「命がけ」で、事態を未来へ未来へと先取りして考えることになってしまうのです。統合失調症者の「想像を絶する体験」では、おそらく焦りが時間を追い越してしまい、ついには上滑りし空回りしており、その時間性が途絶しかけるところ、またはそれが回復しかけるところで「焦りまくる」「焦りの塊」という注目すべき異常状態が出現しているのです。このような病者の先取り的な焦りについては、我が国の精神病理学における木村敏の「アンテ・フェストゥム」という概念や、中井久夫の論考を参考にしていただければと思います。（しかし、木村の場合は自己が自己であることについての現象学的な考察に基づくものであり、私たちが「焦り」によって捉えようとする、物事を余裕をもって置いておくことができない、という常識的な「大騒ぎ」とは次元が異なるでしょう。）

▽置いておけない

焦る患者は時間を追いかけている、または時間に追いかけられている、という意味で時間との接触をかろうじて保っている、または保とうとしていることに注目できるでしょう。つまりは、「時間がない」と言っているうちは、時間性が解体寸前であるとは言え、待つための時間の希望がまだ少しはあり、治療者の側にも、間に合うかもしれないという期待が生まれます。そして、まだ起こってもいない問題を置いておくことにより、かろうじて得られる余裕を大事にする、という当面の希望が患者と共有されるかもしれません。そこで「何」を焦っているのか、という問いへの答えは何があってもおかしくはありませんが、その「何」とは実は曖昧なことや実際には「ないこと」なのだという答えになることが多いのです。これはどうこうしようとしても、どうしようもなく、本当に仕方のないことなのです。だから時間をかけて、焦っても仕方ないと断念し、どうしようも「ないこと」の悔しさを噛みしめると、曖昧と偶然、それに不思議や不可知を置いておくための余裕が発生するかもしれません。

多くの患者が、「考えすぎ」「感じすぎ」や「深読みのしすぎ」のために、他人の「腹の中」をさぐり、周囲の発言の裏の意味や隣の物音の意味を読み取ろうとして焦っています。そういう場合の余裕は、曖昧で偶然が許容される遊び、魔術の領域、両面的で中間的な発想のあることによって示されるかもしれません。このような曖昧や偶然をこなしたり、さばいたり、置いておこうという提案と、それを置いておくための領域や媒体、そして方法を発見することも、当面の治療のための希望になるでしょう。

▽ゆとりある配慮

焦りに対して、大雑把に言って三つくらいの対応が考えられます。まず、ゆっくりやろう、時間はいっぱいある、と声をかけて「時間をかせぐ」現実的なもの。しかし「空騒ぎ」では、「何」を焦っているのか分からないので、その「何か」を確定しようと言う指針もあり、それが何であるのか分かれば「なあんだ」ということになるかもしれません。さらに、逆に、工夫をしてその「何か」を置いておくこと、距離をとることを勧めることです。「何か」に焦っていても、「何か」はたいていが簡単に起きることはないのですが、仮にこれが起きれば「やっぱり」ということになります。だから、十分に時間がたてば「何か」は何も起きなかったということで、時間のあることを知ることにつながるでしょう。何も起きなかったのでどうでもよくなり、置いておけるようになるというのと、待っていれば待っているものがやがて訪れるので待てるというのとでは異なりますが、どちらの「待てる」の場合にも「時間がたてば」「時間はある」の感覚が伴います。こうして、分析的治療に長い時間をかけることには、体験から学ぶこととして「時間のあること」を実現させるという目論みがあると言えます。どのようなことでも、臨床では時間がかかるものだからです。

もうひとつ、環境面での、時間をかけた遮断や隔離という治療的配慮があり得ます。あり得る「何か」の侵入をできる限り防いで「何か」を本人から遠ざけるために、周りの環境などからいい加減さを取り除き、刺激をできるだけ単純にして、世界の複雑な事態を少しずつかみ砕いて提示することです。これに加えられるべき基本原則は、治療や治療者の側が焦ることなく落ち着いていて、当てになること、信頼されること、安全と余裕を保証することです。これは、母親が赤ん坊を世話すること、それも持続的に世話をし続けて「抱えること」と同等のことであり、そこでも曖昧さを廃し、偶然から赤ん坊を守るためのゆとりある配慮が大事です。心配したことは「やっぱり」起きないし、時間がたてば何も起こらなかったのだし、また時間をかけて待っていたものはやってくるという体験が、説得力をもって確認しあえるまで治療は続けられるのです。

▽先生もおかしい

一般に「良い先生」「良い看護婦」と言われる人は、人よりも先に気がつき、気が利く人であり、過去の乳幼児期においてもイイコであったに違いありません。このイイコの部分が迎合的で適応過剰になりやすく、その内側の部分では外の世界から遅れて焦っているかもしれません。頭が良いというのも、先に気がつく、先取りの傾向と言ってもよく、人によっては焦りが見られるでしょう。医者になろうとする人達は焦りながら関門を越えてきたために、焦りを当然視しやすいことを、中井は指摘しています。「どうしたらいいか」「どうしようもない」「だから、どうしたらいいのか」と焦る「良い先生」の焦りについて笑えることや、その種のユーモアで緩むことは貴重です。そして、病者の焦りや、心身に障害をもたらす性格的な問題をもつ者の焦りについての理解を深めること。患者を取り囲む環境に余裕をつくりだすことや、患者が落ち着きのある治療者に同一化することで、患者自身も落ち着きを取り戻す可能性が拓かれます。

［関連項目］ゆ

遊び
play

遊びが人間の本来の姿の現れるところとみなされ、創造や芸術との関連で重視されることは、古くからありました。今世紀の遊戯論からの人間研究はオランダの歴史家ホイジンガの『ホモ・ルーデンス』に始まるといってよく、これによって人間は「遊戯人」にほかならないことが宣言されたのです。続いてフランスの社会学者カイヨワの研究が発表され、遊戯の意味論からの研究が増加しました。

すでにフロイトは彼の「機知」の研究で子どもの遊びから発達する冗談を観察して、笑いやユーモアの快感の源泉を、抑圧されていたものの解放と抑圧によって節約されたエネルギーの排出という観点から説明していますが、これが夢分析とともに精神分析の遊戯論の第一歩となりました。さらに彼は、芸術家の空想を願望充足という点から子どもの遊びと同一視して、遊びを通した児童分析の可能性を示しましたが、遊びについての彼の分析には現実逃避や代償満足というような否定的な評価が垣間見られます。一九二〇年代に遊びの積極的な価値を見出していたのはアンナ・フロイトやクラインら児童分析家たちであり、多くの児童分析で子どもの遊びが成人の自由連想に匹敵するものとみなされるようになり、遊びは幻想や空想を分析するための分析治療の方法となりました。クライン学派では遊びを媒体にして描き出された無意識的幻想を言葉で解釈することによって不安や精神機制を取り扱おうとしますが、その一方で治療者は創造性や昇華の意義を評価し、遊びを共有してともに遊ぶことも重要です。

とくにウィニコットは独自の移行対象論を発展させ、障害を持つ子どもとのスクィッグル・ゲームなどを通して、遊ぶことが健康の第一の指標であることを示しました。また芸術や創造のための遊戯論をさらに発展させた自我心理学者クリスは、過去への退行としての価値だけではなく前進的progressiveな意義を捉えました。一方、心理学の立場からピアジェもまた、変遷する遊びの研究を通して、乳幼児における知的発達を理解し、膨大な研究を仕上げました。このような流れの中で、大人の治療においても言葉遊びなどの意義が再評価されています。

【関連項目】遊ぶ、ウィニコット

遊ぶ

▽**働かない**

そのものの本来的機能を発揮させないこと、ちゃんと働かせないことの意が「遊ぶ」にはあり、多くの場合で「遊ぶ」は「働く」の反対語です。また古語辞典を引けば、貴族が音楽を奏し歌をうたうことなどが「遊ぶ」で、主に大人の行為であり、「ぶらぶらしている」「遊んでいる」には悪事、役に立たないこと、価値がないなどの意味がありましたが、近年になってさまざまな新しい意味が付着してきています。

その近年の目覚ましい意味変化をいくつかあげるなら、第一に、昔あった宗教的意味あいが払拭され、子どもが遊ぶことが一般常識になったことは大きいでしょう。そして第二に、子どもの他愛もない遊び《プレイ》と大人の観賞用になる劇《プレイ》との両方を一語で意味させる欧米語の影響で、健康や創造性の原点に位置づけられるようになってきたことも重要でしょう。毎日のように聞くCDプレイヤーとかテニス・プレイヤーとかの、また音楽や運動のプレイに関する外来表現は、遊びの意味を画期的に変容させつつあります。第三に、車のハンドルとタイヤとの間にある遊びというような「ゆとり」や自在さも、自由な「遊びがある」という意味で強調されるようになってきました。第四に、近年あっという間に、働きすぎることがいけないことのようになり、悪でもあった遊ぶことが良いことのように言われ始めていること、などが挙げられます。とくに最近は「遊びがある」「遊びがない」というような遊びの存在論が語られるとき、第三の意味での遊びの領域（＝あいだ）を確保して余裕として体験することが注目されているように思われます。

▽楽しみはどこに

遊びの楽しみについては、はっきりとした答えがありません。遊びの定義がはっきりしないのですから、何が楽しみの源泉なのかはっきりしないのは当然です。むしろ、遊びの意味が固定されなくてはっきりしないことこそが「遊びがある」の反映であり、意味が不確定で何かであったりなかったりすることが遊びの楽しみのひとつだと言えます。つまり、遊びは遊びになったりならなかったり、自由に遊びにのったりおりたりが可能なのです。仕事はいやでも続けねばならないようですが、遊びは休めるものだし、飽きたら当然やめてもいい。さらに遊びは終わるものであって、いつまでも遊び続けることは困難です。

だから逆に、遊びがやめられなくなって本気になるとき、「うつつをぬかす」「溺れる」「狂う」「マニアック」と言われ危険視されます。その一方で、遊べなくて何にものれなくなると、無関心、無気力、無感動などのこころの停滞状態であって、これも心の病の可能性があります。ゆえに遊ぶときはほどほどに、やったりやめたりするものであり、遊びの対象との関係がいい加減でゆるく、その位置づけが両面的、中間的であり、意味や意義が揺れ動くこと、つまりは遊びの意味が遊ばれ、弄ばれていることを条件とするのではないでしょうか。子ども返りが楽しいのではなく、子どもになったり大人になったり、祭りの日と日常の生活、ハレとケが交替するように働いたり遊んだりするのが楽しいのではないでしょうか。そのとき「わたし」は遊びと遊びじゃないものとの二重性を渡し、間を揺れて生きることになりますが、この遊びじゃないところがあるからこそ遊びであるという、遊びのある逆説はなかなか知的に解決され難いのです。

▽遊びがない

このようないい加減なことや遊び半分を許さないことが、仕事、真面目、本気、誠実、さらに狂気やシラケの特徴であり、遊びにのりすぎても、またのらなすぎても、「遊びがない」のであります。しかし、「あなたには遊びがないですね」という治療者の言葉を受けて、その洞察を得ても、すぐに遊べるようになる人はいません。「遊びがない」ということを見出だして、それが解決せねばならない問題だとすれば、まずは患者と治療者が中途半端で中間的な「遊びのある」状態をどう発生させ、どう受容して、どう共有するかが課題のひとつとなるでしょう。そこではおそらく、治療者が遊びを楽しめるかどうかがポイントになるでしょう。

遊びは、悩みや心配のあるところでは発生しにくいし、狂気やシラケは笑い事ではなく、遊んでいるわけにはいきません。悩みと心配のないことが理想的だというわけではありませんが、内的な悩みや外的な心配に圧倒されていないという意味では、外と内との間に身を置いて遊んでいることは健康と余裕の証しだと言えるでしょう。特に子どもの治療の場合はそうですが、大人も遊ぶことが広く明らかになれば、遊びの治療的意義はさらに広く認められるでしょう。

▽知ったことではない

さらに遊びが困難であるとき、遊んでいるのが「悪い」「うしろめたい」という感覚に圧倒されている可能性があります。そこで普通の子どもたちの遊びをよく見るなら、「無邪気に遊ぶ」などとは程遠く、生き物を殺したり、激しく愛したり、とんでもなく「悪いこと」を遊んでいます。その上、周りへの迷惑など

「知ったことではない」と感じている場合もあり、プレイルームは子どものそういう内的世界に接近するための現場になりうるのです。また、大人の遊びでも「夜遊び」「遊女」「遊び人」「遊蕩」などが「悪い」のは、それなりに社会的な逸脱や迷惑が伴うという理由がありますが、逆にそんなこと「知ったことではない」という「棚上げ」状態であるがゆえに当人たちは心の底から楽しいのです。しかし周囲には、性的な行為に至る「遊び」のことを考えるだけでも、やはり一線をこえる「のめりこみ」と「溺れる」ことは危険なことなのでしょう。たとえば「粋に遊ぶ」というような場合、けっして溺れることなく、「悪い」「うしろめたさ」を洗練と品位によって相殺し、遊ぶことの終わりの空しさを美的に研ぎ澄まして充実させることが、遊びを知っている大人の理想の美学となります。狂気とシラフという意味の間で引き裂かれることなく、その間を揺れながらとりもつことも遊びがあるための条件であり、創造性の条件にもなって、ここに「わたし」の橋渡しの力が求められます。

▽遊びは終わる

多くの遊べない人たちにとって困難なのは、遊びの終わりにつきものの空しさ、寂しさ、つまらなさの体験でしょう。遊びが終わるとき、私たちは、もとの日常や現実へと回帰せねばなりません。言葉も遊びの中では無意味になりやすく、意味を強要する言葉は遊びに水をさすことになりますが、逆に「さます」ためには言葉が有効である場合があります。そして、遊びからさめても、また人々は遊び始めます。さらに、遊びの場と遊び相手の問題があり、遊び場は守られなければなりません。遊べない人たちの多くは、「遊びたいさかり」の子ども時代に遊び相手に恵まれず遊んでいられなかったという体験をもっています。だから治療者が、治療における患者の遊び相手になるときは、遊びのある場の確実な管理者にもならなければなりません。そのとき治療者はプレイイング・マネイジャーとして、子どもの遊び相手をする母親や幼稚園の先生のように遊びながら働いています。そして遊びとしての治療が終わるとき、遊び相手が不要になり玩具が捨てられるように、遊び相手としての治療者も不要になります。

［関連項目］遊び、覚める、創造性、中間、わたし

甘える

▽味覚と依存の両義性

「甘え」「甘える」は、土居健郎の探求と鋭い洞察によって精神病理学や日本人論、日本文化論の術語になりました。そして、「うまく甘えられない患者」「甘えなおす治療」と日常的に臨床家が使う言葉としても、きわめて使用頻度の高いものです。言語的な治療としての精神分析では、その実践において、従来から日常的な言葉の多義性を生かしてさまざまな意味を結び付けようとしますが、土居はこの方法を「甘え」論において積極的に駆使して、口が味わう味覚という文字通りの身体的体験と、心理面における依存心という比喩的な体験という両義性を結び付けて考えたのです。「甘え」が発生する基盤は母子関係にあり、口を体験の中心に据える乳児の体験においては、口を通じて母乳を求める本能的で生物学的な欲求と心理的な依存欲求とは未分化であり、日本語ではむしろその全体を分けずに「甘え」という言葉で総合的に捉えられることが新鮮で普遍的な洞察に通じるのです。さらに、土居は「甘える」の発音にウマウマという乳児の原始的言語の名残りを見出していて、英語のmotherやmouth、ラテン語のamorやmamma（乳房）、朝鮮語のomo（母）、と同様、日本語のマンマ、「うまい」、「満腹」、さらにアマテラスなどに共通するmやマの音が、この甘えの意味を乳児の口唇を介しての授乳体験にさかのぼらせると分析しています。これらの音は唇の働きを生かして容易に発声され、吸着する口の働きが連想されるので、与えられることを求める「求める愛」の原

体験を感じさせます。このような乳幼児の甘えに対し、育児を行う側（求められる対象の側）が積極的に動いて対象を与える「与える愛」で応えねばならず、受け身的な愛だと言われる「甘え」は対象の側の積極的な適応と対になっているのです。

▽「甘えたい」は依頼心

依存欲求として抽象化されることが多い「甘えたい」欲求は、他者の甘やかしを誘発して独特の動きを依頼するものです。この依頼心という観点から「甘え」を見るならば、甘える心はその相手に甘やかしてくれることを依頼しており、対象を動かそうという力を発揮します。その甘える側からの依頼内容の要点は、乳離れ（離乳）を先延ばしにしてくれること、苦いもの辛いものなどの甘くないものを避けてもらい甘いものだけがほしいということ、そしてそのことを受け身的に甘える側がはっきり表現しなくとも甘やかす側に汲みとってもらいたいこと、などです。つまり、たんに自分のことをおまかせして頼っているだけではなく、甘えられる側にははっきり伝わり動かそうとする濃厚なメッセージがあるのです。この甘えに応じて甘やかさないなら、あるいは甘えられるチャンスに甘えないならば、たとえ辛いものや苦いものを与えなくとも、何もしないだけで「水くさい」と言われ非難されやすいのです。ところが、苦いもの辛いものは「人生の辛苦」としてやがては味わう必要があり、いつまでもこれを棚上げして甘えさせていると、乳離れが悪い、甘やかしすぎ、過保護という問題が生じることになります。つまり、育児を行なう側には、最初は乳児の甘えに献身的に応えながら、やがては甘やかしすぎにならぬように身を引いて行く必要があるのですが、その脱献身の過程で、主体には「甘えたいのに甘えられない」という葛藤や不安が体験されるのです。

▽味を覚え、味をしめる

甘えには、満たされねばならない絶対の甘えと、味を覚えてからの相対的な甘えがあります。「うまいこといく」「おいしい話」などの「うまい」「おいしい」も味わいと心理的体験の両方を意味していますが、これらと同様「甘え」の多くが味をしめてからのものであると言えます。だからこそ、甘いものを求める「甘え」は求めの内容を大きく指定しており、覚えた味が忘れられないから甘えるのだと考えられます。何かを求めているのだが、何を求めているのか分からないので、それは求められている側が適切なものを与えることにより乳児は初めて「味を覚え」、これに味をしめて（占める＝わがものとして得る）、同じようにうまくいくことを期待するのがいわゆる「甘える」なのです。

しかし、生まれたばかりの乳児は外界に絶対的に依存して、その生殺与奪の権を相手に委ねており、甘いものでも辛いものでも与えられるならなめるしかないし、与えられたなら甘んじて受けねばならず、ときにはいっぱい食わされたり、煮え湯を飲まされたりというようなこともおこりかねません。このような状態こそが絶対の依存であるとすれば、甘くないものを回避する相対的な「甘える」には人を当てにして頼んでいるところ、人に甘いものだけを指定して依頼、期待しているところがあるので、絶対の依存心と相対的な依頼心との区別は重要です。

また、甘いものだけを与えられたい、という受け身的な甘えを示す乳児にも、苦いもの辛いもの、そして飽き飽きしたものには舌を突き出すという積極性のあることにも注目しましょう。つまり、ただ受け身的に与えられるだけではなく、甘くないものを積極的に排除しているのが甘えの全体像だと言えるのではないでしょうか。

▽土居の挫折体験

実は、甘え理論を唱えた土居は、分析家になるための訓練分析に二度失敗しています。そして次の文章（二〇〇一）が、土居の米国における訓練分析と甘え理論の関係をなぞっていると思われます。「一九五〇年私が初めてアメリカに留学したとき、たしかに私はアメリカを理想化していた。そしてアメリカ体験の中で揉まれる中で、どうしてもアメリカでの生活に馴染まないものとして、自分の中にある〈甘え〉を発見したのである。」つまり、精神分析、あるいは米国という対象に「甘えていた」という「転移」あるいは「転移抵抗」が、その幻滅をきっかけにして自己分析され「甘え」理論を生んだという文脈があり、その意味で内外での不十分な訓練分析がパラドキシカルに役立ったというのです。ゆえに訓練分析についての土居の決別や幻滅は、そして分析を受けた際の挫折とそれに伴う痛みに満ちた自覚は、甘え理論誕生のターニングポイントであったと思われます。そしてこれは、実際の臨床でも起こるプロセスなのです。

［関連項目］土居健郎

ありがたい

▽**有り難い**

何かが存在することを求めても、なかなかそれが実現することはないのであり、その実在や、ある（有る）ことを欲してもそれが稀で珍しいというのが、「有難し（ありがたし）」の文字通りの意味です。そして、有ることが少なく、むしろ無いので、その存在の難しさが噛みしめられるなら、逆にその稀なことが喜ばれ、尊ばれて、今日の感謝の意味に移るというのが一般の解説なのであります。日常でも、珍しいものや稀なことが大事にされ、尊ばれ、感謝の対象になり、ときには手を合わせて「ありがたや、ありがたや」「ありがたい、ありがたい」と理想化され宗教的な祈禱の対象となるのです。

▽**掛け替えがない**

物事がそこにあることを当然視することは危険で軽率であり、多くのものが手に入りにくいのです。かけがえ（掛け替え＝予備のもの、かわり）がないこと、取り替えのきかないことがありがたいのであり、これが「死んでから親のありがたみが分かる（だから大事にせよ）」と言われるゆえんです。「死ぬと」二度と手に入らないものだから、ありがたい、ありがたいと感謝して大事にせねばならない、でないと「後悔先にたたず」というわけです。

▽不在と在の同時存在

「ありがとう」が喜びとともに言えるようになるためには、不在、つまり、あるものが無いことや、無くなることが、否定的な感情や痛みと共に認識されねばなりません。死なないもの、ずっといるもの、いつでも手に入るもの、どこにでもあるもの、また、取り替えのきくもの、代用品の手に入るもの、つまり掛け替えのあるものにはありがたみはないのです。この否定的な不在の認識があるなら、つまり対象が不在になることが苦痛や不快とともに体験されると、同時に対象の有ることが期待され、対象の発見が喜ばれるということなのですが、その同時存在について、有るが先か無いが先かは、問いかけても「ニワトリが先かタマゴが先か」と同じで正解はありません。

むしろ「あり」と言ってから、その後に「難《かた》い」と言ってそれが困難であることを述べて「ありがとう」とすることを見ても分かるように、在（ある）と不在（ない）は対になってというか、並列または連続して体験されるからこそ対象のありがたさという感覚が生まれることに注目するべきでしょう。つまり、ないものも、あるものも、同じく「ありがたい」というのです。そして、「いつまでもあると思うな親と金」と言われるように、とくに親と金は、あったりなかったりして、有ると無いを抱き合わせで体験させる、かなり普遍的な「ありがたいもの」となっています。

▽「いる」の控え目さ

「ある」と「いる」の比較検討は多くの論者によって度々行われています。昔は「ある」を人間にも無生物にも使っていたという例外はあるにしても、「ある」は非生物、動かないもの、「いる」は生物、動くものに使われやすく、通例「いる」よりも「ある」のほうが動かし難い存在を捉えていることが多いのです。存在の断定としても後者の「いる」の方が卑下、軽視の念を伴い、「ある」のほうが、控え目な「いる」よりも使用範囲が広いのです。また、文末を「である」とした時にあらわれる文の確固とした調子によっても、確実な存在認識としての「ある」の意義は明らかです。

「ある／ない」の体験は幼少時から、快‐不快、喜び‐悲しみという対立する情緒を混在させて「泣き笑い」とともに繰り返されやすいのですが、この幼児期の対立図式では「ある」は快であり喜びを生み出すことが多いことに対して、「ない」は苦痛のもととなります。そして、やがて「ある」と「いる」が分化していき、非生物を「ある」と言うのに対して人や生物を「いる」と言って区別するという高度な意識が生まれるためにも、「ある」ではなく「いる」で言われる人や生き物の、あることの難しさ、つまり控え目な「ありがたさ」が分からねばならないでしょう。このような「ありがたい」の意識は発達の過程で獲得されるものであり、「いる」ことと「ある」ことの違いも「なくなってはじめて」、つまり「ある」の困難を知ってはじめて分かるようになるはずです。

ということなら、各種メディアにおける複製や再生の技術は、人生における感謝の念を奪い取ることになりはしないでしょうか。そのためにゆっくりと、気づかぬうちに人類の感動が減っているとすれば、不都合な真実として由々しきことだと思うのです。

▽離人感

精神医学では「そこにあることは分かるが、あるという感じがしない」「自分がいる感じがしない」という体験は、離人感や非現実感と言われますが、彼らの訴えを聞くと、確かに「ある」や「いる」と感じることが困難な達成であることが分かります。そして、あることが感じられないと「ありがたい」という喜びも獲得できないのです。また、ものがなくなることを否認する人たちや何でも手に入る人たちにも、この感謝の喜びは奪い取られていて、人生を生きることや仕事や学校に行くことが楽しくありません。健康人でも、もののありがたみの分からぬ心理状態では空虚や無気力が伴いやすく、対象のあることとの困難を認識して、不在の悲しみや怒りを嚙みしめ、その苦痛を感じてこそ「ありがたさ」を喜べるようになります。幼い時に喪失や不在の悲しみをあれほど思い知るのは、発見の喜びや感謝のためにも必要な基礎体験なのです。つまり、愛している人がいることとの困難とその不在の痛みを嚙みしめるとき、愛する人のそこにいてくれることに対して「ありがたい」と感謝するのです。

そしてそれでもなお、人の「いる」ことは「ありがたい」が、「ある」と言うには実に不確実なのであり、人が確実に「ある」とは感じにくいので、人は「いる」なのです。こうして「小鳥がいる」とか、「家には母が一人でいます」とか言うとき、謙虚に、そして控えめに「ある」という表現を避け、そのものの意志を尊重し、不安定で不確かな生き物の具体的存在に対して、確実な明言を避けているのではないでしょうか。

生かそう

▽生かすという方向性

とにかく、「葛藤を生きること」「不安を生かすこと」というような表現は絶対的に肯定されます。たとえば、「これまでのつまらないと思ってきた経験も、殺すのでなく十分に生かしてみたい」と言うとします。よほどの事情のない限り、こういう発言に誰も異論は差し挟まないことでしょう。とにかく人間が生きていこうとするのなら、殺すのでなく生かしていくこと、これは精神療法における原則になりますが、同時に「死」や「殺したい」といった思いがあるからこそ「生かす」と言われる訳ですが、その思いが極端に、強くなると反射的に押さえ込まれやすくなります。「生かす」の代表的言い回しとしては「神経症を生かす」「老いを生かす」「欠点、弱点、コンプレックスを生かす」「死ぬという厳然たる事実を生かす」「ガンの体験を生かす」などがあり、一般向けの雑誌記事の見出しになったり、書名にも使用されます。臨床では患者や弱者を励ます意味でも使われ、逆に殺すように言う場合と比べる際に際立つのが、患者の内部で否定されているものや押し殺されているものを生かしたいという臨床家の思い、あるいは祈りであり、ここに見る「殺し」の否定の感情はその根強さを伝えています。

日常的にも「殺すのでなく生かす方向で考えていこうよ」という提案にはきわめて説得力があり、気休めは言わない臨床家の心の内部でも、「生かそう」という思いは度々浮かんでいるはずです。そして「生かそう」と言う場合でもっとも大事なことは、「殺す」という思いも殺さず、「生かすのも殺すのも本人の選択」という全体性や主体性の回復をすすめることです。

（昭和三十年代に流行した「イカシタ文句」「イカス奴」という表現も「生かす」から生まれたようです。）

▽殺さない

ところが私たちは無意識に、さまざまな思いや情緒を押し殺しているし、さまざまな自分を殺してしまうことがあり、また集団でも、うまくいっていないとき私たちは何もかもを否定的に考え否定的に議論することがあります。そして治療者は患者の否定的思考に同調し、多くの価値あるもの、良いものを殺し始めることもあります。そんなとき、「殺さずに生かすこと」の原則に従い、「死にたい」「殺したい」という衝動に対してこれを殺すのではなく、むしろ肯定して生かす方向で考えていこうと前向きに対処するでしょう。ただし当然のことですが、攻撃性を生かすにしても、憎しみを生かすにしても、よく話を聞いた上で可能になることであり、反射的に否定しないで対応したくとも、何を生かすのか分からなければ生かせません。心理的には、「悪い親」はたとえ親でも殺したくなるだろうし、明らかに死んでもらった方がよい場合もあるのです。

▽言わなくとも伝わる

いかなる事態においても中立である分析的精神療法家からも、生きることと生かすことには絶対的な価値があるという価値観は、たとえ発言されなくとも患者に伝わるはずです。つまり、「葛藤を回避せず、生かそう」は敢えて言わなくともいいメッセージである場合があるのです。どのような言葉でもそうですが、あまりに使用すると言葉は輝きを失うので、言わなくとも存在感を通して伝わるものならば、口にしなくともよいのでしょう。

伝わる理由は、「生きる」はイキ（息）を活用したものだという語源説があり、私たちが息をして生きていること、生き生きと仕事をしていること、患者に会いたいこと、そして会い続けたいと思うこと、それ自身がみな自分を「生かしている」ということの表明だからです。そして、「殺したいという気持ちを生かす」は、「殺したいと否定しているようにも聞こえますが、実は「殺したい」を受容しているところに逆説の匂いがあり、そこが重要でしょう。そして、ここが匂わされた意味だということについても、あまりくどくど言うべきではなく、何よりも、治療者自身が、回避したくなる葛藤や不安を生きて、生かしていることが大事なメッセージなのです。

▽逆説的な思考

精神分析では、このような「生かそう」という無意識的な努力のプロセスを昇華 sublimation と言いますが、治療者の口にする「殺したいという気持ちを生かす」という考えのカタは、多くの心理学的治療で見られる考え方です。たとえば、不安から逃れようとするのではなく逃れようとする不安のなかに積極的に埋没しようとする、という考えがあります。「死にたい」

と言う患者に治療をすすめながら、「あなたの死にたいという気持ちをもっとお聞きしたいので明日もお待ちします。だから、いらしてほしいと思います」と言うことが、もし「死にたい」と言う患者が生きて通院することにつながるならば、それこそ「死にたいという気持ちを抱える」というのは、逆説的な出来事となるのです。

▽問い

誰に死んでほしいのだろう。

生きがいがある

▽「かい」の意味

「生きがい」「やりがい」「働きがい」などの「かい（甲斐）」は、これがないと生きる気がしないし、働く気持ちになれないと言われます。ところが、「ある」ことが期待される「かい」そのもののうまい説明が見あたらないのですが、「かう（替う）」の名詞化であるという説に従えば、「かい」の代価、代償、値打としての意味が説明可能になり、「生きがい」「やりがい」は「生きる値打」「やる代償」だと解釈できます。また「かい」に「効」という字を当てるときがあり、その場合は効き目、効果という意味が出てくるでしょう。

▽手応え

そういう「かい」は日常では「張り合い」「手応え」に置き換えることができるものであり、「手応え」としての「生きがい」の存在は生きることに対して世界が力強く応えてくれることを指しています。つまり、こういう報酬がないと、外界は生きていく「かい」、つまり意味、意義がないのです。神谷美恵子はこの「生きがい」の源泉または対象と生きがい感とを区別して、生きがい感を与える生きがい対象とは、自分の働きや存在に対して張りのある反響で応えてくれ、「生きるよろこび」を与えてくれるものなのであるとしていきます。重要なのは、生きがい対象のあることが、その対象の価値を言うだけではなく、自分の側の生きていく価値、意味、目標、理由、根拠を生きがい感として提供することです。つまり、多くの生きがい対象と生きがい感を感じる主体との関係では、生きがい対象に価値があるというだけではなく、対象が主体に「やりがいのある」「価値ある」存在であるという評価を照らし返してくれて、主体の価値、意味、根拠を確認させてくれるのです。こうして、生きがいをもって生き、打てば響くように外界の求めに応じて、他者から当てにされ、頼りがいのある人間となる場合、他者との間で甲斐の相互反響が起きることになります。打てば響くような対象を得て自分が生き甲斐に満ちてくるなら、女性は「甲斐甲斐しい」人として、男性は「甲斐性のある」人として評価があがり、そのまめまめしく働く姿は他者を喜ばせて、他者の生きがいとして求められるのです。さらに、こうして他者にとっての生きがい対象となって「頼りがい」「やりがい」「つきあいがい」のある人間になることも、本人にとって生きがいとなるのです。

▽生きがいのある親子関係

ゆえに、互いに「価値がある」「効果がある」「求められている」という張り合い、手応えを与え合える対象こそ、多くの場合、理想の生きがい対象となります。たとえば「出産は女性としての生きがい発見の喜び」となることが多いと言いますが、親が「この子が生きがいです」と言うとき、甘える子どもが生きがい対象となり、子どもから求められ、その求めに応じて親がなすことの効果を子どもが目の当たりに示してくれることが親の生きがい感となるわけです。同時に子どもにとっても、子育てを生きがいとする親がその生きる手応えを生きがい感として与えてくれるので、この場合は親が子の生きがい対象となります。だから、親子は互いの生きがいになりやすく、これにはまると互いが互いを反響板として必要とするので手放せなくなります。

▽甲斐性のない人

同様に、作品創造による生きがい感は、作品を通して得られる手応えや反響によって創造者に与えられ、同時に作品の享受者にとって創造者の存在や作品が生きがい対象となります。「働きがい」のある労働においても、労働者と仕事の間で打てば響きあう関係が成立すると、「かい」の相互反響が起きるでしょう。

逆に「甲斐性なし」は、自分にも生きがい感がなく、他者にとっての生きがい対象にもなれず、手応えのない、効果のない、値打ちのない人間となる可能性があります。つまり「甲斐のない人」は、他者に「生きがい」や「頼みがい」「やりがい」という反響を与えられない人であり、他者の「やる気」を喪失させる可能性があるのです。自分が生きがいを失うときの空虚は自らの苦痛になりますが、それだけではなく、同時に他者の生きがいになれないことを通して、無価値、無意味、そして空虚の苦痛を周囲に発散するので、さらに厭われることになります。

▽答えがない

「応え」は「答え」(コト＝言＋アヘ＝合え)であり、答えを出すことは相手に応えるための方法のひとつです。また、「頼り」にしても答えや応えがないことは、空しく甲斐のないことであり、問いかけて答えのないことは不快で空しいものであります。しかし、分析的な治療では、分析家が患者の求めに応じてアドバイスや助言を提供することはありません。患者の多くが簡単には答えの見つからない問題を抱え、解決のための助言を求めて来院しますが、分析家が患者の口から語られる問題に対し、その空しさを解釈することはあっても、安易な答えを出すことで応じることは稀です。「傾聴」という言葉に代表されるように、精神分析や精神療法を行う者は、生きがい対象の見つからない過程につきあい、生きがい感のないことに共感することはあっても、患者の生きがい対象を簡単に提供できるものではないのです。ただし、生きがいがない話に耳を貸してもらうだけでも、また相槌をうってもらうだけでも、不十分ながら、話した甲斐はあるかもしれず、最小限の甲斐は提供されるでしょう。

[関連項目] 空しさ

移行対象
transitional object

ウィニコットが精神分析的発達理論の中に位置づけた対象で、赤ん坊の最初の「自分でない」所有物で、内的体験と外的世界との間を「橋渡し」する対象のことを指します。この概念は創造の余地を残すウィニコット独特の描出法のために、曖昧ではあるがつねに刺激的な発想となって現代精神分析理論の中でもまさに「移行現象」を生起させています。それが何と何との間の「移行」なのかを考えることにより、わたしたち分析家は彼の逆説 paradox に漂うことになります。

まず、移行の方法ですが、一応発達という方向づけが示されてはいますが、それはゆきつもどりつすることをも保証される両方向的な移行です。それは母親の乳房を対象とした口唇期の絶対的な依存関係から分離した、二者関係への移行期における内と外との間の仲介的対象であって、分離の痛みに対する防衛でありながら、赤ん坊が創造し発見したものとして評価されるものです。だからこそ本能的満足を本質とする乳房との口唇期的密着から解き放たれた間接性が強調されるのです。さらに、移行対象は赤ん坊自身に所有されながら外界に所属するモノであり、その位置は内のものとも外のものとも割り切ることができないものです。このため赤ん坊はこの対象を介して自分のものであるという錯覚 illusion と自分のものではないという脱錯覚を体験して、主観と客観の間を橋渡ししながら現実検討の糸口とすることになります。

このように発達段階、位置づけ、役割などにおける移行性を特色とする移行対象は、具体的には生後半年から一年にかけての赤ん坊が、オムツや特定の毛布を自分のものとして所有するときの対象として観察されます。そして、発達の過程において体験と存在の連続性を保証する「対象を介しての移行」という理解は、重症患者の内的世界と外的世界を媒介する物、思春期患者との治療関係を媒介する事物、移行対象になろうとする治療者など、それらの取り扱いと役割に関する議論を深めています。さらに、ウィニコット自身が方向づけたように、子どもの玩具や遊び、そして成人の文化を位置づけるときにも用いることができます。それまでの精神分析があまり関心をはらわなかった対象を発見したこの独創的な概念は、精神分析学や臨床心理学で高く評価されています。なお、牛島定信は「過渡対象」という訳語を使用しています。

【関連項目】ウィニコット

依存
dependence

［依存の意味］主体が主体以外の何かに頼って左右される状態を指しています。精神分析において、個人の主観的世界を分析するという方向づけに、新たに主体の他者性が重んじられ二者関係の視点が導入されるようになってから、この言葉は本格的に注目されるようになりました。即ち、幼児の心性の発達基盤を母子関係におく議論が登場し、内的な対象関係が乳児の母親への依存を基盤にして取り入れられるという対象関係論的な思考や、児童治療などの視点からの乳幼児に関する理解が深まってからのことです。例えばフェアバーンは、対象関係の発展を乳児の依存から成人への依存への移行として捉え、それに対処するために悪い対象が内在化されるとしています。また、依存についての日本人と欧米人では異なった捉え方をすると言われ、そのことを踏まえて土居健郎は甘え理論を展開しまし

た。日本語において依存は肯定的に扱われ、「相互依存の精神」と言う表現には成熟の達成という響きもあります。これに対して欧米では自立や自律、自主独立が尊重され、依存は発達とともに克服されるはずのものであり、これを持ち越したまま成長するのは弱さや病理として理解されやすいようです。依存の心理が発達理論で中心になるのは主に早期母子関係においてであり、肛門期以降は依存と自立の葛藤として取り上げられることが多いですが、対象関係や人間関係の本質に関わる一生のテーマでもあります。

「理論」フロイトの欲動理論や精神－性的発達理論においては依存そのものの記述は多くないように見えますが、例えば超自我が生まれる背景に自我の依存があることを根拠にしており、対象関係論的な思考が展開されています。また、乳児の生物学的な無力と危機の状態（寄る辺なさ）から生まれる「愛されたいという欲求」の考察も、依存と依存欲求の発生論といえます。しかし、興奮し泣き叫ぶ無力な乳児を想定しエロス的な母子関係を理解する傾向に対して、その極端なあり方を育児の失敗や二次的なものと見て、静かな依存状態を積極的に評価するのが対象関係論における対象愛の典型的な考え方です。バリントによれば、乳児の自我は母体との区別がまだついていないが、これを基盤にして受身的対象愛あるいは一次愛 primary love が成立するのであり、乳児は一方的に母親に依存し、二人だけの関係で受身的に母親から愛情と世話を受けることで自我は最初の対象関係をもちます。そして小児科医ウィニコットもまた発達早期に乳児が母親を代表とする「抱える環境」に依存することを自明の事実として認め、依存の変遷を段階的に分けています。

彼によれば、最初は絶対的依存 absolute dependence で、この段階の乳児は自分と自分でないものの区別はなく、人格は無統合で存在は母親の育児と代理自我的支持に全面的に依存しています。幼児は依存の事実を知らないままに依存しており、これを二重の依存 double dependence と呼び、環境の側の適応を強調し、成熟や成長を可能にする基盤はこの発達促進的環境にあるとしました。次の相対的依存 relative dependence の段階では幼児は自分の依存している事実、つまり対象の必要性を知って受け身的なニードを積極的に希望や期待として抱くようになりますが、これに対応する母親の課題は段階的に適応に失敗することであるとしています。ウィニコットは、人間は完全に自立することはないとし、それは成人の努力目標のようなものとなっています。

［臨床］依存の重要性を認めて乳幼児の心性を取り扱う者の多くは、退行状態における依存を理解する必要性を説いています。それまで分析家にとって、依存はエディプス・コンプレックスを防衛するために退行した結果であり、解釈で取り扱うべき抵抗とみなしてきました。これに対しバリントやウィニコットは依存への退行を確実に支えることに成功するなら停滞していた自己の成長が可能となるとしています。その際、もっとも大きな課題はエロス的な欲求と自我の対象希求的なニードの区別でしょう。過去に得られなかったものを治療で与えられるとするのは極めて楽観的ですが、カウチなどに象徴されるように、どのような治療的設定にも依存を支える側面があり、治療における依存を理解することの価値は大きいのです。

［関連項目］甘える、抱える環境、治療的退行、無力感

愛しい

▽いとしい

「いとしい」「いとおしい」は「愛しい」に「愛」の字を使うために、愛情を表現し心ひかれる気持ちを示す「愛する」と縁が深く、ほとんど同義に近い言葉だと日常的に考えられています。ところが古語辞典の「いとほし」を見ると、その「愛しい」の背後にある格別な心理が分かります。たとえば三省堂の『古語辞典』を引くなら、次のようになります。

（1）見られたものではない。みっともない。
（2）気の毒だ。かわいそうだ。ふびんだ。いたわしい。
（3）かわいらしい。いじらしい。

ここに際立つ心理学的特徴とは、第一に、この愛情は、目上から目下へ、優者から劣者へ、強者から弱者へ向けられることです。これは、強弱の力関係に応じて人から物へ、男性から女性へ、大人から子どもへという愛情関係で具体化されるのでしょう。第二に、愛情の動機として同情、憐憫の情、哀れみの情が大きく動いていることが見えますが、「可愛い」も「いとしい」とほとんど同じ意味で、「可愛そう」から派生したものです。第三として、気の毒、痛々しい、見てられない、という心的な苦痛を噛みしめ、またこれを回避しようとして愛情が生れる、という愛情の独特の発生過程があります。つまり、弱者、劣者、不幸な者をまともに正視できないときの苦痛を回避するために愛情が生れるというのです。また、同情した相手を通して我が身に取り入れられた痛みから自らを守るために、「いたいけ」「いじらしい」と形容される幼子や弱者を世話したり保護したりすることになり、このとき相手の苦痛が消失すると、こちらも痛みから解放されるのです。このような事情で、「いとしい」が「痛（いた）はし」の転であるという説（『大言海』）もうなずけるし、「いとふ（厭）」から来たという説もあるといいます。つまり、「愛」と「厭う」ではほとんど真逆であり、意味のうえでは極端にぶれていることになります。

▽愛の上下関係

以上のような愛情心理はあまりに共感的で利己的ですが、そういう愛情のあることは否定できないでしょう。しかしながら以上のような感覚の下では、目下が目上を愛すること、弱者が強者を愛しく思うことは視野の外に置かれることになります。「甘え」が幼い子の依存欲求であり、同時に受身的な愛情欲求であると言われるとき、愛情を賦与する側は幼い子を目下においているという外的かつ客観的条件を考慮せねばなりません。そのような強弱や大小が問題となる「愛の上下関係」をいったん無視するならば、乳幼児にも、目下の者にも、依存する者にも、目上の者を愛することができるのですが、そのときの愛情は「いとしい」とは言えないでしょう。同様に、時に痛々しく見える病者や弱者も能動的に他者を愛するのが当然であって、以上のような言葉における「愛の上下関係」に対して、極めて反射的に反発することも多いに違いありません。

▽愛情の自己中心性

幼児の取り結ぶ心理的関係に依存関係と愛情関係というふたつの柱があるとするなら、幼児をいとしく思う側には、その混同または混在があるでしょう。受身的他律的に依存せねばならない者が、同時に積極的に愛する存在であることは広く認められることですが、この依存せねばならない者の痛々しさに痛みを感じて、私たちは受身的な愛情欲求を見出しやすいのでしょう。「愛し」を読む際に「悲し」という発音が使われる場合にも同様の混乱が生じているようですが、このような愛の感覚は、同情などの他の感情や意識と分化していないのです。この痛々しさの痛みや悲しみは、痛々しい者を見る側にあり、愛する側の痛みに動機づけられた愛について愛される側が「同情はいらない」と言うのは、愛する側の自己中心性を嫌っているのです。一方、母親が「母性本能をくすぐられる」「出来の悪い子ほど可愛い」と言うように、これを放ってはおけないと思うときの痛み（罪悪感とも言える）に強く動機づけられて愛する場合があって、母親のこの痛みや弱みにつけこもうとする子どももいるはずです。

【関連項目】甘える

いないいないばあ
peek-a-boo

「いないいないばあ」遊びや、その延長上にある

「隠れん坊 hide-and-seek」などの遊びで注目されるのは、関心のある対象が子どもから見えなくなった後に再び見えるようになるという、在と不在、喪失と獲得が繰り返されることです。この種の遊びを精神分析的観点から解明しようとする最初の試みが、フロイトが『快感原則の彼岸』で行ったフォルト・ダー（Fort-Da）の遊びの観察と分析です。対象が姿を消すことと姿を現すことを一組にして子どもは対象との再会だけではなくこれを失うことに楽しみを見出しているのです。そして、子どもは愛情、愛の対象である母親の不在を受け入れ、同時に受け身的な対象喪失を能動的に劇化して快感を獲得していることになります。以来、精神分析においては、多くの遊びに見られる投げ出すことや放り出すことにおける攻撃性に注目するとともに、「いないいないばあ」などの喪失と再会を一組にする遊びの成立により子どもが対象の不在に対処できるようになること、つまり対象恒常性の確立の過程として着目するようになりました。

この遊びを詳細に検討し発達の証のように見るクリーマンによると、関わる子どもが受身的な場合と能動的な場合との二つに分けるなら、まず受動的な遊びが現れ、自我機能や運動の発達と共に能動的なものに移行するといいます。またスターンは、乳児の中核自己感について語るところで、この種の遊びにおいて他者に制御される自己体験の意義に言及しています。そして、裏と表や自分の内面性に注目する土居は、「いないいないばあ」と「隠れん坊」を連続するものと考え、比喩的に言うなら精神療法の本質は「隠れん坊」であって、自分の秘密を治療者を介して発見することにあり、治療者は最初、隠れた者たちを探す鬼として参加するのだと述べています。また、期間を定めないで規則正しく繰り返される精神療法は「いないいないばあ」に似ており、その観点から円環的な面接の反復の意義を治療構造論として語ることもできるでしょう。対象関係の両極を区切りながら、対になった形で一組の言語を獲得するという点からも興味深い遊びですが、

「いないいないばあ」は同時に「ばあ－いないいない」であることがフロイトの注目するところであり、在と不在のどちらを強調するかは論者によって微妙に異なるのです。

ウィニコット

Donald Woods Winnicott（1896－1971）

英国の児童精神科医であり、クライン学派や自我心理学から独立して位置づけられるいわゆる中間学派の精神分析家で、独自の立場から対象関係論を展開しました。プリマス市に生まれケンブリッジ大学で医学を修めた後、小児医学を専攻し、一九二三年着任したパディントン・グリーン小児病院に四十年間勤務しています。この間に英国精神分析協会で精神分析家としての訓練を受け、約十年間の教育分析を修了、次第に興味は小児科学から児童精神医学、精神分析、児童分析へと向けられるようになります。小児科という設定で六万例を超える子どもとその家族に接し、子どもの純粋に内的な主観的世界と母親たちのいる外的な客観的世界の両者を見据えた臨床観察と分析から、その相互の「橋渡し」としての移行対象 transitional object や潜在的空間 potential space などの概念が生まれました。

彼の著述には精神分析学内部に向けられたものだけではなく、外部や周辺にいるソーシャルワーカーや母親たちに向けられたものも多いですが、この内外二分法的世界の両方に焦点をあわせる認識は彼の著述における表現方法にも現れています。そこでは、知的すぎる理論化を避け、まさに分析的解釈技法のように相手と共有する多義的で日常的な言葉を精神分析的意味あいを持たせて使用するため、「詩的」でありすぎると形容されることもあります。また治療実践ではフロイトとクラインの発見を基盤にして、何よりも患者の内界と外界の接点において創造されるものを取り扱うときの独創性が評価されています。理論面ではクラインの業績を評価しながらも、攻撃性を死の本能ではなく自発性の発露と考え、分裂病や根深い病理の発生を、子どもの心身を「抱える環境 holding environment」や「ほど良い母親 good enough mother」の側の失敗に対応するものとして捉えています。育児に没頭する母親に抱えられて絶対依存を経験しなければならない赤ん坊は、とり返しのつかない外界からの侵襲のために想像を絶するような精神病的不安を体験するのであり、環境の失敗に適応するために子どもが本来の創造性を犠牲にして妥協するとき病的な防衛的自己（偽りの自己 false self）が生まれるという点を強調しています。このような視点の中間性と視野の両面性は、現代の精神分析理論を超越して人間学的な思想にまで影響を与えています。

［関連項目］遊び、移行対象、抱える環境、抱えること

裏

〈自分〉は、いつも表をつくるので同時に裏ができます。そういう〈自分〉が、〈つくられた自分〉について考えるとき、一塊に見える〈自分〉の二面性について日本語で語ることはたやすいでしょう。本音と建前、裏と表、素顔と仮面など、実に意識に近いところに私たちの二面性はあります。二重化しやすい自己の分裂（分割）、乖離、抑圧（片方を押し殺すこと）、そして統合など、二重性の「こなし方」の代表的なものをすぐさま挙げることができるでしょう。さらに二面性の使い分けという方法もあり、本音と建前、裏と表とは、自分の使い分けを指していると言ってよいでしょう。どう生きるかが問題になるとき、それはまさしく「〈自分〉をつくること」に関わる問いです。そういう本音と建前、裏と表を使い分ける〈自分〉は、表裏一体なのでありますが、それは一つの〈自分〉としてきれいにまとまっているわけではなく、また二つの自己に全く分裂しているわけでもありません。ゆえに、〈自分〉がまったく一つになることを主張したり、部

分が全体になるという対象関係論の受け売りで、自己統合を成熟とみなすというような安易なことはできないのです。ですから、成熟するあり方を論じるとき、統合的対象と統合的自己の安定した関係を基盤とする対象恒常性（M・マーラー）という概念は、そのまま鵜呑みにはできないでしょう。また、自分が一つであることを論じる米国型アイデンティティ論もそうですが、アメリカ文化という多文化社会、異人種社会でこそ、自分の一貫した自己と動揺しない主張や他者との安定した関係性が評価されるのでしょう。

それよりも国語発想論で考え、日本語の辞典で「うら」を引くとき、「心」を「うら」と読み、「うら」に「心」という意味を発見することは、実に日本語の奥の深さを知る機会となります。「うら恥ずかしい」「うら寂しい」という場合がそうですが、日本人が心を「うら」と呼ぶとき、『広辞苑』には「表に見えないものの意」と記され、心とは簡単に外に出てこられるものではないことを伝えています。それは、いつも「うら」にあるのであり、「裏」や「浦」と同語源で、「裏」の内部、隠れている方、かげ、うしろという意味と十分重なるのでしょう。「心中」「心奥」「心の底」のようなところを私たちの心理学は対象にせねばならないので、ここに心《うら》を読むためのいわゆる「深層心理学」が求められるのです。

また、『国語大辞典』（小学館）ではこう解説されています。「上代においては、同じく〈心〉の意をもつ〈した〉との違いは、〈うら〉が、意識して隠すつもりはなくても自然に表面にあらわれず、隠れている心であるのに対し、〈した〉は、表面にあらわすまいとしてこらえ隠している心であるという。」

つまり、見えにくい心には「うら」と「した」があるのです。

（北山修『劇的な精神分析入門』より）

羨ましい

▽羨みは「うら病み」

「羨み（うらやみ）」には「妬み（ねたみ）」「嫉み（そねみ）」という似た意味をもつ言葉が少なくないという事実は、私たちの重大な心理を反映するところでしょう。つまり、日常でよく使われるのは、形容詞では「羨ましい」と「妬ましい」、名詞では「羨望」と「嫉妬」であり、また同様の意味で「ひがむ」「焼ける」などがあります。「羨ましい」と「妬ましい」とでは、前者のほうが「素晴らしいのでそのようになりたい」という好意の程度が増し、「まあ、うらやましい」と挨拶のごとく使われますが、後者のほうは「憎らしい」という悪意が増します。「嫉妬」は、男女間のことだと「やきもち」「りんき」といった言葉が同じ意味になります。「羨む」は古来「うら（心）やみ（病み）」で自分が傷つくが、「ねたましい」では相手を傷つけようとする、と『岩波古語辞典』では相違点が強調されています。また「羨望」と「嫉妬」とは混同されることがありますが、前者は“envy”、後者は“jealousy”の訳語としてそれぞれ使われます。

▽羨望と嫉妬の意味論

envyとjealousyは、類似した現象であるのに加え意味に個人差があり、欧米でも混同されて使われますが、精神分析、心理学、社会学ではその動機と効果の相違から二つをはっきりと区別することがあります。とくに精神分析学では、envyをM・クラインが母子関係における乳児の怒りの衝動として位置づけて以来、良いものに対する攻撃性を取り上げる際の言葉としては、便宜的にenvyが二者関係のもの、jealousyが三角関係のものという区別が明確になりました。日本語では前者を「羨望」とするのが普通ですが、これでは危険な感情という意味合いが薄れるので攻撃的な「妬み」のほうがenvyに近いと思います。しかし使用頻度の影響から、「ねたみ」では一般的な感情だという印象が薄くなり、むしろ「羨み」の場合の、当人がもつ病気という感覚と意味から、病理学用語として合うように考えられやすいのです。また、女性の「ペニス羨望」が取り上げられる場合でもそうですが、たんに欲しいものなら「——願望」なのですが、羨望には妬ましいという怒りの感情が含まれるのです。「羨ましい」は自分が「やましい」であり、これを安易に持ち出して押し付けるとき相手を怒らせることがあるのも当然でありましょう。その意味を強調するなら「羨ましい」は病気だという決めつけにつながり、さらに、男性の「女性が羨ましい」という心情が問題になるとすれば、それはたんになりたい、欲しいという感情ではないでしょう。

▽危険な羨望の加工

また、「羨ましい」「妬ましい」は手に入れる資格がないのに求める場合の心理であり、嫉妬するのは資格があるという意識とともに求める場合である、という区別や解説もあります。嫉妬は三角関係で生じやすく、幼児期における年下の弟妹の誕生に関する怒り、父への母親の愛に対する息子たちの怒りと愛情要求は嫉妬であります。

このような羨み、妬み、嫉みは、苦しい感情であり、そのまま表現されるなら恐ろしく破壊的な場合も多くて、危険です。クラインを参考にして言うなら、求めるものが手に入らない場合の苦痛と危険を回避する心の動きとして、いくつか心理的な加工や防衛が必要なのです。つまり価値ある対象をなきものにする破壊的羨望、「すっぱい葡萄」のように欲しいのに不要で無価値なものにする価値下げ傾向、「私なんかとてもおよばない」とする相手の理想化と当人の自己卑下、さらに自分で努力して得ようとする創造的羨望などがあります。

▽ひがみと甘え

危険であるがゆえに工夫して処理されねばならない

envyは取り上げにくいのですが、日本語の「羨ましい」や「羨望」は、相手に対する肯定と自己卑下を含んでいるので認められやすく、「お羨ましい」と賞賛の言葉にされやすいのです。また、日本語でよく言われる「ひがみ」という言葉で描きだされる感情は、「甘え」「すねる」と結びついた受身的羨望であり、欲しいものを持っている人が欲しいものを分け与えてくれるのを指をくわえて待つという姿勢をとらせます。「ひがみ」は周囲が積極的に気持ちを汲まないと意図が見えにくいし、とくに「ひがみっぽい人」は羨望の内容をなかなか表現しないでしょう。そのために、理解されにくいので求めている内容が与えられないと、欲求不満の怒りと共にさらに意地を張らせて、ひがみ根性をまる出しにしたひとつの生き方を形成、固定させるかもしれません。そしてこの素性の混成と内容の複雑さや分かりにくさが、「ひがみっぽい人」の性格構造の屈折を生み、ひねくれの印象を生み出すのです。

［関連項目］ 三角関係

おかし

▽「おかしい」と「あやしい」

「をかし」が「おかしい」の源であることは確かでしょうが、「をかし」が現代の「おかしい」の意味になる過程にはさまざまな影響と変遷があったと思われます。もとの「をかし」は肯定的な評価につかわれ、優れている、愛すべき、みごとというような意味です。それが、「変わっている」「あやしい」などの意味をもつようになり、さらに、「馬鹿げている」「笑うべき」「滑稽」の意が加わって、現代かなづかいの「おかしい」になっていったというのです。滑稽の意味が加わるところでは、「をこ（愚）」の影響も否定できないでしょう。また、もともと強い情緒を伴う良い体験を喚起する際に使用され、肯定的な意味であった言葉が否定的な意味をもつようになる過程には、心理的な要因の影響も見逃せません。

「おかし」が「面白い」の肯定的意味と病理のあることとの間で意味がぶれているのと同じように、日本語の「あやしい」にも意味のぶれているところが連動して感じられるのです。警戒されると同時に人心を惹き付ける「あやしさ」という言葉について、興味深い意味の「ぶれ」を示すものとしては、特に三省堂『古語辞典』において「怪しさ」と「賤しさ」が併記されているのが興味深いところです。まず「怪し（あやし）」では、①人間の力以上のものに接した気持ちを表す語。不思議だ。②普通でない。変っている。珍しい。③とがめられるべきだ。ふつごうだ。けしからぬ。そして「賤し（あやし）」で、①見苦しい。そまつだ。②賤しい。身分が低い。

実にこの「あやし」が魅力的な「妖し」で、さらに「賤し」で「いやし」ならば、「癒し」と連動し、再び「あやし・いやし」の体験における幻想と幻滅、つまり肯定と否定が臨床の周辺でも繰り返されていることも実感できるでしょう。『古事記』でも、魅力的な「あやし」は豊玉姫説話における男性主人公の覗きを動機づけて幻滅を招来するのです。

▽生理的な興奮

「おかしい」は現代的意味でも否定的なものばかりではなく、「おかしくて、おかしくて、たまらない」と言うように、「外面に現れた様子、表情、しぐさ、言葉、口調、格好などが、普通と異なるところから生じる、罪のない笑いを誘う感情で、かなり本能的、生理的現象に近い」（森田良行）の意もあります。「いとをかしげなる女」が、心が強くひきつけられるように美しい女をかつて意味したとすれば、これも同じように話し手の反射的、生理的な情緒的満足や興奮の体験を指していたと解せるでしょう。それで、ただ愉快な「面白い」や警戒すべき「あやしい」より、「おかしい」では普通と異なることが強調され、その中心にはそういった異なるものに対する感動があります。話し手の興奮は抑えられて、古い「をかし」の感動や興奮が下落して嘲笑の種となり、対象の「行動がおかしい」「頭がおかしい」「考え方がおかしい」というような、理解できない点が否定的に強調される過程では、話し手に何らかの心理的な動機が強く働いているでしょう。「をかし」の反射的で肯定的な興奮が抑制されて、そして、生理的な「罪のない笑い」に巻き込もうとする異形や異人の対象を「変わっている」「あやしい」と否定し、笑いと否定の入り交じった嘲笑の「おかしい」になる過程には、最初の興奮が危険であるという心理的な契機が働いている可能性があります。つまり、「あやしい」もそうかもしれないですが、「おかしい」の否定的な意味は、この普通と異なることに対する「をかし」の感動や興奮の、不安が強いための「裏返し」「反動」であることが想定できるのです。

▽日常臨床語として

患者を含む多くの人々が、「行動がおかしい」「頭がおかしい」「考え方がおかしい」とされ、非難されています。ただ普通と異なっているだけで、「おかしい」と言うとき、そう言う家族や環境の側に、巻き込まれたくないという心理が強く働いている可能性がありま す。おかしい人々は、反射的な興奮を引き起こしているために、それに巻き込まれたくない人々が、そのおかしさを厭い、否定的に取り扱いやすいのです。このように私たちは、おかしい物事に関して、美しい、かわいい、趣のある、面白いなどと言って、単純に昔のように感動することが禁じられている理由を自覚できます。

【関連項目】売春婦

押しつけられた罪悪感
forced guilt

文字通り、押しつけられたと体験される罪悪感です。過剰な罪悪感が自らのものとして深まるとき、その過程は無意識化されていても、外から押しつけられた罪が含まれることがあります。逆に意識されて訴えられる「無実の罪」にも、本人が負うべき内なる罪が含まれていることがあります。内外のバランスをとって体験されるべき「本当の罪」の納得に際しては、ときに第三者の裁定が必要となり、臨床では治療者がその第三者となって被分析者とともに「本当の罪」に到達せねばならないことがあります。

発達的には、普通の赤ん坊は献身的な母親の育児と世話を糧にしてすくすくと育つことになってはいますが、環境側が脆弱で傷つきやすく、乳幼児の攻撃や貪欲な欲求に耐えられない場合、乳幼児に抱えることのできる罪以上の罪、つまり「押しつけられた罪悪感」を生じさせやすいのです。また、「恩着せがましい育児」や「罪つくりな環境」、第三者（父親）の不在などの環境因子に加えて、傷ついた母親との同一化、強い攻撃性と過剰な投影なども、同様の現象を生み出す方向に作用します。このような罪悪感は防衛的で適応的な性格を生み出すことがあり、たとえば「自虐的世話役」は、深まる恩の恩返しのために無限に償い続けねばならないのです。

ウィニコットは「植えつけられた罪 implanted guilt」について述べていますが、これは抑うつ的な母親の傷つきやすさに対し乳幼児が偽りの償い false reparation を行うよう追い込むものです。この罪悪感に悩む患者に対しては、その内的因子だけで説明するのではなく、外的な対象や環境自体も傷つきやすいという点を指摘することが必要です。そのときには、過剰な罪意識とその由来を分析して、マゾヒズムに転化しやすい攻撃性という内向きの問題と、適応のための愛他性というような外向きの性格傾向の、二分法を取り扱わねばならないことが多いでしょう。また、妄想的な被害意識とともに生じることがあり、その場合、クライン学派のいう迫害的不安や迫害的罪悪感 persecutory guilt を生み出す自らの攻撃性を自覚することが困難となります。なお、恩と罪の差は、前者が返すことを償いとするのに対し、後者が罰を直裁的に求めやすいところにあるといえます。しかし恩もまた罪と同様の形で累積することがあり、臨床では治療環境の強度や、治療関係における依存や恨みの取り扱いが重要となります。

【関連項目】自虐的世話役

踊り

▽おどる歓び

「おどる」とは、「踊る」だけではなく、「躍りあがって喜ぶ」の「躍る」とも書きます。前者は音楽のような何かの調子に合わせて踊ることであり、後者は激しく乱れ動くことです。原始的に跳ねまわり、飛び回る、飛び跳ねること、これが「踊る」「躍る」「跳る」に分化する「おどり」なのであり、このおどりには歓びが伴い、「わーい」という歓びにはおどりがつきものです。また「踊るあほうに見るあほう、同じあほならおどらにゃそんそん」と言う場合は、踊りは阿呆と等価であるとされ、踊りの歓びは身体的なものであるとともに、無意味で愚かでいることが許されることにも深く関係があります。子どもにおける歓びの表現のひとつは躍りあがることですが、大人でも何かの拍子でおどり、跳び、はねまわりたくなることがありますが、踊りは許されても躍りは禁止されやすいのです。

▽踊り狂うことの禁止

けっこう早くから子どもにおいても、場所を選ばずおどることや跳び回ることの禁止が課せられます。つまり、成長とともに体が大きくなり、空間のサイズとの関係から、跳びはねることができなくなるのです。その禁止は人的な構造や物理的な枠との「ぶつかりあい」や「怪我すること」を通して与えられていくのですが、突然「踊っていると叱られる」ことも頻繁に起きます。多くの患者が、子どものときソファーの上でおどったり跳ねたりしていて怒鳴りつけられたことを思い出しますが、治療のための面接室の多くの設定がおどりには向いていないことにも関係があるでしょう。

さらに、踊ると物が壊れたり何かにぶつかったりして危険であり、我を忘れる呆然自失の危険と同様、「踊り狂う」という逸脱につながるので危ないのであり、そこに制限と禁止の必要性が急に生まれるのです。

▽舞の危険

踊りは舞うことと区別されますが、全身を動かす踊りに比べて日本の舞いは体をあまり動かさず手足だけで何かを表現するものであり、より象徴的で洗練されたものとなります。「舞う」はくるくる回るという意味もあり、体の中心は動かさないで回ることが舞の原型なら、舞いの楽しさは「めまい」という原初的な陶酔に通じるのではないでしょうか。この誰にでもできるはずの回ること、どのような幼児も楽しんでいる回ることが、専門家の舞踏家や舞姫たちにまかされ、窮屈な制度のなかで先生や師匠から教えてもらう芸になり、舞台(=舞いの台)の上だけのものとなる歴史的過程がありますが、これは、我を失う「めまい」の舞いが危険視され管理されねばならない「自失」につながるからだと思うのです。

▽おどらされる

「おどりたいけどおどれない」という立場にいる大人たちに許された踊りや舞とは、ダンスホールやディスコ、クラブという風に、場所と時間が限られていますが、音楽を媒介にするダンスであり、文化として共有されたリズムに合わせるものであることが多く、たんにはめを外すものは少ないのです。また、踊りや舞は女のものという見方があるとすれば、かつては男たちも舞ったことや、男の踊りを大事にする民族のあることを思い起こすべきでしょう。さらに、大人の踊りを支える音楽の演奏者、祭りの時空の管理者として、踊らない協力者が安全な踊りの成立には欠かせないのですし、のせて踊らせる側に対する踊る側の信頼が必要です。本来が歓びと無意味に満ちた踊りなのであり、信用ならぬ踊らせる側によって思わぬ方向や意味へと意図的に導かれることが不安な場合は、のせられること、おどらされることは警戒され、簡単には踊れなくなるでしょう。ゆえに踊りは、調子の良いリズムや音楽を介して信用できる誰かリーダーのいるところでしか成立しにくいし、若者たちが他の大人と距離をおいて自分たちだけで踊ろうとするのは、そこに自立の喜びがあるからなのです。

思われます

▽れる・られるの意味

よく「感じる」ではなく「感ぜられる」と言い、「思います」ではなく「思われます」と言いますが、そのときの助動詞「れる」「られる」には、自発、受身、可能など多重の意味があり、同時にそれらは重複しているようです。たとえば「見る」「聞く」とくらべると、「見える」「聞こえる」もまた、自然な自発と可能の意を合わせもっていることがよく分かります。

周知の通りこのような「れる」「られる」には、自発、受身、可能に加え尊敬の意がありますが、尊敬は比較的新しく含まれるようになったものらしく、このなかでどれが中核的、本源的意味かの議論では最初に除外されます。残るもののなかで、受身が最初であったとする説や、自然にそうなったという自発から可能や受身が生れるという説までいろいろです。

▽自発と可能

それで「思われます」と言うときも、そこに可能の意味がある場合でも、その可能も自然に与えられ、自然に発生し、自然に展開しているということのようで、そうなったこととの責任を問われることから逃れています。「雨に降られる」「風に吹かれる」という受身表現にも、主体が雨や風に受身的に関わって自然にそうなった、という自発自生の感覚があり、自発と可能が未分化なのです。荒木博之は、「明日多分来られると思います」と言う場合の「られる」について次のように解説しています。「日本人にとって可能であるということは、みずからの主体性においてそれを可能にするのではなく、『可能』が他律的に没主体的に与えられるものであったからである。」このように自然発生する可能とは、主体が他者を含めた環境に依存し、受身的に雲がわきいづるがごとく可能になるというわけなのです。

▽空気で決まる

「思う」と言えるのに「思われる」と言い、「考える」と言わずに「考えられる」と言うものだから、行為主体の不在、責任の曖昧化、自他未分化、他律性が問題視されることになるのです。しかしながら、この受身、可能、自発を一体化させた表現は、場面によって使うことが増えたり減ったりすることが観察され、特にあらたまった場面で使われる言い方なのです。たとえば「思われる」という言い方は子どもは使わないし、大人でも私的な場面では言うことが少ないものです。「思われます」「思われる」は自然に展開していることを強調するとはいえ、自然な状態で言うよりもむしろ、実は自他の分化が進み、共同体のなかでの責任が問われる人工的な上下関係のなかで使用されているのではないでしょうか。公的場面で受身的に、自然に、可能になったことを強調するのは、「その場の空気で決まった」と言うのと同様、主体である「わたくし」の打ち消しを行う、手のこんだレトリックなのです。

▽可能の自然発生

そこで、さまざまな意味の渾然一体化はコミュニケーションとして不便なので、その中から可能だけを分離しようという勧告もあって、たとえば「見られる」は尊敬の意味で使うことにして、「見れる」を区別して可能として使用しようとする動きがあるようです。その一方で、言葉遣いの議論では、「起きられる」が正しくて、「見れる」「起きれる」は間違いであると主張されます。さらに「見ることができる」と「出来る」を使用した場合も、「できる」の古い形である「出で来（いでく）」で言う可能も、湯水の湧き出るごとく私に向けてどこかの内側の奥のほうから出てくるという感があり、やはり可能の主体性は明確にはならないのです。「出来心」というのも無責任な気の迷いであり、こうして日本語で私たちはあくまでも可能の自然発生を主張しているのです。

しかしながら、主体性の不在は確かに見られますが、思いも、見ることも、どこかから自然に与えられて可能になっているという感覚が実感に近い場合のあることは認められねばなりません。心のなかでも、思うというよりも思われてくる、という思いの自然発生は確かにあり、「思われます」という表現が「思う」よりもぴったりくるときがあるのです。

▽**治療者の自然な解釈**

さて、治療者が患者に解釈を伝えるとき、局面によっては解釈の内容よりも、その言い方が大きな意味を運ぶことがあります。とくに、退行した状態や重症患者にとってはそうでしょう。原則として、解釈者は解釈を強く押しつけてもこれを拒否する相手には受け入れられないのであり、患者は治療者の助力を得ていても、洞察のための言葉は自ら発見してこそこれを身につけるのです。押しつけない解釈においては、英語では仮定法などが使用され、日本語では自然発生的に「……と思われる」と言うことが多くなるのではないでしょうか。それは他力本願で無責任と非難されるべきものではなく、自然にそう思われ、アイデアが浮かぶ場合の感じ方や言い方として自然なのではないでしょうか。

同時に、言語習得的には母親の思いを通して読み取られることのほうが子どもが見て思うことよりも先であることを考えるなら、日本語はそのような自他未分化の原初の実感に忠実であり、同時にその段階に留まろうとする傾向があると言えるでしょう。こうして、私たちは「思われる」「言われる」と連発するのですが、それは一体誰の考えで、誰の思いなのでしょう。そして「思われますね」と言われるよりも、「思いますね」と言われたほうが、聞き手が「そう思いません」と否定するのが容易なことに注意しましょう。

［関連項目］思われます、自然だ、ゆ

か行

解釈
interpretation

［定義］分析家が行う解釈とは、分析的手続きにより、被分析者がそれ以前には意識していなかった心の内容や在り方について了解し、それを意識させるために行う言語的な理解の提示あるいは説明です。つまり、以前はそれ以上の意味がないと被分析者に思われていた言動に、無意識の重要な意味を発見し、意識してもらおうとする、もっぱら分析家の側からなされる発言です。

サンドラーらによれば、精神分析において解釈の概念は次のように多様に用いられてきました。（1）患者の交流と行動についての無意識的な意味や意義に関する分析者の推論と結論。（2）分析者による推論と結論について患者へ伝達すること。（3）分析者によってなされるすべての発言。（4）洞察という媒体を通して、特に「力動的変化」を起こさせることをねらった言語的介入。——狭義にはこれが解釈とされ、精神分析技法の中核にあるものです。その直接的な効果は、連想が豊かになることや、忘れていた過去を想起させて、情緒的な体験や「ああそうだったのか」というような感慨を伴った洞察（情緒的洞察）などを生み出すことであらわれます。これはまた言語と深く関わる臨床技法であり、精神分析に固有の特徴とされてきたものです。

用語的には、「解釈」を有名にしたフロイトの夢分析の書物に *Die Traumdeutung* があり、『夢解釈』と『夢判断』という二種のタイトルとその邦訳がありますが、独語の Deutung にある「意味の判断」という部分が、interpretation つまり「解釈」という訳語では恣意的で浅いものになる、とベッテルハイムらは警告しています。

［解釈の種類］普通、精神分析においては解釈よりも「話を聞くこと」と治療同盟が成立することの方が先であり、ときに非言語的な共感や支持などと共に解

釈は行われるわけでありますが、そこでなされる解釈にはいくつかの種類があります。（1）内容解釈――被分析者の言動における表面的な素材や意識的な意味（顕在内容）に関して、歪曲の跡をたどって背後にある深い意味（潜在内容）へと「翻訳」することです。小児期の性的・攻撃的な欲動に満ちた幻想、表現しにくいネガティヴな情動が強調され、症状や言動を象徴として捉え、抑圧された意味が言語にされることが多いのです。もともとヒステリー患者の病因的記憶の想起という現象が目的化され精神分析技法となったもので、本格的な内容解釈の歴史は、夢や症状に隠された意味や「もう一つの言語」を発見することから始まっています。夢の解釈では、夢の顕在内容を無意識的な欲動の歪曲された代理物であるとし、夢に関する自由連想で別の代理物を連想させ、多くの場合、治療関係の文脈にそって分析家が無意識的な意味を判断します。象徴解釈とも呼ばれ、初期の精神分析は性的象徴を解釈することで知られるようになり、文化論や応用精神分析としても行われます。（2）防衛解釈――これは、葛藤などに伴う不安や苦痛を処理するために患者が用いる方法、つまり防衛機制について解釈することです。抑圧されていた衝動や葛藤を内容解釈で被分析者に示したとしても、それを処理する防衛の問題を考えたり、さらに上手な処理方法を示したりしなければ実際的ではありません。特に性格として身についてしまった性格防衛（Reich, W.）を取り扱うことは、性格の病理の分析では欠くことのできないものであり、葛藤や不安を処理するために患者が繰り返し用いる防衛機制を示すことが治療の眼目となります。（3）転移解釈――解釈は転移の観点から、過去の体験が治療関係においても反復していることを取り扱う転移解釈と、それ以外の転移外解釈に分けられます。転移解釈は、過去の重要な他者に対する感情や関係を分析家に向けているという置き換え現象を主に扱いますが、解釈の強調点を過去の起源に置くものと、分析家と患者に共有された分析セッション中の「いま、ここ here and now」で起こっているという点に焦点づける解釈とがあります。回数の少ない精神療法や防衛が問題になる治療では、過去の体験内容を問題にするよりも「いま、ここ」の防衛解釈が増えることになります。

［三角モデル］内容解釈、防衛解釈、転移解釈は、分析家が患者の心的世界の理解のために用いる患者由来の素材、つまり解釈する内容による分類です。さらに、得られた素材をつないで、筋の通ったものにし、被分析者に受け入れられやすい（消化しやすい）ものとすることが必要であり、これについてはメニンガーやマランによる三角形の発想が解釈の基本として有用です。その三角の一つに「葛藤の三角」があり、それは精神分析の三大概念である欲望、不安、防衛から形成されています。解釈された素材をこの三角形に当てはめて文章化すると、「あなたは……したいのだけど（衝動）、それをすると……になるのが心配なので（不安）、……することになるのですね（防衛）」となり、患者の葛藤を包括的に理解するための基本モデルとなるものです。

また「洞察の三角」は、学校や職場などの最近の関係と、分析セッションにおける「いま、ここ」での転移状況と、遠い過去における幼児期の両親との関係から成っており、この三点観測によって素材を結びつけて、反復を取り出してモデル化しようとします。こうして、乳幼児期より反復してきた「心の台本」が、その後も相手役を変えながら繰り返されていることが理解されるようにと、人格の三つの要素が言葉で織り込まれてモデルは完成していくのです。この三角モデルは一つの考え方ですが、対象関係論からこれを生かすなら、分析者－被分析者の間を場にして、悪い関係（不安）と良い関係（衝動）を、中心的な自我の体験（防衛）に織り込んで対象関係を総合し、自己の物語を紡ぎ出していくことができるでしょう。

［解釈の生成と投与］フロイト以来、順番、深さ、タイミング、語法、投与量、正確さなどが技法論として展開されてきましたが、夢の解釈でも分析者の理解

としての解釈と、言葉として投与される解釈とは同じではありません。分析家が無意識的意味を理解するとそれを性急に患者に伝えるというような乱暴な行動は非難されるものであり、たとえば診断面接における分析者側の理解としての解釈は、相手に話されなくとも治療を計画するという点で重要なのです。また、秘められた内容の「蓋をとる」解釈は、患者の自我の強さや弱さ、喚起する不安の適切さなども考慮しなければなりませんし、正しい解釈でも、問題の核心を受容できる器が無ければ、その解釈は必要以上に不安をかき立てることになります。通例では、痛みや悩みへの共感や「参加しながらの観察」、そして二人が取り組むための治療同盟の確立が先であり、解釈は表面から深層へ、周辺から核心へという方針が基本です。正確さについての意識は分析者によって異なり、同じものについて幾通りもの表現方法があるものです。ですから、正しくない解釈を被分析者が修正し完成するということの意義が物語るように、正確でなければならないというわけでもないのです。

解釈の伝達時期については、共同作業を行う両者の探求心が熟した瞬間になされると効果的ですが、これらの瞬間とは、客観的に理解できるものというよりも、分析家自身の逆転移や体験的な直観で分かるものだという議論もあります。また、クライン学派は、治療の早い時期からの深い解釈を行い、攻撃性を積極的に取り扱うという点で他の学派から際立った立場をとると言われます。しかし、精神分析は、発話としての解釈の部分だけが重要なのではなく、被分析者の思いを直接感じ取り、体験し、抱えて、意味を汲み取り、思いをめぐらせて納得し、といった分析者の内的なコンテイン（Bion, W. R.）の過程を含むのであり、こういった内的過程の貴重さは従来の外的な発言だけを問題にしていた解釈論に加えられるべき側面です。

［関連項目］　介入、言語化、言葉にする、直観

介入
intervention

「働きかけ」と訳されることもありますが、治療目標へと向かう分析過程で、分析者が意図的に用いる技法の総称です。精神分析家のいわゆる「分析すること」に相当し、特に直面化、明確化、解釈、徹底操作などが含まれます（Greenson, 1967）。

精神分析の技法はすべて受身的傾聴という原則の上に成り立っていますが、積極的に行われる技法論の中で従来から取り上げられている治療的関与の大部分が、言語的な介入あるいは働きかけです。たとえば解釈とは、気がついていない対象関係や症状の意味、あるいはそれらが存在することを言葉で指摘することであり、この解釈が精神分析の主たる特徴であるとされます。明確化も言語の機能を生かそうとするものであり、直面化では話のくいちがいや誤った認識、明白ではあるのに本人には気づかれていない事柄と対決させて解釈への準備を行います。あらゆる段階で重要な意味をもつものとして、連想材料について分析医が発する、質問という明確化に類する介入もあります。そして、たとえば「なるほど」などで患者のコミュニケーションに従う分析医の相づちや、相手の話した内容をまとめて返すことなどは、その交流に関与し理解しようと努力しているという態度を患者に伝え、共感し理解を深めようとする際に価値があります。また、効果的な介入を可能にするものとして、準備的な言葉のやりとり、キーワードの発見、回数を重ねることによる治療同盟の強化などが挙げられます。

介入というと積極的で侵入的にきこえますが、メニンガーは「彼らの関わりは、著しく受動的なものである。彼らがときたま行う能動的な関与は、むしろ働きかけ intervention と呼んだほうが良い」と言い、介入の原則については、欲求不満の緊張が高まる時期に与えられるのが一番効果的であるとして、倹約の原理 Principle of parsimony、すなわち必要な最少量の助力を患者に与えることを主張しています。フロイトの精神分析以来、取り扱いたい転移、つまり関係が熟すことと、抵抗を考慮に入れることが重要とされており、「待つこと」が大事なのです。分析では、こちらからの介入が増えると相手の意図が問えなくなるし、また多くを与えられないことで患者の欲求不満が自らの願望を明らかにする可能性が高くなります。ただし、このように言語的介入が際立つのは、顔を合わせない自由連想技法だからであり、対面法では、治療者の態度や表情、金銭の授受など非言語的なやりとりが多くの意味を運ぶことになり、患者には意味ある介入となります。さらに治療室の設営、心理的なものとしての体験を「抱えること」が重視されるのは、大抵は重症患者の治療においてですが、投薬や入院もまた介入であり、非言語的介入は治療者が意識しなくとも、患者にとっては意識的、無意識的に意義や意味を十分にもっています。

[関連項目] 解釈

抱える環境
holding environment

ウィニコットによる概念で、「促進的環境 facilitating environment」とほぼ同義に用いられ、「環境としての母親 environmental mother」「ほど良い母親 good enough mother」などとともに使用されます。彼の発達理論において、依存する赤ん坊が自分の居場所を得て存在するための平均的基盤を提供する環境として想定され、文字通りのレベルでは赤ん坊を抱っこする母親の腕の役割を指します。普通の献身的なお母さん ordinary devoted mother が与える支持的環境は幼児の生来の成熟過程 maturational process を促進しますが、対象としての母親 object mother と対比して環境としての母親の役割が強調される場合、眼目は居場所を提供することにあり、これにより存在の連続性が幼児に保証され、好ましい条件下では自己の生成と心身の統合を確実にするのです。母親、あるいは母親的環境がほど良い形で「抱える環境」を提供できないなら、自己の反応と迎合を生み出し、取り返しのつかないときは乳児に解体や自滅などが発生します。精神療法においても、また病院臨床やソーシャルワークにおいても、治療条件をほど良く整備し、頼りになる環境を依存する患者のために供給しようとすることは重要な課題であり、その支持的要素を基盤にして患者の「本当の自己 true self」が「いることbeing」を達成することがあるとすれば、治療環境は発達促進的、退行受容的でなければなりません。しかし、多くの治療環境の場合、その成功だけではなく、抱える環境の失敗もまた転移として引き受けその内容を劇化する場となり、おさまりの悪い患者に対して治療者は治療環境を柔軟に再構造化し、特に逆転移を体験しながらも確実にそこにいて生き残らねばなりません。余裕のある空間の提供と、時間の点からみた連続性の維持こそが、抱えることに含まれる重要な役割で、その支持的対応と分析的解釈という両面的な実践がウィニコットの治療的記録に生き生きと示されています。また、このような比喩的、心理的な「居場所の提供」「抱えること」とは欲求の対象を提供することに比べて感謝されにくい部分であり、その存在は好条件下では背景に留まるのです。そして、これは主に自我ニードのためのものであり、性愛化されないことも重要です。

【関連項目】ウィニコット、抱えること

抱えること（ホウルディング）
holding

ウィニコットが早期の育児における母親や母親的環境の役割と機能を重視して、その母子関係論と分析的治療論において handling、object-presenting などとともに使用する鍵概念です。日本語訳としては「抱えること」の他に「だっこ」「だくこと」「だき抱えること」などがあって、この豊富な訳語が"holding"の多義性と心身の両義性を示しています。
まず、育児における愛の一形式である「だっこ」として、身体的な世話を基盤にして母親が赤ん坊をその腕で抱え、感受性豊かに適応して赤ん坊のニードを汲むこと、心身ともに一つにまとまることが注目され、その状態は乳幼児の育児や児童治療の基本と考えられます。理論面では、幻想の役割を過大に評価するクライン学派に対抗して、外的な育児のほど良いこと、パーソナルであることを取り上げ、「抱えること」の時間的な継続、維持、当てになることなどが、赤ん坊の自己が統合され存在し始めるための基盤となることを強調しています。母親側の情緒障害や同胞（弟妹）の誕生などのためにこの「環境の供給」が突然破綻すると、「想像を絶する不安」を体験したり、生きることの流れを中断された乳幼児が自らを抱えるために迎合的な偽りの自己 false self を発達させます。このような理解を踏まえて、分裂的パーソナリティの分析治療では本当の自己 true self を育むために、退行して依存を発展させる患者を治療環境が抱えることや、環境の失敗による外傷体験の内容を解釈することが重要となります。また、身体接触が注目されて、治療者が実際に患者の手を静かに握ることなどが報告される場合は、欲動の直接満足からは距離を置いた非言語的な相互交流が強調されます。さらに統合失調症やいわゆる境界例の治療においては、その強い逆転移にもかかわらず一貫して「抱える環境」を設定し、これを維持しながら、避け難い治療の失敗の意義を理解することそのものが治療的なのであり、入院治療やソーシャルワークの基礎理論として、精神分析の内外で幅広く生かされています。

［関連項目］ウィニコット、移行対象、寄る辺なさ

空《から》

▽**空っぽの言葉**

「空っぽ」が言われるとき、この表現だけで事態の

描写が十分とされることはめったにありません。そのためか皮肉にもこの空虚体験を意味する語彙は豊かです。

「殻」が「空《から》」に転じたのであり、「から」は身のないぬけがら、そして死体を指します。私たちが人生で手に取るもの、見るもの、触れるものの多くが、身のないこと、実のないことは、こういう表現を通してよく知られており、「からだ（体）」という言葉そのものがこの身が「ぬけがら」であることを言っています。だから、そこに実りあるものを期待すれば、何回か溜め息をつくことによって伝えられる程度の空虚感が生じるのは常識なのです。それでも敢えて言われる空虚や無意味の体験とは、筆舌につくしがたいものであるために、表現が次々と上滑りになって「生きている理由がない」「意味がない」「何も感じない」「自分がない」「詮もない」「仕方がない」「どうしようもない」「生きがいがない」「充実しない」「楽しみがない」と、ないないないづくしの言葉を饒舌に語らせるのです。これについては語ることそのものが空虚であり、唇が寒くなり、百万言費やしても意味は虚ろで、秋の木の葉のように言葉が意味なく舞い落ちます。

▽時間つぶしという人生

「空っぽ」から逃避する自殺願望も「空っぽ」に圧倒される虚無主義も、ある種空虚の非凡な充実を得て詩人や哲学者となる場合を除いて、並外れたもの、つまり「非常識」なものが治療の対象となります。さらに、「空っぽ」を埋める際に充足感や充実感が外から与えられることを情けなく思い、むしろ外界に左右されずに自分の側から出発する自己実現、自己表現、創造性によって空洞を埋めることが理想だと説く治療者もいます。ここで「生きがい」を求めるという動機の観点から注目すべきは、人とは生きがいや意味を求めて生きるものだという人生観は人が空洞や空虚であることを前提としており、どれほど独創的で価値の高い自己実現であろうとも、生きがいや自己充実とは空虚のひとつの防衛手段であり、生きるための意味を求めるのは無意味の防衛であり、人生の目標も目標喪失の防衛だというわけなのです。

こうして常識としての空虚の充実を望むと、退屈、暇であること、時間がありあまることが意識されやすく、それで焦るなら暇や時間はつぶされねばならず、生きがいが単なる「つぶし」である場合は、生きがい対象は自嘲的な「暇つぶし」「時間つぶし」だと言われることでしょう。生きがいまたは自己実現であっても、暇つぶしであっても、それほどまでしてつぶされねばならない現代生活の空虚とは、仕事に忙殺される日常生活において今このときにも忍び寄る恐怖や深刻な虚無の源泉であり、人々の異常な「忙しさ」を動機づけているのです。

▽空しさ

これまで「空しさ」の分析は対象喪失と抑うつの理解において大きな貢献をしてきましたが、ここで抑うつ感とは区別されるべきものとして「空っぽ」つまり虚無、空虚の体験について考えておきたいのです。これは「空しい」という抑うつ的な情緒の問題ではなく、「自分がない」「自分の中身がない」「空っぽ」「生きていくことが無意味」という形骸化した自己や自分、そしてその人生の空虚を否定的に述べるものであり、自己心理学やパーソナリティの病理学で重視されている体験です。ボーダーライン・パーソナリティの研究で、その内的世界を特徴づけるために持ち出される空虚(emptiness)や空虚感は、従来抑うつ感情として捉えられることの多かった情緒と連動しながらも、希望のなさ、救いのなさ、意味のなさ、楽しみのなさ、生きがいのなさという「……がない」の圧倒的な体験として区別できるでしょう。つまり「空しい」では抑うつ感情があってそれを感じる自分がいますが、空虚に圧倒される場合はそれを感じるための感情も、それを一貫して語る自分もいないと言うのです。

また、J・ラカンの影響を受ける人たちは、この空虚や空無を人間の根源的な「去勢」として理解しようとすることがあります。さらに、小川豊昭はシゾイドの空虚感を論じる際、母親が自らの空虚を埋めるために子どもを得ようとするのだというフロイトの理解に基づいて、子どもが母親の「穴埋め」となり続けて母親に去勢され自らは空虚になるという考えを示しています。日常に使用される「空虚」を「去勢」の観点から理解する時、非日常的な「去勢」が実に馴染みのあるものとなり、日本語による精神分析の進歩につながるものとなりますが、注意しないと「居場所がない」や「自分がない」「(自分の)中身がない」という性別のない感覚と、女性の「ペニスがない」感覚とを混同する母親のウエットな混乱をそのまま引き継ぐ可能性があります。

▽からっとした空

当然、パーソナリティの構造論や自己心理学の観点から「空っぽ」の解決としては自己統合や自己表現、ときに自己実現が治療目標として設定されることが多いです。逆にむしろ充実感に執着する自我を空(から)にして、心をからりと晴れ上がった空(そら)にすることを究極的な治療目標として設定する立場もあります。それはけっして特別な体験ではなく、常識としての「空」であり、平凡で、野暮で、粗野で、乾いていて、からっとした、特に意味のない「空」なのでしょう。

［関連項目］生きがいがある、満たす、空しさ

完全主義者

▽自尊心

普通の生き方を指し示しながら同時に病的傾向や病理を指す言葉は、それほど多くありません。そうしたなかで、完全、潔癖、清潔であることは社会的にも求められやすいので意識されにくいのです。同時にそれが度が過ぎる場合は「完全主義者」「潔癖すぎる人」

として取り上げることができ、それでも公認され抵抗なく認められるというのであれば変わりにくいということでもあります。

つまり完全主義は、度が過ぎても、いくら病的な結果を招こうとも、頑固さや自慢、「自分が可愛い」という自尊感情や自己愛があるので変わりにくいのです。「変わりたい」と考え、やり方や方策を考えてみても、それが苦しいので変わるしかないと思っていない限り、つまり完全主義的な万能の不完全さとその限界を悔しさとともに思い知らない限り、変化は期待できません。そして治療は、完全主義者をそれ以上完全にすることはできないのです。

▽不完全であるという不安

完全主義には、自信がないことや自己不確実感、不完全についての違和感や恐怖が伴います。つまり不確実感や違和感が完全主義を生み出し、その完全主義が自己の不確実感を招くという、終わりのない悪循環が生れます。例えば「あれかこれか」という分類や分化を求める思考は、徹底的で網羅的な完全主義を伴いますが、当然これは「あれだけ」「これだけ」が不完全だからでありましょう。

自己について、周辺について、不完全なものや欠点が目に入り、完全にしようとするのは、その不完全さが気になるからですが、完全にしようとすればするほどますます不完全さは目につくでしょう。（だからこのような辞典も不完全であり、永遠に完全にはなりません。）

▽不完全な治療

不完全さのどうしようもなさや、仕方なさを「思い知り」「あきらめ」て「あるがまま」に認めることが課題になるとき、その悔しさや痛みを感じるための場が必要です。おそらく、「不完全でいてもいい場」「不完全でいていい関係」を得て初めて人は不完全さを自認できるのでしょう。分析的治療としては、不完全が嫌いなのに探している（大好きなのかも）という矛盾や欠損、その起源として、完全を要求した厳しいしつけ、さらに不完全すぎた両親像や、それを見て完全になろうとする自己像などが取り上げられることになります。ただし、完全主義者は大抵、それが挫折するところで初めて治療者を求めるものであり、不完全さの保護に成功している完全主義者について治療者は「けちをつける」ことはできないし、それを「取り上げる」ことを依頼されているわけでもないのです。またそれが解体や空虚の唯一の自己防衛の手段である場合は、「取り上げる」は奪い取るという意味となり、むしろ、自分のなさ、誰にもまかせられない不信感など、完全主義をやめるには大きすぎる問題が存在します。むしろ、完全主義者、潔い性格というような肯定的で保存的意味合いのある言葉が、治療の初期には貴重となるのです。そして、ますます完全になろうとする傾向と、それには協力できない不完全な治療者の不完全な治療とのぶつかり合いは否応なく訪れるし、それこそが「好い加減」「適当」にむけての治療的な幻滅という転機となるでしょう。

[関連項目] 神経をつかう

観念の模倣
ideational mimetics

フロイトが「機知」論文で取り上げた現象であり、観念を身ぶりや行動で模倣することを指します。心的エネルギーの消費を問題にし、その消費量の差を笑うとする、滑稽さが発生する際の節約理論とともに記述されました。

人間が何かを伝達し描写するとき、言葉でそのことを聞き手に明らかにするだけでなく、さらにその内容を自分の表現形式で模倣することはよく観察されます。たとえば、「高い山」と言うときには頭の上に手を上げ、「小さな小人」と言うときには地面の方に手を下ろすという具合に、表出内容の大小を表現するときに身ぶりの表示と言葉の表示が結びつけられ、量と強度が示されます。手で描かれなかった場合は、声で同じようにやるだろうし、それを制御したならば目を見開いたり、目を細めたりして、大きさを言葉以外のもので表そうとするでしょう。そこで表出されるのは感情ではなく、実際に表象されているものの内容であると考えられます。

観念の模倣とは、心的内容と表現形式の一致であり、強迫的内容について書くと書き方まで強迫的になり、遊びについて書くと言葉が遊び始めるという現象においても見られます。パトリック・マホーニィは、フロイト自身の書き方にその傾向が顕著であり、たとえば論文「無気味なもの」における無気味なものを取り扱う著者の考えがその書き方に出ていると指摘しています。フロイト自身も予言していますが、ジャック・スペクターらは観念の模倣を追究することは美学の諸地域において有効であろうと述べており、遊ぶことを生かす治療においても解釈内容と解釈形式の一致、あるいは相互乗り入れという形で観察できるのです。

【関連項目】ユーモア

頑張れ

▽辞書的な意味変化

「頑張る」の辞書的な意味を概観した天沼香によれば、前近代的な「目をつける」という意味の「眼張る」が消え、「頑として動かない」「我を張る」といった意味で用いられ、さらに「耐えてやり抜く」といった意味を付与させて、使われることが多くなったのだそうです。そして「我慢する」という意味で使われることが多く、「頑張る」という我慢には「ねばりのなさ」「あきらめのよさ」が伴うと言い、私たちの「頑張る」は長期的・持続的なものではないと指摘されています。

▽個人対周囲

頑張ろうとする場合、「我を張る」と個人を主張しながら周囲からの「頑張れ」の声援に応えるという、個人対周囲という葛藤に引き裂かれやすいのですが、そこで期待に応えて頑張ることができれば自己主張と他者指向が調和する可能性があります。「頑張れ」と言われる状況は、競技場や戦場、職場、学校だけでなく、家庭にもあり、この言葉は励ましや期待として、さらには強制として、幼児期、学童期を通じて、運動や勉強をめぐって数え切れないくらいに口にされ、耳にされます。ゆえに、「頑張り屋さん」になって自己主張と他者指向を調和させることが、両者の葛藤の表面的な解決となりやすいというわけです。

▽競技場化する臨床

社会適応をはかる患者に対するとき、「頑張る」の精神とこれに関わる問題は、内科、外科、精神科を問わず、どのような臨床場面にも登場するでしょう。治療者側も応援する側として頑張れない患者に「頑張って」と声をかけることが多く、治療者集団や病院を競技場化し、治療者側の励ましの「頑張れ」に対し、患者の訴えとしての「頑張れない」が増えることになるでしょう。周りの声援に応えて頑張れない人々の気持ちを知るには、頑張りたいけれど頑張れない当人の不甲斐なさ、悔しさだけでなく、頑張れと声援を送るものとの関係の分析が必要です。つまり、頑張れない人に対する応援は「人の気も知らないで」行われやすく、その無理解に対する復讐のように、意地でも頑張りたくないという患者がいるのです。彼らは、これまでの数え切れないくらいの無責任な「頑張れ」に対し、怒りや憎悪すら抱いていることがあるのです。

▽瞬間的な頑張り

火事場の馬鹿力のように、頑張りは長期的・持続的なものではなく、瞬発力の発揮であり、長時間に亘って頑張らなくてよいというのが興味深いことです。頑張りは短気集中型の労働力を要求する水田稲作の農耕作業と深く結びついて発生してきたことを天沼は指摘していますが、このことは頑張るの発生が環境との関わりで考えねばならないことを示すものです。国家や両親からの応援「頑張れ」に応えて、戦争中の闘争心や国家意識の高まりとして「死ぬまで頑張ろう」というスローガンが生まれ、現代スポーツでは「一所懸命に頑張れ」という形で選手を鼓舞し、労働では必死の「ガンバリズム」と言われるような形で生まれます。頑張らないことも、頑張ることも、それだけでは異常でも正常でも、不健康でも健康でもないのですが、通常臨床的に問題になりやすいのは、意地をはって頑張れない場合と、無理する人々が周囲の「頑張れ」という応援と期待に応えて限界を超えて頑張りすぎるというようなケースでしょう。

▽無時間という特徴

「頑張ろう」「がんばらないかん」「お気張りやす」は挨拶代わりに言われます。しかし、ほんの一瞬だけ適当に頑張ればいいはずの「頑張れ」が連呼されて過剰な声援や期待となり、心身に苛酷な無理を強いる状況が、臨床の内外を問わず生起しやすく、とくに時間がないと焦るときはそうです。〈仕事〉=〈力〉×〈時間〉の原理によれば、同じ仕事なら、長く時間をかけてゆっくり行われる場合は頑張る必要はなく、「こつこつやる」「ねばる」「じっくりやる」「休み休みやる」ということになるでしょう。期間を定めず時間をかけてやる精神療法とは、頑張らなくてもいい環境を保証することになりますが、この無時間的特徴が精神療法の意外な力であり重大要素です。というのは、多くの人々がこの、長時間頑張らねばならない耐久マラソン的な人生からしばし降りて、逃げ出して、時間を忘れてゆっくりと雑談、休憩、道草にふけりたいと思っており、それが可能となる場と相手を求めているのです。また、面接はやがては終わるものであり、どのように長い治療であってもけっして永久に続いたりはしないのです。

儀式
ritual

儀式とは、理性的には不合理だと考えている場合でも、不安や焦躁を伴って一定の行為へと駆り立てられたり、呪文のように特別な言動を繰り返すという、義務的反復を比喩的に指すものです。多くの場合、儀式が中断されると不安や罪悪感に襲われ、始めから繰り返さずにはいられなくなります。犯したい、汚したい等の観念が浮かびその不安が呪いや祟りの恐怖として理解されたものが、儀式を利用することによって防衛され、ときに妥協形成を伴い、形骸化して元の不安が忘れられていることもあるでしょう。歪められて表現された元の衝動は、一般に「わがまま」や性の葛藤と関係することが多く、その願望や結果としての罪悪感を儀式で象徴的に取り消そうとするものもあります。

子どもの遊びの中にも形式的、反復的行為は多く見受けられ、癖や就眠儀礼のように一過性に繰り返されるものがありますが、神経症などの症状にまで発展すると、生活を破壊し本人や周囲の計り知れない苦痛の元となるのです。日常的儀式と症状としての儀式の間には大きな隔たりがあり、症状の儀礼や儀式ではそれで気持ちがすむことはないとしても、症状としての儀式の象徴的意味の理解は、一般の祈りや宗教儀礼のハライ、キヨメ、ミソギ、そしてケガレなどの発生論のヒントとなるのです。

傷つきやすい

▽心の傷と外傷

対人関係や生活のなかの事件でその刺激の強さが許容量を越えると、適切に取り扱えなくなり、心的な混乱や痛みを体験させて後の心的な障害を準備することを、一般に「傷つく」と言います。さらに外的な出来事が異常だったので個人に「心の傷あとを残す」とか「その傷あとが今もうずく」と言い、外傷病因説が根強いのも確かです。「心の傷」や「傷つきやすい」という現象が広く常識的なものとして共有されていて、これが比喩としても大きな効果をもっていることも精神療法家は知っており、当然のごとく私たちは、過去から引きずる心の傷を癒すことを期待されます。

このような「外傷」「トラウマ」は精神分析で重要な言葉ですが、しかしこれは幼児期に心の傷や心的ショックを受け、その過去の傷が大人になっても痛むとか癒されていない、というような単純な心的外傷説を唱えているわけではありません。

▽過去の心的外傷と外傷傾向

同じ事件に遭遇しても皆が同じ傷つきを体験するわけでなく、事件の外傷化には個人差があります。つまり、心的外傷を成立させる際に重要なのは、実際にあった事件や出来事だけではなく、その受けとめ方を決定する諸因子、つまり本人の側の空想や興奮、願望、不安、葛藤などであることを精神分析は明らかにしてきました。また、素因、体質と言われる要素と幼児期の体験の組み合わせが印象的な記憶を形成し、その後の体験と知恵がこれに外傷的な意味づけを行う場合もあります。たとえば、幼児期の「父親に娘が誘惑された」という外傷的記憶の内容も、成長してからの意味づけである可能性もあるのです（事後作用）。それで、「（最近の）傷口が疼く」という場合より、大抵は「（遠い過去の）傷あとが疼くようになる」と言うほうが実際的なのです。そして、どのように複雑で強烈な出来事も、それをこなす力や抱える包容力が、結果としての傷つきの程度を決定するのではないでしょうか。この事情は、身体的な傷つきが、外的刺激の内容だけではなく、個人的な身体側の条件によって決定されるのと同様です。一方的に裸にされて取り扱われることの多い乳幼児期のほうが身体的に傷つきやすいのと同様、乳幼児の心の皮膚は薄く中身が剝き出しであり、面の皮が厚い大人よりも傷つきやすいので、敏感な乳幼児の心には保護が必要なのです。さらに、強い一回の外傷よりも、微弱だが慢性的な外傷のほうが、積み重なり、取り返しのつかない傷を残すことがあります。

▽「可愛い自分」と加害性

心因外傷説の考察にもうひとつつけ加えるべきは、ナルシシズム（自己愛）の問題であり、ふつう「ナルシシズムの傷つき」と呼ばれて取り上げられています。わかりやすく言うなら、自己顕示欲や自惚れが強いと、つまり鼻が高いと、鼻はへし折られやすくなります。実際多くの例で、「自分が一番可愛い」「私だけが愛されている」と思っていたのが、思い通りに愛されないというような出来事の積み重ねが心的外傷になります。誰でも「自分が一番可愛い」ので、それがゆえに生まれる慢心や自慢は同時に危険であり、心的外傷が語られるときは、傷つきやすい「可愛い自分」というような、保護されねばならない自己感覚が問題視されるのでしょう。

しかし、私たちは他者や他のものを傷つけもするのです。外傷というだけで被害者体験が連想されるとすれば、自分以外の大事なものを自分で傷つけるという加害性が、先取りの罪悪感のために忌避され、自分の大事なものを傷つけられる被害的恐怖だけを意識する傾向が想定されます。加害性は空想や幻想、想像と言われるようなものを舞台に展開されていて、そこで私たちは多くの者を傷つけることから、空想的に自責の念が強くなったりします。自分の加害性が必要とする仮想の敵を相手にしてすでに空想の中で戦って「可愛い自分」が傷ついたり復讐されたりという、心理的な「独り相撲」をとっていることもあるのです。このような「独り相撲」では自分が意外と攻撃的であり、傷つきやすい者はすでに仮想敵に負けていて、その敗北意識や被害者意識の結果として傷つきやすいと感じている場合もあります。自分を殺そうとする被害的な表現の多い中で、「傷つきやすさ」の全体を見るためには、「提案を蹴る」「意見をたたく」「頭ごなしに言う」「黙殺する」「出鼻をくじく」「引っ掻く」「噛み付く」というような加害性、つまり「傷つけやすさ」や殺意を意識させる日常的な比喩は、「可愛い自分」の「独り相撲」を意識させるので特に貴重でしょう。

[関連項目] 殺すこと

境界
boundary

境界とは、自然状態では連続している、あるいは分散している諸現象を、人為的に同質のカテゴリーに分類するための線や領域のことを指します。心理的には、中央に対して境界や周辺は分かち難い不分明な領域を示すため、多義的な意味を担いさまざまな投影を引き受けて、特別視され、その侵犯は不安の対象となることがあります。

既存のカテゴリーのどこにも分類しにくいものは、曖昧や混乱を避けるために、境界に追いやられ、意識からも排除されやすく、加えて非日常的な性質を付与されていきます。社会的に特別視され境界に位置付けられる宗教人、妖術師や道化師などの周縁人（marginal man）が、独特の能力または危険を有するものとされるのも、境界の特性に由来しています。このような現象は、大人と子ども、男と女、攻撃性と愛、自と他といったものの間を取り扱う精神分析の場において、頻繁に観察できる現象でもあります。

文献的には、境界という言葉は主に自我境界や自他の境界の意味で使われ、特にポール・フェダーンが精神病状態を理解するために、内的自我境界と外的自我境界という二つの自我境界概念を発展させましたが、現在この概念をさらに拡大し、境界の構造が職業選択などさまざまな面に関係していると指摘する研究者もいます（Hartmann, E. 1991）。このような領域の知的不確かさに伴う「無気味さ」を論じるフロイトは、表面的な意味と同時に隠された意味をもつという両面性に注目しましたが、ウィニコットは中間領域における移行対象とその積極的意義を説き、両面的な中間地帯は新しい秩序や体系を創出する場所であることを示しました。さらに、分割 splitting という防衛によって境界をつくることが、発達する人間に本質的なものであることを示したのがクラインだと言えるでしょう。

また、精神医学における境界例の概念は当初、統合失調症と神経症の境界という漠然とした領域を示していましたが、今日では診断として独立させ診断基準の明確化が試みられています。しかし、境界概念自体が担う中間性と両面性のために多義性と曖昧さは避けられず、疾病論的な枠組みを当てはめることに無理が生じ、境界例そのものが人工的分類への反作用なのだと述べる研究者もいます。

[関連項目] 移行対象、無気味なもの

空虚感
emptiness

日本語でも「空しい」「空っぽ」は空虚感、不確実感、抑うつ感情として広く共有されていますが、これが深刻になると病的な状態の症状となります。英語圏におけるパーソナリティの精神分析的研究では、カーンバーグやマスターソンらにより概念として取り上げられ、分裂的パーソナリティの研究にも現れていました。とくに人間関係、職業などが不安定で自己イメージが不確実となり慢性的な空虚や退屈が生まれることがDSM-Ⅲで境界型人格障害診断の項目として盛り込まれてから、広く使用されるようになりました。自己の一貫性のなさや、矛盾する対象関係の混在、他者との意味のある関係の不在、空虚を埋めるための性的関係や薬物の濫用、人生を楽しめない慢性的な倦怠感などが注目されています。

日常語であるため、空虚と空虚感、さらに他の体験

や情緒との厳密な区別は困難であり、引きこもり状態で意味ある目標を喪失した「生きがいがない」、抑うつ状態の「空しい」、一人でいることができないので「寂しい」、自虐傾向などで「自分を殺す」などとともに、微妙に異なった意味合いで使われます。

【関連項目】空《から》、空しさ

劇

▽みんなの前の演劇

　人生や実人生が究極的には「神の前で演じられる喜劇」であり、世界は舞台で「男も女も世をあげて芝居を演ず」という考え方がたんなる比喩以上のものとなることは、ダンテやシェイクスピアが提供する観点を通し古くから存在することが知られています。また、我が国の「浮き世」という言葉が示すように、人生はどこかで非本質的なものでありながら、それなりに誠実に、そしてたんねんに生きぬかねばならない価値ある現実なのであります（山崎正和）。このような意識は私たちにも共有されているので、「劇としての人生」と「その楽屋としての治療室」という筆者の観点もけっして唐突な見方ではないでしょう。ただし、ダンテ的な「ディビナ・コメディア」が文字通りに神の前の劇であるのに対して、我が国の「浮き世」意識は「みんな」や「世間」の前の演劇という意識に近いのです。

▽心の台本

　舞台としての世間を生きる患者の多くが、まともな楽屋を与えられていなかったり、楽屋を共有できる友人に飢えています。その文脈では、患者の人生の舞台裏で治療者は患者に出会うのです。そこで患者は簡単に化粧をおとし素顔を見せることもありますが、恋人の役割を引き受けてもけっして本物の恋人ではない私たちセラピストに対しては、そこもまたなかなか降りられない劇となります。

　すでに臨床論では「劇としての面接」という視点は

持ち込まれていますが、精神療法に劇的な観点を導入することから得られるものは多いのです。もっとも分かりやすいのが、劇という比喩によって得られる気づきであり、劇の出演者としての治療者と患者の果たす役割の分析、その「筋書きを読む」という治療者の仕事の明確化などがあるでしょう。それとともに、この観点は実人生に対して、精神療法の隔離された別世界的な性格と、創造性や遊びの楽しみをも明らかにします。「筋書きを読む」という仕事には、最初に劇の展開があり、問題が劇化され、その劇が繰り返され、やがて筋書きが読まれて、そしてその洞察を通し筋書きを考え直して書き替え、協力して新たな劇を創造するなどの作業が、段階的なものとして含まれるでしょう。そして、劇的な関係を引き受けてこれを分析する分析的治療者の仕事とは、劇の比喩で言うなら、出演しながら筋書きや心の台本を読むこととなります。

▽比喩の発見と使用

特に分析的治療者の見立てでは、患者の過去の体験の中から、重要な体験を文字通りに表わす言葉を選び、それを比喩として使用して、反復される「心の台本」を描き出そうとします。そして、でき上がった筋書きで対象をながめ、また書き直し、よりふさわしい「見立て」として、予後を予測したり治療方針をたてたり、時にこのモデルを言葉で患者に伝えて物語を共有します。そして精神分析には、人間の過去においてどこにどういう危機があるかを、平均的な過去として勉強するために発達理論というものがあります。この発達理論を参考にして理解や解釈を得ようとするのは、反復する問題を、「あなたの心の裏には子どもがいて、その子どもが……なのですね」と比喩的に考える際に見立てとして有効だからです。そういう精神分析的な臨床で得られた成果を年齢的に並べて得られる発達理論は学派によって大きく異なるので簡単にはなかなか総合できないのですが、臨床素材の「心の台本」を紡ぐための比喩の源泉なのです。

▽劇の設定

さまざまな劇を上演する劇場を生きる心には、演じられるべき脚本や筋書きが幼児期にすでに書きこまれていることがあります。そして、相手役を変えながら、身についた一定の脚本や役割の反復上演を繰り返すことを性格（パーソナリティ）として取り上げることができるのでしょう。このように治療関係が演劇の比喩で言われることに対して人々の抵抗が減じられているのは、遊び（play＝劇）の意義が高く評価されるようになったことと並行しているのでしょう。患者の「心の台本」は診療にまで持ち込まれるのであり、このままでいくならば、演劇としての診察、演技としての分析的な診察技術を堂々と語れるようになるのも時間の問題であると思われます。

▽悲劇人

一方、自らの自己心理学を悲劇人（Tragic Man）の心理学としたH・コフートは、エディプスの劇的葛藤の分析を中心に据える精神分析は罪悪人（Guilty Man）の心理学であると考えています。罪悪感に悩む人々についての分析では、欲望、不安、葛藤などの洞察がすすめられますが、コフート的な態度では、親からの共感不足のために脆弱なものになっている悲劇的な自己は、治療者の共感的態度によって強化されることが目論まれるといいます。この悲劇人という呼び方と、コフートの治療態度に刺激された市田と近藤は、「心気症者と対する時には、彼らの『不運』あるいは『悲劇』に積極的に着目し、そこに波長を合わせて共感的に聞いていくことが重要である」と述べています。さらに、そのような患者の悲劇とは、次の三つの側面があるとされ、よくまとまっているので紹介したいと思います。

まず、患者の不運が誰にも理解してもらえないために、その悲劇は深刻なものとなるといいます。また不運は反復されるために悲劇化します。そして、患者は

「悲劇の主人公」として観客を求めているのです。つまり、「悲劇の主人公」とは、誰にも理解してもらえない悲劇を繰り返し、その悲劇を観客としての治療者に共感的に理解してもらうことを渇望する人々だと言えるでしょう。

▽「悲劇の主人公」の悲劇

そういう「悲劇の主人公」の悲劇性は、受容的共感的に聞いてもらうことで修復されるという図式では、治療者が十分な観客として理想化される状況を必要とし、これは自己愛転移と言われます。その際、治療者の側からの受容と共感が必要であり、これが成功するなら、観客に受容された悲劇は全くの悲劇ではなくなっていくことになります。さらに、主人公になろうとする自己愛的な患者であるからこそ、この主人公は観客を得たならば悲劇を演じ、さらに聴衆に悲劇を語り始めることになります。しかし、問題となる困難は、治療関係での悲劇が劇などではなくなり患者が本当に傷ついてしまう場合や、実際に治療そのものを悲劇的にしようとして治療を成功させない場合でしょう。治療者によっては、また病態や治療局面によっては、治療者は「悲劇の主人公」の悲劇をわかってあげられないし、観客というよりもむしろ悲劇的台本の相手役として物語の再現に巻き込まれて手をかしてしまうことになります。そのときは、「共感できない治療者」や「わかってあげられない治療者」の役を演じることも、「悲劇の主人公」の悲劇の劇化に欠かせない必然的経過となります。こうして「悲劇の主人公」の治療では、治療が悲劇と化す可能性があり、これをどうするかが治療者の課題となるのですが、そのとき治療者は観客でなく劇のなかに登場する出演者なのです。

患者が治療よりも苦痛を求めて悪化する傾向を、フロイトは陰性治療反応と呼んで、罪悪感とマゾヒズム傾向に結びつけました。これらが悲劇を遷延させる場合に劇の筋書きを変更させようとするなら、分析者は劇の観客になるだけではなく、患者を傷つけるという相手役を引き受けながら筋書きを読み共有しなければなりません。それが実に困難な仕事なのです。

▽治療室楽屋論

このようにして治療室は「劇の稽古場」、あるいは「患者の台本を読む人生の楽屋」であることを目論むのですが、このような治療室楽屋論から見るなら、人生という劇場で役者たちに求められているのは、「自然な演技」という実に矛盾に満ちたものであります。そして劇としての治療を見ることに対する反論は、劇が性や殺人などの欲望や情緒のあからさまな表現に寛大であり、それゆえ野卑で不誠実、そしていい加減になりやすいという印象から生れやすいのですが、だからこそ、きちんとした設定での欲望や情緒の読み取りの場として劇的診療は貴重となります。治療が誠実に遂行されねばならないのは当たり前で、治療が劇であるといっても、治療者の誠実さは治療の舞台を確保して劇の進行に立ち会い、外からの侵入を防ぐという配慮にも現れます。つまり、芝居に嘘の要素があるからといっても、全部が嘘ではないし、劇場と舞台裏という構造を考慮するなら、虚実の両面を生かす必要性は劇の上演においても、治療の劇的展開においても当然であり、劇的要素はけっして治療者が不真面目であることを意味しないのです。

元気

▽元気の語源

『広辞苑』では①天地間に広がり、万物生成の根本となる精気。②活動のみなもととなる気力。③健康で勢いのよいこと、とあります。古語辞典を読むと、「げんき」を古くは「減気」と書くことがあり、病気の勢いが衰えて快方に向かうことを表したことが推測できます。さらに、活動の源となる力や活力の盛んなさまを意味するようになり、漢字も「元気」になったといいます。このような意味と漢字の変化には、中国で万物生成の根本となる精気を表す「元気」の影響があったと考えられています。こうして「体をつかう」「気をつかう」ことが多く神経を消耗すれば、元気がなくなるのは当然のように思われるのです。

▽気をつかう

私見ですが、「減気」から「元気」の変化は、病気による消耗を減らせば元気になるという考えも含むのでしょう。フロイトのエネルギー経済論の観点を参考にすると、ここに「気」の経済論があるのです。その観点からは、患者の体験においても、人生は人間活動を中心に元気の消耗、つまりエネルギーがマイナスになって「疲れる」ことが多いのです。たとえば、金銭関係で使われる「貸し借り」のマイナスやそれに伴う「気」の消耗は人間関係でも発生し、「助けを借りる」「手を借りる」場合、これを貸す側に対し人が感じるものとして「借り」があります。似た意味の「恩」と共にこれらは「お返し」が必要になり、これを十分に返さないと「恩知らず」と呼ばれます。また、これが積み重なると負債、負い目となり、「倍返し」と言われるように際限のない返却を求められて、ここから抜け出せないケースでは、これを扱う神経をすり減らして、ますます元気を消耗するようになります。それで恩や借りから逃げまわる患者たちがいますが、それを罪悪感という心理的なものと混同し罪意識が深まり、うつ状態を招いてしまうのです。

こうして、恩に着る者は反射的に恩を返したくなるのですが、貸し手も返すことを不当に要求するなら「恩着せがましい」という反発をかいますが、人によっては借り手がこれを「仇で返す」「利子をつけて返す」こともあります。利子がついたり負債が生まれる金銭関係のごとく人間関係を見ることは「現金な」印象を与えるかもしれませんが、「命あずけます」の切っても切れない関係や軽く「知恵を借りる」のような場合でも、神経をつかう状況はきわめて日常的に生じやすいのです。

▽恩を知る

また「恩を知る」とは、「恥を知る」と同様に私たちの成熟を示す言葉ですが、実は返しきれない「借り」や「恩」、そして隠しきれない「恥ずべきこと」のあることを知るのが大人なのでありましょう。つまり、恩や借りは簡単にどうこうできるものではなく、むしろ返さずに借りや恩をそこに置いて心理学的に味わう時、多少の落ち着きや安全感、そして元気が生まれるのでしょう。気をつかわない関係で、人が育児や友情、就職や結婚、そして師弟関係を通して元気でいるなら、その「気」の貸し借りのバランスがうまくとれているというだけではないと思います。それは同時に、消耗も少なく、マイナスどころか「元気をもらう」ことや、エネルギーが湧いてくることなどでプラスになっているからでしょう。

▽元気をもらう

また「借り」が心理的な罪悪感と近い意味を持っているのは、日本語だけではありません。そしてあまり子どもには強く求められない感覚であり、「私の青春を返せ」と子どもに言う母親もいますが、一般に「大人になる」とは、子どもの頃に受けた世話を社会的に少しずつ返していくことだと考えられています。興味深いのはその移行期であり、その返済を猶予されることを「モラトリアム」と呼ぶことがあります。これは国家が法令によって民間や国家の債務の支払いを一定期間強制的に猶予させる措置をいいますが、精神分析家のE・エリクソンはこの用語で、子どもと大人の中間にあたる青年期の心理的特徴を示唆しました。社会はこうしたモラトリアムを提供することによって、青年にさまざまな遊びや実験を経験させ、アイデンティティの確立をサポートするとしています。そのおかげもあって、多くの子どもたちや青年たちは消耗せず、心身ともに「元気がある」のであり、だから老人や大人は彼らと一緒にいるだけであり余る「元気をもらう」ことがあると言います。そこで元気を提供されこれを吸収し、気力をつけてこれを蓄え、英気を養っているところがあるのです。しかし、遊ぶ老人をよく観察するなら、「減気」についての連想の通り、仕事や人間関係で神経を病むことから、つまり気をつかうことから解放され、エネルギーが大きく節約されてもいるのでありましょう。

[関連項目] あずかる、神経をつかう、ゆ

言語化
verbalization

精神分析における言語の機能と役割は、無意識的なものを言葉にすることを通して症状が消失するというフロイトの発見以来、度々議論されてきました。また、他の治療法、特にイメージや非言語的なやりとりを重要視する治療技法との違いとして挙げられるのが、精神分析の「言葉にすること」すなわち言語化です。ここでいう「言語化 verbalization」は精神分析の歴史の初期には用いられなかった言葉ですが、フリースが英語圏で初めて使用して以来、急速に広まり、頻繁に使われる用語の一つとして定着しました。言語化の技法には、思い浮かんだことを言葉にするという自由連想の原則、無意識内容を言葉で意識化し洞察するという技法、外傷を想起する媒体、カタルシスのための表現、思考に整合性を与えて二次過程のものにするという言葉の機能など、フロイト以来の分析理論、技法、そして治療目標が関連しています。加えて、名前をつけること(naming)、整理すること(ordering)、さらに明確化などが、言語化の役割として挙げられます。意識化よりも言葉にすることの方に強調点がおかれる場合もありますが、すべてが言葉にならない言語の構造において、無意識内容を言葉にしさえすれば目的が達成されるわけではありません。臨床的な実践と体験においては、病的な言語化、言語化能力の発達、詩的表現やユーモアの意義、非言語的な交流や治療関係等の検

討を行って、はじめて精神分析の言語化の意図は実現するのであり、その意味において言語化は精神分析療法における最終目標となります。特に退行した患者や重症患者においては、言葉と意味の関係が過度に濃厚になったり、希薄になったり、混同されたりして（真に受ける）、言語化だけでは「話にならない」わけで、まずはその状態を抱えて、居場所を提供し、「とりつくシマ」を確保することが基本となるでしょう。そこでは、抑圧されているものが言葉を得てカタルシスとなり、症状が解消するというモデルだけではなく、治療を設定して関係をつくるための言葉や治療者が理解をあらわす言葉についての理論が必要となります。

［関連項目］解釈、介入、精神分析、ユーモア

口唇期

oral phase

［定義］精神－性的発達理論の第一段階であり、通常は誕生から一歳半くらいまでの時期に相当するとされ、口愛期とも訳されます。この時期において体験の中心となる快感獲得の場所は主として口唇および口腔粘膜で、吸い付きたい、しゃぶりたい、食べたい、なめたい等が性的な衝動として発動する場であり、母親の乳房および乳房が象徴するものを対象にしてさまざまな関係や体験が展開します。近年は、対象関係や自己の発達基盤の確立の時期として、精神病理の発生時期として、ますます分析家の関心の対象となってきています。

［フロイト理論］フロイトは『性欲論三篇』で、口を利用する性倒錯や成人のキスや性行為における前戯などの分析から、口唇を通して現れる性欲を記述しました。乳児の唇はこれに対応して母親の乳房に対し強く執着することが観察されますが、ハンガリーの小児科医リントナーの報告に基づいて、このようなしゃぶったり吸引したりというリズミカルな運動自体が、栄養摂取とは別の満足をもたらすことを理解し、フロイ

トは早期母子関係の授乳に代表される口唇体験を性活動の起源としたのです。口唇は乳児の性感帯となり、甘い乳の流れによって興奮が快感や恍惚をもたらして、ときに一種のオルガスムに達し、満腹した乳児は幸せそうに眠りに落ちるのです。注目すべき特徴は、性欲を満足させるこの活動は栄養摂取という生命活動に「依託」されてはいますが、歯が生えて自分で咀嚼する乳児は離乳を迎え、乳房を吸うことを止めた唇はおしゃぶり等へと向かうようになって、快感を追求する性欲動が自立することです。おしゃぶりの対象として自分自身の身体の一部が選ばれ、口は望むときに吸い付いて快感を得るようになり、皮膚が第二の性感帯と化して興奮と快感を獲得するようになります。このとき、欲動は自分の身体で充足されるので、自体愛的autoeroticであるとされ、マスターベイションにつながるものと理解されます。当初は口唇期という概念を用いませんでしたが、肛門期anal stageの存在を確認して、口唇的ないしは食人的体制を前性器的体制の第一段階として考えるようになったのです（『性欲論三篇』への一九一五年の追加）。同時に口唇期理解により、外界や対象を自分の体内に取り入れ同化する同一化や取り入れの機制と、自分の内側の割り切れないものや呑み込めないものを外界に吐き出す投影の機制という、後の対象関係論的理解につながる発想が芽生えるのです。これは、人間の発達論的理解であると同時に、抑圧されると食物嫌悪やヒステリー性の嘔吐に転化するという神経症理解のための基礎理論となりましたが、現代ではさらに深刻な病理の起源としても取り上げられます。

［その発展］フロイトが口唇期にはその後の肛門期の特徴である能動－受動の対立はないとしたのに対し、アブラハムは、吸いつきと噛みつきの二つの活動によって口唇期をさらに二期に分けて、早期の口唇期とその後の口唇サディズム期を設定しました。前両価的な早期口唇期は口による栄養摂取の段階で、リビドーは吸うことに結びつき、乳房やそれを与える母親と乳を

吸う幼児との間に分化や対立はなく、憎悪の衝動も未発達です。しかしながら口唇サディズム期になると、乳歯の発育に応じて口唇活動が噛み切る、食いちぎるという食人的なものに転向し、幼児は対象に対し攻撃性を向けながら、他方でリビドー的な愛を向けるという両価的葛藤を体験し始めます。このアブラハムの理論をさらに発展させたクラインは、激しい自己愛の中で対象がないと思われていた早期口唇期の体験について対象を発見し、口唇的な攻撃性もまた素質的に活発であると考えました。母体と乳房を相手にした無意識的幻想の世界を解読するなら、乳房に対し貪欲で万能の乳児は吸いつき、のみこみ、貪り、食いつくすという状態にあります。彼女の理論では、口唇期は妄想分裂ポジションと抑うつポジションに分けられ（このポジションには態勢という訳語もある）、前者の妄想分裂的な状態ではリビドーと攻撃性は分割 split されて体験され、主として幻想によって生まれる「悪い乳房」と「良い乳房」という部分的な対象との乳児の関係はきわめて両価的なものとして考えられています。自他未分化と言えるこの段階では取り込みと投影が主たる心的活動であり、乳児は乳を貪り飲んだり乳房を噛んだりすることを通して口唇サディズムを表出し、投影された攻撃性に由来する迫害と自滅の恐怖を体験することになります。抑うつポジションに入った乳児は自他の両価性がやや解消され全体対象としての母親像を体験するようになり、「良い対象」に危害を加えたことによる罪悪感や不安を抱きながらも、破壊を償うようになることでこの局面を通過するのですが、二つのポジション、あるいは対象関係は一生交替するものと現代クライニアンは考えています。

［依存］このようなクライン学派の理解の発展とともに、対象関係論が生まれそして成長し、人間理解や病理の分析は早期乳児期にまでさかのぼって、多くの問題が口唇期に起源をもつものと考えられるようになりました。同時に、これはマーラーが共生期と呼んだ時期と重なり、エリクソンが基本的信頼を獲得する時

期と考え、ウィニコットらが依存を重視する時期でもあります。育児を担当する外部環境が汲みとらねばならないのは、乳へと向かう内なる衝動や欲動だけではなく、受身的なニードであり、外からの適応としての存在の保証や自我支持などの必要性です。依存が注目されるまでの口唇期体験の理解は、主に興奮する状態ばかりが際立っていましたが、今やその静かな体験にも理解が及んでいます。その意味で、甘いものを求める生物学的願望と心理学的依存を両義的に捉える「甘え」概念は、その二重性を総合するという興味深い役割を果たします。このように口唇期体験を左右する母親や母親代理者という他者の役割を重視する二者関係の心理学なくして、口唇期体験の全体像の理解は不可能であるとされ、ウィニコットらはクラインらの描き出す幻想の攻撃的な内容に「育児の失敗」の影響をみています。

[関連項目] 甘える、依存、口唇期、性、対象関係論

肛門期
anal phase

[定義] 精神-性的発達理論の中で口唇期の後に続く第二段階で、時期は離乳の後の一歳半から四歳の間に位置づけられますが、外的なトイレット・トレーニングの影響もあり個人や文化によって異同があります。

それまで身体内容物を主にたれ流すだけであった幼児が、肛門括約筋のコントロールが可能になり、その保持と放出をめぐる清潔訓練と自己管理の課題を与えられ、これに由来する葛藤を肛門部の微妙な快感とともに体験し始めます。肛門期の主たる部分は肛門サディズム期と呼ばれることがあり、排出の際のぶちまけたい、汚したい、すっきりしたい、尻拭いをさせたい等の衝動や欲求とその実行に伴う快感には破壊や支配の感覚が伴います。このような肛門期体験の中で、何でも自分でできそうな万能の幼児は同時に思い通りにならない現実や限界に直面し、(自体愛ではなく) 対象

愛のための未消化物の放出と保持、能動と受動、加虐と自虐、支配とあきらめなどの両価的葛藤を体験するようになり、その後も男性性と女性性などに置き換えられて、これをめぐるさまざまな象徴的体験と対象関係を展開します。排泄訓練を通し上手な保持・排泄が賞賛されることで、未消化物は母親を喜ばせるための贈り物として象徴化され、金銭との等価関係など多くの置き換えの連鎖があり、排泄は相手に受け入れられる形で自分を出すという自己表現や象徴使用の基礎をつくることでも知られています（例えば罵詈雑言のことや消化の比喩、さまざまな造型活動を想起できます）。また、その体験内容を尿道と肛門に分けて考えることもあり、同性愛や肛門性交の愛好などにも肛門期的な起源が見出される場合があります。

［発達と病理］『性欲論三篇』で幼児の性欲を分析したフロイトは、肛門部を排泄物が通過する際の快感を記載し、これにまつわる体験が成人の性生活や性格に影響することを論じましたが、後に加筆し、肛門期を前性器期の一つとして口唇期と男根期の間に位置付けました。そこで中心となる排泄と保持の機能は、能動－受動という関係性に結びつき、さらに能動はサディズムに、受動は肛門愛に関係し、その衝動と快感の源泉としては、サディズムは筋肉組織に、肛門愛は肛門粘膜にあるとされました。また『性格と肛門愛』において神経質な大人の几帳面や強情というような性格的特徴を肛門期への固着によるものとしています。さらに『強迫神経症の素因』における強迫神経症の病理学では、肛門快感の追求だけではなく肛門サディズムが強いことを取り上げ、支配や受身の問題、さらには反動形成について述べています。次いで、アブラハムは一九二四年にこの肛門期を二期に分けて考え、第一段階では、肛門愛は対象を放出すること、サディズム的衝動は対象を破壊することに関わり、第二段階では、肛門愛は対象を保持すること、サディズム的衝動は所有することに関わると考えました。この移行が達成された幼児は、衝動を押さえ内容物を保持することで愛

情対象との関係を保つことができるようになって、性器愛へと歩み出すと考えられます。彼はこの移行期が神経症と精神病の境界線を示すものとして、精神病的な退行では対象に向かうサディズム的衝動が敵対的で能動的なものだが、神経症的な退行ではこれを抱えるとし保存的なものと考えました。この前期肛門期に由来する迫害不安は、放出した未消化物がそのまま自分に突き返されるときの（汚物が追いかける）恐怖であると理解され、身体内容物の自分への反転や逆襲であるという観察が報告されています。これに関連して、クラインはサディズムを乳児が自分の身体内容物を母親の体の中に投げ入れる幻想を抱くことに結びつけ、それを投影同一化という概念で理解したのです。さらにビオンのコンテイン contain という概念においては、ぶつけられた未消化物は（包容力のある）母親に受け止められ処理されるといいますが、その母親機能が欠如している場合、流出する排泄物が幼児に反転しそれに追いかけられるという被害的状況を生み出すわけで、母子関係を踏まえた肛門期理解の発展として把握できます。

後にフェニヘルらによって整理された強迫についての理解では、対象に対する性衝動や攻撃衝動を抱えて超自我不安が募り、肛門期への退行をおこして、葛藤を防衛処理するために取り消しや反動形成を続けることになります。そして、肛門期体験に由来する反動形成は、強すぎる衝動や不安のために、露出することや爆発することに対して、恥などの逆の心理的態度をとる防衛機制として起こるとされます。

最近では、強迫神経症や迫害不安の病理を肛門期に求めるよりも、もっと早期にさかのぼる傾向が強く、この背景には早期の母子関係についての研究が進んだことと、クライン学派により肛門期と口唇期とを明確に分けずに摂取と放出を総合する早期発達理論が支持されたことなどがあります。放出という点では肛門期が口唇期と区別されないなら、この保持 retention やそれをめぐる葛藤の問題が何よりも肛門期的な特徴となるでしょう。また、自己の身体と身体内容物の自己コントロールを通し愛情や称賛を支配できるという支配の感覚は、達成感や自律意識の基礎をつくり、一方的服従、急激な失敗などは恥やマゾヒズムを生むことになります。エリクソンは肛門期を、肛門という局所だけではなく、幼児が全人格として保持と放出を経験しながらそこで起こる葛藤を解決して自律性を獲得する段階である、と考えました。

［日本語臨床］フロイトの肛門期理論の検証できる場所として日本を挙げたゴーラーは、日本人の清潔愛好と排泄訓練との関係に興味をもちました。古典的な精神分析の理解では排泄物保持の失敗は恥の起源であるとされていましたし、「恥の文化」における引っ込み思案の裏側には残酷さがあり、礼儀正しさや几帳面は無礼さやわがままの反動であり、その矛盾は発達早期の厳しすぎる清潔訓練によるものと考えられるのです。また、土居健郎はその国語発想論から、「すまない」という感覚が大小便がすんでいないときの不満に由来するものであると論じ、さらに、焼け糞、しまりが悪い、うしろめたい等の日本語が肛門括約筋の働きに裏づけられた心理を表していると指摘しました。確かに、受容や依存の願望と共に、ハライ、キヨメ、ミソギなどの儀礼やケガレ意識など、日本の日常生活や文化では肛門期的な現象が数多く観察されます。肛門期が育児によって左右されるとすれば、文化や状況によって肛門期体験は異なるはずであり、トイレット・トレーニングについても、サルズマンは肛門期の問題がすべて肛門部を中心に据えて体験されてはいないことを指摘しました。排泄訓練において禁止されることや汚いとされるものも、文化や家族そして母親によって微妙に異なり、肛門期的な体験を代表とする清潔訓練過程とは、文化への同化、社会化のための「しつけ」のプロセスなのです。

［関連項目］ 儀式、性

こと

▽言と事

臨床家は、ひとつの言語論を固持するのでなく、さまざまな言語発生のモデルに精通しておいたほうがいいと思います。言葉で言葉のことを割り切るとき、なかなか一筋縄ではいかないからです。ここでもうひとつの国語発想論的な手がかりとして、『岩波古語辞典』のなかの「こと（言・事）」の解説を引用します。

「古代社会では口に出したコト（言）は、そのままコト（事実・事柄）を意味したし、また、コト（出来事・行為）は、そのままコト（言）として表現されると信じられていた。それで、言と事は未分化で、両方ともコトという一つの単語で把握された。従って奈良・平安時代のコトのなかにも、言の意か事の意か、よく区別できないものがある。しかし、言と事とが観念のなかで、次第に分離される奈良時代以後に至ると、コト（言）はコトバ・コトノハといわれることが多くなり、コト（事）と別になった。コト（事）は、人と人、人と物とのかかわり合いによって、時間的に展開・進行する出来事、事件などを言う。」

この筋書が説得力をもつのは、個体発生のなかでの言語の発生にこそ、このように語ることのできる段階論があるからだと思われます。つまり、早期幼児期においては言葉は行為、出来事と「切っても切れない関係」にあり、やがて現実検討が進むにつれて言葉は出来事や行為とは違っているものという認識が生まれるという筋道が考えられるのです。言葉が魔術的な力をもち、言われたことは必ず実現することとして信じられるところから、やがて言われたことは必ずしも出来事を約束しないという事実に直面するという流れです。つまり、これもまた環境としての母親に思い通りになってもらっていたのが、やがて、自分で思い通りにしようとしながらも、思い通りにならない現実に直面していく発達過程なのです。

▽否定性の意識

言葉を「言の葉」と理解すれば、その葉の表に記された表向きの意味とは別に、この裏には、「事実との間には距離がある」と書きこまれていますが、この「言葉の上のことにしかすぎない」という読み方を国語学者、中村明の術語を借りて「否定性の意識」と呼びたいと思います。生臭い意味を運ぶ心身両義的な言葉については、「否定性の意識」が生まれる前は、額面通りに受け取ることができたのです。この錯覚からの脱錯覚を通して、記号はたんなる記号となって、文字通りの意味を否定する意識が生まれ、その裏にさまざまな比喩的な意味を含ませたり、内外の事象を匂わせることができるものとして使用されるようになります。具体的な例を挙げるならば、「彼女は太陽である」という表現は、「彼女は太陽ではない」という否定がなければ、比喩として使えません。そして、言葉を真に受けるという錯覚からの脱錯覚は、大人になっても多かれ少なかれ続くでしょうが、「口約束」という感覚や「言葉にしかすぎない」というのは、言霊信仰からさめたものです。

▽言事一致の時代

そして、私たちは、人間において言葉と事実（意味）とが分化する前に、その一致を信仰する時期のあることを確認して、さらにそのむこうに、言が事であり事が言であるという個体発生における「コトの時代」を仮定することができるのです。それはけっして、思ったことが無媒介的に実現するというような魔術や信仰の時期ではありません。赤ん坊の甘えが母親によりその意味が言語的に（または前言語的に）読み取られ、何度も繰り返し出来事や行為として実現されてコトが熟定しなければならないという時期なのです。それは、母親が子の思いの通りに合わせようとして、彼女が「ほらおっぱいよ」と言葉で言うときは必ず乳房が外側から差し出されて思い通りになっているという、言と事（出来事、行為）の間がほとんど区別されない交流です。このモデルでは、母親が赤ん坊のために言葉を話しているのであり、赤ん坊が言葉を操っているわけではありません。敢えて言うならば、母親や母親の操る外界が言葉の意味のままに操られることを通して、やがて幼児が言葉を操れるようになるのです。その意味で、言葉の母は母親なのです。

（北山修『心の消化と排出』より）

言葉にする

▽方法としての言語化

「心の台本を読む」ことを仕事とする精神分析療法とは、もっぱら言語的な治療なのです。そして自由連想法の設定（セッティング）では分析者と後ろ向きの被分析者の二人はほとんど顔を合わせることがありません。それで、治療的に検討され取り扱われる素材は、被分析者により言葉で報告されるものがほとんどとなります。

被分析者の無意識的反復を把握し、これを言葉で描き出すという営みの中で、そこに織り込まれてゆく分析的セラピスト側からの応答を「解釈」と呼びます。その典型を夢分析によって示すなら、夢を見た人が言葉で語る夢の顕在内容と、それについての双方の連想を手がかりにして、語られていない潜在内容を明らかにしようとするのが解釈です。ですから、結果として得られる文の多くが、顕在内容と潜在内容が、そして分析者の解釈と被分析者の報告や連想とが混ざり合い織り込まれたものです。被分析者の言葉と、分析者の理解や直観から生まれる解釈の言葉が織り込まれて、それまで無意識であった台本が読み出され、それが人生として生きられながら語られて、心の表と裏を織り込んだ人生物語を紡ぎ出すことになるのです。そこで、このような目標に到達する前に挙げられるべき、古典的な視点も含めた、精神分析における言語化の効用を列挙しておきましょう。

▽蓋をとる

言語化の治療効果に関する古典的な理論的根拠は、身体化、行動化を通して症状になっていたものを無意識の意味として言葉で取り上げ、意識化して意味の回路を変更する、ということです。エネルギー経済論的には、そこにはせき止められていた無意識的内容の蓋をとり、裏にあったものを「表に解放する」という発想があります。具体的に得られるのは、日常的な文化活動や芸術活動でも発生するはずのカタルシス効果であり、そこに伴うのは、押さえつけられて窒息していたものの蓋がとれ、流出し、放散するというイメージです。このとき、「話す」は「放す」でしょう。また、俗に「自分を殺す」と言いますが、その殺されていた自分が少し解放されて自己主張するのであり、蓋を押さえ付けていた力も抜けて二重に楽になります。ゆえに、精神分析家は、話し相手でもありますが、第三者の耳で聞き、相手の中にあるもう一人の思いやもう一つの思考を受け止め、言葉にすることになります。ただし、完全に蓋がとれて無意識内容が丸裸になるわけはなく、フロイト派にとって「自己実現」や真の解放はないし、再び言語というかなり不自由で間接的な表現方法を得るに留まります。

▽名付け

次いで、精神分析という深層心理学の言葉は、わけの分からない痛みや葛藤、荒唐無稽な思考や空想、曖昧な情緒や不安、さらに危険視される欲望と衝動に名前をつけて、取り扱うことが目論まれます。ここでの言葉の役割は、医学の解剖学者の仕事に似ていて、目に見えぬ心に名前を付けて操作や思考の対象にすることです。誰もが忌避して覗こうとしなかった「腹のうち」や、見えにくい（見にくい、見難い、醜い）「したごころ」、そして排除されやすい「狂った心」について、その「こころ（＝意味）」を語る語彙を発見し、提供し、これを考えるための道具と方法を見出そうとするのです。

▽結びつけて筋を通す

言語は構造、あるいは文法という「法」を持っており、目に見えないまま曖昧に浮遊する現象が言語化されると、内容が「法」のもとで明確化され整理されます。言葉は現象に筋を通して物事を直線的に並べるのであり、例えばここで「私は・この文章を・読む」という現象も、これを言葉で言って文章にすると、同時に生じているはずの「私」も「この文章」も、そして「読む」も、まっすぐに直線的に並べられてしまいます。この整理や分類、そして直線化のおかげで、混沌とした幻想や浮遊するイメージは明確になり、吟味・検討できるようになり、結果的に「幻滅」つまり「水をさす」というような効果も生むのです。そして、言いたいことや心の内容と言葉との間には、変質や変換があって、そこにかなりの隔たりがあるのが普通です。ただしこのような整合性、論理性を求める言語構造の中でも、曖昧表現、冗談、比喩、歌、言葉遊び、さらには「言い間違い」などの場合は、不純なもの、分かりにくいものを、曖昧なまま表現することが期待されています。

▽自己観察

そして、言葉を自分について語るために使用するなら、言葉は自己観察、自己洞察の媒体となります。語り、話しながら、その話についてまた語ることができるので、精神分析では自分を提示しながら、提示された自分と出会い、自分を見つめて自分を深く知るというさまざまな「知の営み」を行うことを言葉に期待しています。これは言葉で語られたものについて、またそれを言葉で語ることによって可能になるのですが、これが言葉のもっとも得意とするところであり、言葉で自分について語り、その語り方や語る内容についてまた考えることができるのです。こうして、言葉で捉えられたものから降りて、距離をとり、それをまた言葉で語るという対象化、客観視を可能にします。絵について考える絵、音楽について考える音楽はなかなか困難ですが、この言葉の能力のおかげで、患者や治療者の言葉の話し方、リズム、ピッチ、その性格について語ることもできるのです。これを通して分析家は患者の話を照らし返す「鏡」やこれを受け止める「器」として機能しようとし、両者の自己観察や共同作業を経て発見され共有される言葉で、被分析者は「洞察」という極めて貴重なものを手に入れるのです。

▽物語を紡ぎ出す

精神療法の言語的な仕事が「人生物語を紡ぐこと」、そして「人生を語り、語り直すこと」と説明されることが多くなってきましたが、これは古典的精神分析で言うところの過去の再構成 reconstruction という仕事です。当然のことですが、これを語ることや物語にすることが、言葉により促進され担われる活動であることが強調されています。分析者との関係における反復現象を活用して「人生の台本」を読み取るのが転移分析であり、精神分析技法の基本なのです。この部分を私は、さまざまな糸を織り込んで人生物語を紡いでいくことだと描写していますが、一方で、治療関係に出現するのは反復される心の台本だけではなく、医者と患者というような現実的な関係もあります。これについての理解と解釈とは、転移関係と現実的関係を治療関係として展開しながら、無意識の流れと意識の流れ、過去と現在と未来、あるいは内と外、そして幻想と現実などの諸体験を総合して束ねる言葉の仕事によって行われることになります。さらには、過去からの反復にも現実的関係や言語的理解などが織り込まれ、新たな治療関係の間柄（関係）を織り上げていくことを通して、「台本」は考えられ、味わわれ、人生物語そのものも語り直され、生き直されることになります。

（北山修『劇的な精神分析入門』より）

言葉の橋

▽両義性

フロイトは『夢判断』のなかで、顕在夢を分析するとき、ある言葉や言い回しから連想をはじめてやがて夢の思想にまで至るという方法を随所で披露しています。そこで彼は、顕在夢の諸要素のつながりや、夢思考へ至る方向を示す言葉を発見し、そこを分析の手続きのなかで非常に重大な役割を果すところとして取扱っています。彼は、このような「夢の諸部分をつなぐ橋として役に立った語」を「言葉の橋 Wortbrücke, verbal bridge」と呼ぶことがありました。さらに、ふたつ以上の意味を結びつける両義的な言葉の、分析療法過程における役割について、ドラの夢分析に際して次のようにも言っています。「思想の道筋において合流点におけるポイント（転路機）のようなものである。このポイントが夢のなかに現われているようなところから反対側へきりかえられると、もうひとつの線路を見つけることになる。この二番目の軌道に沿って、いまだに夢の背後に隠されて、探しもとめられていた思考が走っているのである」。

フロイトがこのように両義性を論じるとき、両義的な言葉の分析が夢の顕在内容から無意識的な意味を読みとる際に有効な方法となることが強調されているのですが、そこでは同時に、言葉の両義性が果す機能についても述べられていると考えることができます。つまり、両義的な言葉は、人々に共有されやすい意識的な意味と、個人が個別の内面に抱いている個性的な意味との間の橋渡し機能 bridging function を果しているのであり、私はこの議論を、心の内面と外面、内界と外界の間に橋をかけ、その内と外を結びつけながら分けているという言葉の機能の、精神分析研究の歴史的な出発点としたいのです。

▽橋渡し機能

また、同じ言葉がふたつの意味を担って、ふたつの文脈で互いを結びつけながら使用されるという現象は、夢の分析だけにおいて議論されているものではありません。たとえば、「読みちがい」や「言いまちがい」で生まれた言葉の曖昧さは、意識可能な重要でないコンプレックスと、興味深いけれど不愉快なコンプレックスとの間を結びつける橋 associative bridge を形成していると、フロイトは述べています。これらの「言葉の橋」は、すでに明らかとはなっているが互いに乖離している精神過程の間や、すでに意識されている意味と抑圧されて意識されにくい意味との間に橋をかけるのだといえるでしょう。

このような言語の橋渡し機能に注目し、両義的な言葉の複数の意味のつながりを明らかにしながら分析をすすめることが、精神分析的方法の重要な側面であることはいうまでもありません。両義的な言葉を介して、内包されていた内容を言語化させるという技法は、とくに神経症者の治療において強調されるものです。しかし、「蓋い」をとる方法 uncovering method という表現は、内的な体験を外のものにするという方向づけをもっているのであり、自我境界が脆弱な患者の治療では何らかの「特別な工夫」が必要となるのです。

これらの議論は言語化による内的体験の外面化をあまりに強調しすぎていますが、私の定義する言葉の橋渡し機能とは、内的体験を外に向けて言葉により表現しながら、同時に内外を分離するという逆説的なものであります。ふたつに方向づけられた機能については、そのどちらに強調点を置くかによって、研究者たちの言語観は異なるようです。そこで、私は「話す（ハナス）」には、対象を外界へ放す（ハナス）機能と、対象を自己から離す（ハナス）機能とがあると考えて、内的体験を外界に伝えながら内外を分離させる言葉の機能を、総合的に「橋渡し機能」と呼びたいと考えています。以上の理論的考察から、技法として「蓋いをとる方法」でも「蓋いをつける方法」でもなく、「蓋いをつくる方法」という「特別な工夫」の可能性が生まれるのです。ここでいう「蓋い」とは内外を分ける

「蓋」や「壁」でありながら、その内と外を橋のように結びつけ表現することにも貢献するものです。

（北山修『言葉の橋渡し機能』より）

［関連項目］言語化、言葉にする、話し

殺すこと

▽殺してしまった

「すまない」「申し訳ない」「悪い、悪い」と引責の言葉を連発する傾向にも現れているように、私たちは日常生活で謝罪の気持ちを反射的に抱きやすいのです。これに対応するかのようにして、「自分を殺す」「私を殺すこと」という言葉も自虐的に口にされます。自分の責任でないはずの原因で我が子が死んだ場合に「我が子が死んだ」と客観的に言わずに主観的に「亡くした」と言い、極端な場合は「一粒だねを殺してしまった」と言うのです。また、野球では選手が「殺され」、感情は「押し殺され」、他人は「黙殺され」、命がけであることを強調する「必死」「一所懸命」と、毎日のように「殺し」や「死」は大げさな形で表現されているのです。

▽加害者であり被害者であり

しかしこのように大げさな「自分殺し」「人殺し」という言葉は、残酷であることを私たちが自認し自らの殺意を積極的に認めるものとは言えないでしょう。つまり態度としての低姿勢だけでは、自らが加害者であり、罪深い存在であることを思い知る、責任感の強いものとは考えられないと思うのです。というのは、この過剰な殺人の表現と並行して、本当の破壊責任が正確な形で認めにくくなるからです。というのは、責任のないときに「死んだ」とは言わず「殺した」と過剰な表現で言いながら、逆に責任のあるときは「殺した」とは言わず「死んだ」と言うことが可能だからです。本当に殺すことは稀であり、日常的な破壊の例をあげるなら、花瓶を壊しても「壊した」と言わずに

「花瓶が壊れちゃった」という受身的な表現を使い、責任を明確にしないどころか、被害的になり何か超越的なもののせいにしてしまえるのです。「親が死んだ」と言う代わりに「親を亡くした」「親を見殺しにしてしまった」と言うのに、「財布をなくした」とは言わずに「財布がなくなった」と言葉はすり替えられるわけです。「女房が逃げた」「子どもが泣いた」と言わずに、「女房に逃げられる」「子どもに泣かれる」とすり替えるとき、このような被害意識の強調は心理的に理由のあることなのです。

▽無意識の責任転嫁

対象に責任のあるときは自己の側に責任を取り込み、自己に責任のあるときは対象に責任を転嫁して被害者となる、という責任の押し付け合い、相互の責任転嫁の微妙な調整は、無意識の仕事です。つまり、最愛のものを失ったときに「死んだ」「亡くした」「殺した」と表現を使い分けることを、ほとんど無意識にやっていて、それも理由のある選択なのです。責任を的確に追及される恐怖から、「私」は表現の上での先取りや責任転嫁の選択を知らぬうちにやってのけ、過剰な自責的表現や先取りの責任逃れを行なっています。飼っていたインコが自分の責任で死んだとき、「死んだ」「亡くした」「殺した」のどれもが真相の一部ではありますが、その選択は無意識的とはいえ、はっきりとした理由のあるものなのです。

▽自分を殺すことから

結局、私たちはこれだけ「殺す」「殺した」と言いながら、本当に殺したい人間や物のことを「殺したい」とは明確に言っていないのでしょう。これに対して、殺してもいないのに殺したというだけではなく、感情を殺す、自分を殺す、息を殺す、という自分に関する殺し、つまり自殺傾向は、人に迷惑のかからぬ分だけ認められやすいし言いやすいのです。ゆえに治療ではまず、他者に対する殺意のはっきりした取り扱いが必要な場合でも、置き換えられた殺し、向け換えられた殺しの傾向を認めて、先取りや転嫁、自己への向け換えといった側面やそれを動機づける不安に耳をかすのが順序となるでしょう。自殺傾向、自虐傾向の背後には、精神分析の言う「サディズムの自己への向け換え」があることが多いですが、「(自分が)悪い、悪い」と連発する個人に対して「本当は他者のことを悪いと思っている」「相手のせいにしたいのでしょう」と解釈する直接解釈はかえって抵抗を強めるでしょう。自責の過剰な先取りは他者への攻撃性を自分のものとして認める際にありうることですが、そのような自殺傾向や旺盛な被害者意識の背後には、手のひらを返したように周りから責められる(攻められる)恐怖や、孤立して見捨てられる不安などがあるはずです。

[関連項目] 生かそう

壊す

▽壊れやすい

「関係が壊れる」という表現が実際にありますが、破談の際の「(縁談が)壊れる」のごとく「壊す」「壊れる」「壊される」では、物だけではなく、人間関係や夢が壊されることも連想されます。さらに、物を壊す場合や、胃腸を壊す場合もそうですが、丈夫なものではなく、主に壊れやすいものや、大事にすることが望まれるものに「壊す」は使用され、その価値を無くして、台無しにする、だめにしたときに「壊れた」「壊した」が使われます。私たちが壊すことを恐れるのは、大事な物や関係、そして夢や希望がとくに壊れやすいものだからでしょう。

▽許され型罪悪感

物が「壊れる」とき、大切な物の壊れやすさが体験されています。そして、日常生活ではガラス、花瓶、皿、壺、時計など壊れやすいもの、つまり子どもが壊しやすいものが、子どもたちを取り巻いています。子どもがものを実際に壊すときにこそ、初めて対象が壊れやすいことを知るのです。壊された物が大人にとってのみ価値があるときに、大人の側に生じた怒り、憎しみが子どもにぶつけられ、頭ごなしに「お前が壊した」と言われるとき、子どもの思いは複雑です。価値のあるものを壊して台無しにするときに、それが弾性に乏しいこと、ばらばらになりやすいこと、脆いこと、つまり「壊れやすさ」を知ることは発達する人間には必須の体験であり、避けられるものではありませんが、そのときに立ち会う大人によって子どもの体験内容は左右されます。

この種の体験を左右する要因が、古澤平作の「罪悪意識の二種——阿闍世コンプレックス」において述べられています。この論文のなかで例として示された親は、次のように言います。「お前のしたことは明らかに悪い。が人間は人間、皿は破損すべきもの、どうしたって仕方がない。今後を戒めて働け」。従順な子どもはそのときわっと泣き伏します。「悪いことをした私にかくまで言って下さる親。私は本当に悪う御座いました。以後は決して過失を繰り返しませんから御赦し下さい」。このとき古澤は、赦されて生じる罪悪感が、処罰されて生じる罪悪感とは異なることを強調して、これを懺悔心と名付けています。

壊れる物の多くは壊れやすいのであり、必ずしも元気のよい子どもが壊したもののすべてが子どもの責任ではないでしょう。小此木啓吾が言うように、阿闍世物語における懺悔の心の発生のためには、「母の献身的看護を受けて救われる」という恩の発生論を追加せねばなりません。そのことにより、古澤の言う「親の自己犠牲」に「とろかされて」初めて子どもに罪悪の意識が生じるという事情を把握できます。それは「自発的な罪悪意識」であり、「過ちをゆるされる時におこす、心からすまないと思う罪意識である」と言われます。そして、このような罪意識を引き起こす母親側の自己犠牲を論じて、罪悪感の発生基盤を母子相互的なものに発展させることができますが、今度は、献身的な母親の壊れやすさや包容力の限界、恩着せがましさを孕んだ受容的態度の限界が問題になるのです。これは日本的なテーマに留まるものではなく、『レ・ミゼラブル』の主人公ジャン・ヴァルジャンが神父に盗みを許されて体験する罪悪感もまた「許され型罪悪感」と言えるでしょう。

▽「壊す」の臨床

親が大事にしている皿やガラス製品が、子どもの運動や活動のために壊れるとき、親の処罰や赦しをめぐってさまざまな複雑な思いが体験され、その後これが、たとえ古い記憶になっても、大人の治療において繰り返し想起されるでしょう。受身的な「壊れた」が能動的な「壊した」になる際の罪悪感の発生をめぐっては、親の怒り、本人の攻撃意図、そして環境の壊れやすさが絡み合って問題になることでしょう。もしそこに、親の支配の意図や押しつけがましさがあるなら、罪悪感は「押しつけられた罪悪感」となり、「本当の罪悪感」と呼ぶのは相応しくなくなります。つまり、ガラスの壊れやすさを子どものせいにすることはできないし、本人ではなく環境の問題を考慮せねばならないところであり、子どもが「壊した」と言われる体験のうち多くの場合で、物の方が「壊れた」と言われるべきでしょう。ゆえに、罪悪感に圧倒される患者に対して、本人だけが悪いのではなく、「皿は破損すべきもの」と言って外的な対象の壊れやすさという事実を指摘することは大事なのです。

【関連項目】遊ぶ、押しつけられた罪悪感、殺すこと

さ行

覚める
三角関係

幸せにする
自慰空想
自虐性
自虐的世話役
自己実現
自己卑下傾向
自然だ
視線恐怖
疾患への逃避
自分
シャーロック・ホームズ
出産外傷
神経をつかう
神話

すみません

性
性愛（セクシャリティ）
性愛的マゾヒズム
精神分析
前性器期

想像
創造性

覚める

▽「冷める」「覚める」「醒める」

サメルのサメには冷め、覚め、醒め、褪めという字が当てられて、「サムシ（寒）」と同根です。それで、熱や気持の高ぶりが冷える意から転じて、「酔いや迷いが晴れる意」（『岩波古語辞典』）という説明がありま す。このサメルは、酔い、夢、前後不覚などから正気に戻ることとの意味で古くから使用され、精神的な病や狂いからの回復過程を「覚める」「目覚める」という言葉で表現するのが実感に近い場合があります。そしてこのことには、精神病理学的に見てふたつのことが重要と思われます。ひとつは、精神病状態が夢見ている、眠っている状態として理解されることでありますが、これは多くの誤解を孕みながらも、新鮮な理解や接近の可能性を度々提示してくれるものです。そして何よりも、精神病者から神経症者まで、その回復や、現実的な自覚の過程を「目が覚めた」ような感じと表現する者がいることこそが、覚めるという過程の実在を示唆するのです。

▽頭を冷やす

第二の問題としては、一部の精神病状態やその他興奮状態を、気持ちの高ぶり、感受性の高まりと捉えて、「感じ過ぎ」「考え過ぎ」「神経過敏」と表現することが可能であり、これが「熱くなっている」「熱病」「のぼせ」と言えるものならば逆の「冷める」にもまた回復の意味が生じます。この場合、知覚が鋭敏になり、さまざまな雑音に耳を貸し内外のノイズを拾いあげ、怪しいもの、曖昧なものに目ざとく耳ざとく反応して「熱く」なることが多いのです。治療を希望しない患者に対して、「過敏になった神経を休ませるため」「興奮した頭を冷やすため」「高ぶった気持ちを冷やすため」という冷却を目的にした投薬や入院治療を勧めるという可能性がここに生まれるのです。

▽酔いと「醒める」

さらに、アルコール飲料の常用が「酔うため」である限りは、それに溺れることに追い込む因子、または誘い込む因子のひとつが、酔いから醒めるときの苦痛となっている場合があるでしょう。もちろん、目ざめが苦痛であるとは限らず、それが快適で、さわやかであり、楽しみとなる場合もあります。逆に、人生に白けて何にも酔うことができずさめきってしまうときは、すべてが白々しくなり、酒や薬物による人工的な「酔い」に追い込まれ、誘い込まれるのです。酒に溺れないためには醒めるときの不快さや苦痛を味わわねばなりませんし、そこで苦く貴重な洞察を得ます。また、憂鬱への深い落ち込みから目覚めるとき、憂鬱そのものよりも死にたくなることがあるように、時に目覚める目には「現実がまぶしい」し「現実が怖い」のです。文化の重要性を認める治療者たちが主張するように、白々とした現実の味気なさをごまかすためには、絶えずある程度の「酔い」は必要なのです。

ゆえに「しらふ」であることのごまかしや、さらに白々しい現実からの逃避としての「酔い」には色んなものが使われ、恋愛に溺れることもあれば、仕事の中毒にもなるのです。酔いの手段についての「中毒」については、過剰な眠りと同様に、なんにも増して醒めるように促す必要がありますが、この場合も醒めるときの苦痛に多かれ少なかれ直面せねばならないでしょう。再び、何か「気晴らし」や「ごまかし」、そして「時間つぶし」としての文化や装置が、現実と心の間に求められるです。

▽ほどよく覚めること

また、統合失調症研究における仮説として古くから過剰覚醒説なるものがあり、患者の状態が「覚醒しすぎている」「頭が冴える」という描写が適切になることがあって、そのときは「神経を休ませるため」「高ぶる気持ちを眠らせることができるようになるため」という、より良い眠り、より確実な休みに向けられた治療方針が必要になります。「覆いをつくる方法」として「寝た子を起こさない」というのもひとつの方針になりますが、興味深いことに、これが病からの「目覚め」「覚める」とは逆方向となるのです。この「眠りすぎている」と「目覚めすぎている」とでは方向として逆になるという現象は、捉えられた異常状態の違いとともに、捉え方の違いであり、そこで病の意味や評価が分かれてきます。つまり、一見反対になるふたつの方向も、「覚める」が「自覚する」「気付く」「現実的になる」という回復の表現として使われるとき、正気とは適当に、ほど良く覚めている「ゆるい」状態を目指すのです。「適当」「ほど良い」の意味は、ポジティブな「適当」とネガティブな「適当」の両義の間でぶれていて、おそらくそのまさしく丁度いい意味となって機能しているとき中間的で両面的なのでしょう。

「冷める」とは「冷たい」という場合の字を当てますが、「熱いものをさます」の「さます」は異常に冷たくするのではなく、日常的な温度にすることです。「風呂が冷める」も熱い湯が常温になったことを示しており、これは「ビールが冷える」の「冷える」とは下がった温度が異なります。「醒める」（これは「覚める」の意）も「色が褪める」の「褪める」もそうですが、普通に戻る、元に戻る、という意味が、これらの言葉の意味の中核にあります。ここで言う「普通」もそうですが、ポジティブな「普通」とネガティブな「普通」の両義の間をぶれており、その中間くらいが普通なのです。

「さめる」の同音語は、同じ語の分化したものか、同音異義語なのか、という議論がありますが、国語を検討する山田進らも、主要なサメルに共通して言えるのは「非常態から常態への移行」であるという結論に達しています。さらに、サメルには時間の経過で自然によるものが多いことを見出していますが、「湯が冷める」「目が覚める」「色が褪める」と、時間経過と共に自然に起こるのが最も理想的なのでしょう。

▽夢からまた夢へと

スポーツやコンサートでも、そして恋愛でも時間経過とともに歓喜と冷却、酔いと醒めがあり、ここで交代する高温と低温の平均値が心の体温の平熱なのでありましょう。心の健康は、体温と同じく、ある範囲で熱くなったり冷めたりしながら保たれるものであり、冷めない状態も冷めきった状態もどちらも心の体温としてはやはり異常なのです。同様に、人間のふつうの状態もまた幾分かは眠りながら幾分かは起きているものとして捉えられるのであり、時間にまかせていると、夜になって前者が自然に増大し少し眠り、昼は後者が優勢となって少し起きていることになります。

こうして、覚めない状態も覚めきった状態もどちらも、少しの酔いが誰にでも必要だという意味で、心の状態としては異常だということになります。だから「目覚める」という体験が、病者にとっても健康な者にとっても、現実の発見であり日常性への回帰でありながら、自然な目覚めはまた次の夢を見ることでもあるのです。これに対して、時間の経過に逆らって突然目覚める（または外傷的に起こされる）病者の場合は、そのままどんどん覚めていくことや、冷め過ぎて強烈な孤独を味わうことなどにより、不自然な再発につながることが多いのでしょう。

［関連項目］自然だ、普通、ゆ

三角関係

▽表と裏の三角形

私たちの表の部分とは外の世界に向かうもので、表は現実の中で学んで獲得したり、自分の中にある「親」に適応した部分です。その裏では「子」が愛を求めて愛に飢え、怒り悲しみ、泣いてばかりいて、傷ついているかもしれません。そこで外向きの自己と内側の自己の間に「私」がいて、その両方の自己を取り持っており、大人の「私」は私、外からくる親、そして内なる子から成る三角形を生きているのです。あるいは心の中に、内と外と私という三項から成る三角形があり、この三角関係はもともと家庭の中にあったものだとも言えます。外は雪が降っているけれど、家はあったかいはずですが、家が貧乏だったので、理想の家との深いつながりを断って、外に飛び出し働かざるを得なかった。家に退却すれば負けだし、外を進めば雪という状況の中で、自分はなんとか人生を打ち立てることができた。心の内外をこのように見るなら、なかなか両立しない外と内と私の三角関係を生きて私は人生物語を紡いでいると考えることもできます。

▽エディプス・コンプレックス

こういう三角関係は、精神分析学で大変重視されるものですが、フロイトはそれをエディプス・コンプレックスと呼びました。ときに、父性コンプレックス、父親コンプレックスとも呼んで、その父性原理を法や掟の起源として強調するのです。最初、子どもは母親しかいない世界を生きますが、やがてそこに父親が登場し第三者が登場します。フロイトが神経症の患者の話を聞いていると、息子たちの悩みとしては、母親との近親姦的な結びつきがあり、そのあいだに割って入る父親が何度も登場するのでした。その親父との対決、敵対関係があり、それを通して、息子たちは自立していくのです。しかし、それが悲劇的に終わるとすれば、たとえば弱い父親を殺すことになって母親との近親姦が実現してしまうケースとなります。

そうした物語が古代ギリシャの劇作家ソフォクレスの『オイディプス（エディプス）王』という劇に描かれています。父親である王ライオスは子どもをつくるとその子に自分が殺されるとの神託を受けていたので、生まれたばかりのエディプスは捨てられてしまいます。成長したエディプスはやはり神託で、両親を殺すことになるから故郷に近づかないようにと告げられ、旅に出ます。旅の途中で、ある従者が現れて道をあけるようにと言い、怒ったエディプスはその従者と主人を殺しますが、その主人が父親である王ライオスだったのです。知らないまま冒険の旅をつづける彼は、スフィンクスという怪物が謎をかけては人々を苦しめていたのを見、その謎を解くことでスフィンクスは死んでしまいました。エディプスは褒美としてテバイの王となり、イオカステという女性と結婚しました。ところがテバイの国では災いが続き、その原因を神託などによって究明していくと、旅の途中で殺した人物が自分の父親で、結婚した妻は自分の母親であったことを知るのです。最後に母親は自殺し、エディプスは両目を潰し目が見えなくなって追放されるのです。

フロイトは、この物語に母親への愛情欲求、父親との敵対という三角関係を見い出します。それは子どもの成長の過程で、意識的、無意識的に体験する物語だと考えたのです。最後に真実を知り、両目を突いて退場した行為をフロイトは去勢と解釈し、人間としての資格を失ってしまったという意味だと考えます。エディプスは一所懸命追求し見ようとしますが、それが近親姦という真実によって裏切られてしまうというのが外傷的悲劇の原理であり、『夕鶴』の「見るなの禁止」もそうで、それを破って〈つう〉が鶴だったということを発見したら、関係は悲劇的に終わってしまうのです。

▽心の三角形

家族の三角関係でいうと、子どもと母親という二者の間に割って入り、干渉する第三者がいるのです。それは横槍を入れる父親像であり、別の意味では愛すべき存在ですが、子どもにとっては殺してしまいたいほど憎い存在として位置づけられることがあります。そしてこの三角形が心に取り入れられ、心的構造として、自分の中で騒ぐ子どもと、これに対する自分の親や現実の管理と、そして「私」というおとなの部分を心的な中心として機能するのです。こうして欲動、不安、防衛という三項から成るという精神分析の図式や、エス、超自我、自我というフロイトの構造論は、エディプス・コンプレックスを踏まえて抽象化された「心の

「三角形」のモデルとして描出されました。具体的には、「欲望は本当は大騒ぎしたいのに（欲望）、周囲に騒ぎを起こして叱られるのが不安で（超自我）、私（自我）はすまして生きている」のごとく「心の三角形」で描写できる有り様として、心は把握されるのです。そして言語の使用においても、私たちはこのような三角関係を生きていて、「私」がいくら相手に言いたいことがあってもそれを管理する文法という禁止や語彙の掟に従わねば発言は通じないのです。

［関連項目］解釈、私

幸せにする

▽さいわい

「幸い（さいわい）」とは、サカリ（盛）、サカエ（栄）、サキ（咲）と同根の「さきはひ」からきた名詞で、「栄える」「盛んだ」を意味し、植物の繁茂に伴う五穀豊饒が幸せをもたらしたことからきたとする説がありま す。同じ幸福の意味である「海の幸」のサチは獲物の豊富さを意味するのですから、これらはもともと物質的な幸せを描き出している言葉なのです。この原始的な物質主義は、古語の「楽し」が満腹で満ち足りることや金銭的に裕福であることを第一に意味していたこと連動する現象のようです。つまり、いわゆる「幸せ」とはとにかく「背に腹はかえられない」と言われ、「あるべきものがないと始まらない」のであり、衣食住に対して心的な幸せはいつも「二の次」ですが、以下に述べるような「幸せ」は特に心理的で実際的な人間関係に基づくものなのであります。

▽合わせる

「充実」「満足」とともに、人生の高い目標や価値として挙げられる「幸せ」とは、ときに「仕合せ」「為合せ」と表記されます。その文字通りの意味から分かるように、「幸せになる」の代表的な条件は「うまく合うこと」であり、具体的に合うこと、合わせることや合わせてもらうことは幸せが成立するための条件、目標、義務となるでしょう。幸せの成立への努力は、具体的には、示し合わせ、申し合わせ、口裏合わせ、待ち合わせによって具体的に行われ、そこに見られるような「合わせ」はふたりの人間の思いを意図的にひとつに組み合わせたり、一致させたりするという意味です。「幸せにします」「幸せになります」が求婚や結婚に使われ、育児では親が子どもに合わせるのは当然であり、親に合わせる子どもはイイコとして誉められることになります。このように「幸せ」は「するもの」「なるもの」であるなら、合わせない人は幸せを壊すワルイコであり、社会では雰囲気や水、空気などに合わない人は不幸せな人だというわけです。

▽訪れる幸せ

互いに合うことが幸せなら、一方が合わせたくとも片方が合わせようとしなければ途端に合わなくなり、幸せは相性次第でありかつ状況次第でもあります。また、「(人や状況に)合わせる」ことが、運や偶然に左右されその場限りになりやすい点にも注目すべきでしょう。よく言うように、「有り合わせ」「間に合わせ」もそうですが、巡りあわせる、乗りあわせる、行きあわせるも、意志に無関係な形で流動的な事態や事柄に合うことを意味します。「あう」はこれまた「合う」「会う」「逢う」「遇う」など同音異義語が多い言葉ですが、とくに「遭遇」「遇う」は「たまたまあった」という偶然や運が支配しているものです。そして「しあわせ」もまた、古くは運や巡りあわせ、という意味で使用され、善悪いずれの場合の運についても言われたらしく、そういう幸せとは稀なことで、「幸せの訪れ」は「待つもの」であり、個人の努力や意志を遥かに超えた力に左右されていることになります。

▽間に合わせと食い違い

こうして「あう」を強調するところには、人生は歌合わせや絵合わせのように一組みの「合わせ」を次々とつくって展開して行くものだという相互性の意識がありますす。つまり、運によって個人は状況や時代に巡り合わせ、その巡り合わせに個人も適度に合わせるというのが、幸せな人生なのでありましょう。しかし、これも過ぎたるは及ばざるがごとしで、合わせすぎるなら「ときと場合により」「その場その場で」「そのときはそのとき」と、間に合わせ的で場当たり的な一貫しないチャランポランな生き方が生まれるのです。

そして、幸せのために敢えて合わせる場合は、合わせられなくなっていることの始まりであり、多くの場合では「合わせる」と言っても、食い違い、裏切り、すれ違いという合わせていない部分を同時に孕んでいるのです。合わせている部分は迎合的で、実際に一貫しているのは背後の、むしろ合わせていない部分であり、これが不幸せな部分となるなら、表の幸せとは、裏の不幸せと「隣り合わせ」「裏腹」の関係にあるわけです。つまり、どのような出会いにも別れがあるように、どのような「し合わせ」にも合わせていないところがあるのです。こうして、本音と建前、表と裏のように、合わせている部分と合わせない部分の分化や分裂とその間の関係を捉えることは、とくに日本語では簡単です。また社会的には、あからさまに合わせないこと、つまり協調性のないことは「素直じゃない」「へそ曲がり」と言われやすく、それだけで反抗や反逆の意図を読み取られやすいのです。

▽とりつく島

我が国では、治療者の多くが自分の治療方針を一貫したものだと主張するかもしれません。しかし、それとは逆に、むしろ「成り行きに応じて」「行き当たりばったり」で、患者に合わせて寄り添っていくことを強調する治療者がいますが、それには理由があるのです。ひとつは、治療者は自分が一貫しないことによる矛盾に鋭敏であり、これを照れて全体としての治療方針が「いい加減」「適当」であると表現するからです。「好い加減」も「適当」も良い意味と悪い意味とがあって、意味がその間をぶれますが、一貫性が長続きしないことを強調するこのような言葉もまた、流動的な全体を中間的に程よく指し示す際の微調整を可能にし、偏ったイメージが固定しないようにしています。そういう態度は、ときに事態に正直であろうとして「まじめ」で、「いい格好」を照れ、意味が固定しないようにしているのでしょう。もうひとつが、治療の流れや過程が、前もって予告された方針に従って進むものではなく、むしろ絵合わせ、歌合わせのように、毎回両者が差し出したものを一組ずつ合わせて進行して行くという感覚が治療の実感に近いことを捉えています。特に「とりつく島のない」ケースでは、外界とのつながりを失い、合うこと、合わせることを知らない重症患者に対し、柔軟に寄り添って、できるものなら合うこと、何とか合わせて得られる「とりつく島」を貴重な達成や成果とする必要があります。だから、一見「場当たり」的な治療でも、「合う」という意味では一貫している場合があります。そして、その幸せに十分味を占めるなら、「するもの」「なるもの」としての幸福が目的化するのでしょう。

【関連項目】あい、満たす

自慰空想
masturbatory fantacy

自慰を行う際の空想であり、精神分析ではその幻想生活や内的世界を知るための手掛かりとして男女の自慰空想をきくことが重要だと考えることがあります。それは夢と同様に欲望と現実の接点で生まれる表現であり、性倒錯や性機能障害などの診察においても個別の理解には欠かせない情報源であり、空想内容と実際の性行動との関係は精神病理学的にみて興味深いものです。また、性行動異常の行動療法などでは治療的操作の対象となります。

【関連項目】性

自虐性

masochism

悲観的で隷属的な態度、成功すると罪悪感を抱きやすい傾向、敢えて不幸な運命に自分を追い込む性癖などを指し、これが長期にわたる場合その生き方の持ち主を自虐的性格と呼びます。かつて「マゾヒズム」は一般に性倒錯を連想させ、「マゾヒスティックな」生き方については性的倒錯から派生した受身的な女性的要素の病的増大という方向から指摘されることが多いものでした。しかし、臨床形態の関心が性的自虐性よりもフロイトのいう道徳的自虐性moral masochismに向けられ、サディズムとの関係、処罰欲求、強い罪悪感、苛酷な超自我、陰性治療反応などの観点に加えて、最近では自己愛、抑うつ感情、退行現象、依存欲求などが重視されています。文化的には、自虐性はわが国の武士道のように理想化されたり、母性と同一視されることがありましたが、病的自己犠牲と自虐的な消耗は男女ともに見られます。また、自虐を楽しみ快感を得るという古典的理解を回避し「愛のための自己犠牲」や「献身」などの適応的自虐を取り出す必要が生じています。こうしてDSM-Ⅲでは「マゾヒスティック人格」が削除され、DSM-Ⅲ-Rでは自己敗北型人格障害self-defeating personality disorderが付録として付け加えられ、他にも"self-inflicted suffering"といった表現が増えています。診断名が変わっても、レイプや虐待の被害者が不幸を招きやすい性格の持ち主だと理解され、適切な保護が受けられなくなる可能性があり、治療では患者の置かれた状況や文化環境に目を向ける必要があります。陰性治療反応や超自我抵抗のために治癒を回避してこれに抵抗するという点が治療の障害となりますが、現代精神分析では「抑うつ的-自虐的人格障害」(O. Kernberg)、「自己愛的-自虐的性格」(A. M. Cooper)や、わが国では「自虐的世話役」(北山修)などが新たな観点として提出されています。「マゾヒズム」「マゾヒスティック」

の訳として使用された「被虐症」「自虐症」「自虐性」「自虐的」などの言葉も、これからは性倒錯とは関係なく使用されることが多くなることでしょう。

［関連項目］ 自虐的世話役、性愛的マゾヒズム

自虐的世話役
masochistic caretaker

筆者が日本神話や昔話の分析と臨床体験から取り出した生き方の特徴であり、ウィニコットの世話役的自己 caretaker self の発生論を下敷きにしています。

その特徴とは、第一に、世話を求める者に対して非常に面倒見がよく、頼まれると嫌とは言えず、多くの仕事を限界をこえて抱え込み、心身の消耗を繰り返します。第二に、自分の世話を十分に行うことや他人の世話になることを悪いと感じやすく、気楽に遊べず、適切な休みをとれません。そのために身体的・精神的に傷ついても、適切な世話受けることが困難となります。第三は自らを痛めつける自虐性であり、軽い場合は苦労性ですが、この傾向は進むと快感や満足を伴うために執拗に求められて、無理をすることがやり甲斐や生き甲斐を伴って目的化します。背景には、傷つきやすい愛の対象との自己愛的な同一化やその生き方の取り入れがあり、罪悪感（恩）の深まりや厳しい超自我構造により、怒りは自己へ向けかえられて自己卑下などの二次的自虐傾向を増強します。さらに、愛されたい、世話されたいという願望は周囲の者に投影され、これと同一視された「世話を受けたい人びと」の世話をすることで自己満足を得るという内的サイクルが完成します。これに呼応して「傷つきやすい母親」や脆弱な環境などの外的因子があると、攻撃性をぶつけることや放っておくことに罪悪感が伴いやすくなり、ますます「わがまま」を殺して相手を世話するようになります。

この表現型が示されるのは、人格障害、抑うつ状態、分裂病の寛解状態から、軽い性格神経症、普通のお母

さんや一般労働者までさまざまな領域の生き方においてです。社会的に広くみられる理由は、これにより居場所を得て適応する方法となり、『夕鶴』の女性主人公のように求められ理想化されながら、周りに罪悪感を引き起こすという相互作用が生まれるからです。治療では「世話役転移」を発展させることがあり、治療者の世話とその失敗が問題になることが多いですが、治療者が深い理解や配慮なく「禁止」を破って侵入的になったり、この役を降りることをただ説得するだけでは治療的ではありません。なぜなら、治療を求める者の背後に想定されやすい「本当の自分」は役割や居場所を奪われる恥不安とともに、退去するという「見るなの禁止」の物語通りの結末があるからで、そこには精神病的な不安が孕まれることがあるのです。

[関連項目] 押しつけられた罪悪感、自虐性、マゾヒズム、見るなの禁止

自己実現
self-realization

広く精神療法の治療目標として使用されており、精神分析ではライヒなどにもそういう考えがありましたが、新フロイト派のカレン・ホーナイが神経症の理解と治療のために力説した概念として有名です。彼女は、各個人は独自な成長の深い源泉である内部の力をもち、その生来備わる諸可能性を実現できるものと考え、適切な条件を与えられるなら自発的な真の自己 real self に即して成長できるとし、この成長と発展を自己実現と考えました。しかし不適切な環境で育つ子どもの場合は強い不安などから、真の自己から積極的に遠ざかってしまうようになります。神経症者は、自己疎外された人間であり、神経症的解決法として神経症的なプライドの命令で自己を理想化し、欲求のすべてに答えるべくエネルギーを消費してしまいます。治療が進むと、自己実現と自己理想化との葛藤、つまり建設的な

自己成長と自己の完全さを証明しようとする欲動との葛藤が現れます。治療者は患者が自分自身を見出すとともに、自己実現に向けてエネルギーを解放するよう援助するのです。一方、ユングにも同様の概念があり、彼は意識と無意識には相補性があると考え、意識と無意識とを含めた心の全体性あるいはその中心を自己selfと呼びます。自己は、意識と無意識の統合や統一の中心であり、高次の全体性へと向かうと考えます。その個人に内在する可能性を実現し高次の全体性を目指す過程を、個性化の過程individuation process、あるいは自己実現の過程とし、それが人生の究極の目的であり、また心理療法の目的としても捉えられるとしています。しかし、フロイトの精神分析においては究極の「本当の自己」とはイド（エス）の位置に存在するものであり、生きている限り死の本能と生の本能の両者は決して実現することはありません。ウィニコットの言う「本当の自己」も錯覚や遊ぶこと、さらには退行の中で「実現」するしかなく、現実における安易な自己実現は絶対にないと考えるのが、抑圧モデルから見た見解であり、それがフロイト学派の基本的な立場なのです。

［関連項目］本当の自己

自己卑下傾向

▽自尊心の抑制

手紙で「ご自愛下さい」と頻繁に言うように、自己を大事に保護し、自分の健康、才能、そして容貌について自らが愛情、つまり自己愛を注ぐことは合理的なことです。また、他人から愛されたい、誉められたい、認められたいと思う気持ちは誰にでもありそうですし、誉められたら嬉しいと感じるのも合理的なことでしょう。ところが、この自尊心が高ぶることを警戒して、賞賛に対して反射的に「私なんかとてもとても」「とんでもありません」と答える自己卑下傾向が身についていることが多いのです。日本語の場合は、図々しい、厚かましい、厚顔無恥、我がもの顔、大風呂敷、目立ちたがり屋、自己中心的、自分勝手と言うように、自尊心を否定し自己愛の肥大や高まりを警戒する言葉は無数にあります。

▽自惚れの裏返し

むしろ、強い自惚れの裏返しである謙譲、謙遜は品がよくて「負の自尊心」として美化され、称賛の対象となっています。その結果、自己卑下、自己否定の傾向が一般的な生き方の特徴となりやすく、これが神経質に徹底されるところで、内心の自惚れや自己顕示、つまり「正の自尊心」と裏表になっている可能性があり、そこには二重構造を仮定できます。つまり、「羨ましい」「素晴らしい」と誉められたなら、表面的には条件反射のごとく「とんでもありません」「私なんかとてもとても」と言いながら、同時に心の底では「悪い気はしていない」のです。

確かに社会的不適応を訴える人たちの多くが自尊心が低くて、以上のような常識心理学、つまり自尊心の二重構造は臨床的にも観察されます。自分のことを小間使い、女中、奴隷のように言ったり、その役割を徹底して果たそうとすることがありますが、同時に、その奴隷根性の背後にお嬢様、女王様、王様、お殿様たちが垣間見えるのです。このような日常的な「内弁慶」や謙譲、謙遜における自己卑下と自己顕示は、両極に分化しながらも相互に補い合うものとして使い分けられ同時に存在することが多いのです。病的な場合は、自虐傾向と自惚れ傾向との両極に引き裂かれやすいですが、とくに自惚れが極端な自己卑下で覆いつくされているように見える場合があります。そういうとき、その奥にある自惚れを引きずりだして、これを現実的に修正し肯定的に生きるよう奨励したくなりますが、自己卑下や自己否定も、それなりに必要とされて装備された心理的防衛手段であり、その武装解除は説得だけで可能になるものではありません。

▽方法としての自己卑下

実際に、汚さ、卑しさ、低さの背後に「掃き溜めの鶴」のごとき美しさや素晴らしいものが隠されていて、美しさがちらりと垣間見えるところから関係が始まることは恋愛物語やお伽噺の書き出しに多いです。そして、その逆、つまり美しさの裏に醜いものが隠される場合が悲劇の結末や恐怖映画の中盤に多いことを考え合わせるなら、弱さの奥に強さを隠蔽し、醜さの背後に美しさが隠されるという二重化は幸せのための美徳として十分に肯定できるでしょう。また、「出る杭は打たれる」のであり、不用意な背伸びは足元をすくわれるし、多くの人々の羨望を誘うので、自己卑下は安全に生きるための防衛方法なのです。

▽身の丈を知る

さらに、多くの乳幼児が「お前は素敵だ」「お前は愛されている」という取り巻きを得て、皆一度は自惚れたことがあり、自惚れ鏡を手に入れているはずです。ところが、これが急激に失われるという外傷や幻滅を代表とする「自惚れ鏡」の喪失に際し、深い傷つきと痛みを体験した後は、傷つきやすい自惚れを隠すために自己卑下のぶ厚い仮面をつけ、甘い言葉に対し徹底警戒して生きることが多いのです。つまり、乳児は「高い高い」と持ち上げられることを好む（と思われている）が、その高さは両親に支えられたものであり、その後身の丈を知るときの急激な落下の痛みとその恐怖は、二度と「お高くとまる」ことのない低い生き方を安全のための方法として選び取らせます。どれほど持ち上げられても、意地でも貧乏クジをひき、幻滅に対する復讐として、おとしめられた生き方を選ぶこともあるでしょう。逆に、育ちの良い者たちがのびのびと生きることができるのは、その育ちの良さが自惚れ鏡の幻滅がひどい外傷にならぬように配慮された育児であったことを示すのです。

【関連項目】殺すこと

自然だ

▽自然は当然

治療を進める際に、ある生き方が正当化され主張されるとき、「それが一番自然」という自然感覚が根拠にされることが多いようです。つまり、「そう考えるのが自然である」と言って結論を出すのです。意味としては、自然であることが一番現実的、合理的、常識的だという感もないわけではありませんが、問題は「自然だ」と言われると、出された結論についてその先を追及できない断定された感覚が生まれてしまうことでしょう。つまり、自然視された結論は最終的なもので、「当然」という意味に似てそれ以上の検討や批判が拒否されるのです。このような自然主義は、とかく不自然であることを嫌い、「自然を思惟の対象とすることを許さない」「知られることを拒む自然」などと言われるくらいで、「それが自然だ」は自然に対する無限の愛情と憧憬を感じるよう強いるのです。

▽自然には逆らえない

この自然に対する態度の特徴は、無批判の愛情や前論理的な詩、あるいは一体を感じる神秘的体験に見られるだけではありません。私たちは「自然には逆らえない」と恐れてもいるし、この自然観を我が国の風土と結びつける議論もあることは周知の通りです。

南博は、次のように言います。「日本人が好んで口にする『天然自然の理』とか、『然の法則』ということばのなかには、実は『理』とか『法則』とかを否定する、何か『非合理』なものによる支配という、考えがひそんでいる。」

彼は例として「運は天にあり」「自然に何とかなる」「人事をつくして天命を待つ」というような言い回しを引いて、「天命主義」「おまかせ主義」と呼んでいます。このような「自然＝神」主義は、「長いものにはまかれよ、太いものには呑まれよ」「他力本願」「滅私奉公」というような、服従、あきらめ、そして、事なかれ主義、非合理主義という諸傾向とともに、自分の人生を自分で決定できない態度の育成、温存に貢献したのです。確かに「それが自然だ」という場合の「自然」とは、共有された環境という意味を介して、世間、常識、という人的なものになるときがあって、自然視された世間や常識に対してはそれ以上の追及を断念せねばならないし、その存在には逆らえません。自然と呼んでそれ以上介入できないというのは、目に見えない巨大な力で動かされ決定され、人知の及ぶところではなく、知らないほうがいい、まかせたほうがいいからでありましょう。

▽自然の矛盾

「美しいもの、楽しいことを愛するのは人間の自然であり……」と坂口安吾は見ましたが、多くの人々にとってこれは発見であり、これによって今や私たちの使用する言葉「自然」には二種類あることになりました。つまり、愛し恐れ、逆らわずおまかせするしかない外的自然と、坂口が「欲するところを素直に欲し、厭な物を厭だと言ふ」と言う内側にある心的自然であり、どちらの場合の「……が自然だ」も尊重せねばならない価値なのであります。これで場合によって二種類の「自然」は前者にまかせて後者を殺すか、前者を破壊して後者を肯定するか、という二者択一を迫るのであり、精神分析で言う、混同できない物的現実と心的現実の二形式に似て、内と外の間に不自然な葛藤や矛盾感覚を強く引き起こすことになります。

▽自然の受容と葛藤

一方臨床では、神経質を自然に対する反抗として捉え、あるがままの自然受容を説く森田療法の自然観があります。この自然を台風が多くて島国であるという我が国の外的自然のことだと考えるならば、内的自然は無視され、外的自然への服従と諦めの強制になるでしょう。むしろ現代では内外の自然を総合する自然観を回復しなければならないのであり、森田の生命論においても内的自然も外的自然も同じ自然の両面であるはずです。ますます破壊されやすいことが強調されており、畏怖の対象ではなく弱さや限界を露呈し始めた外的自然と、それと対立する貪欲な内的自然との矛盾は圧倒的ではありますが、受容を説くだけではなく、また葛藤を生きるだけではなく、その痛みと苦しみの後にこれをこなす方法がこの日本においても発見されねばならないでしょう。ゆえに無神経に自然に対することよりも、神経質に考え自然との関わりを心配する人々のほうが、新たな自然観を生み出す可能性もあります。

そこで問われているのは、外的自然とは両立しがたい内的自然に目覚めた人間が自然を生きること、また自然の中に存在することを自然だなと感じる方法とは何か、という問いであります。河合隼雄は、わが国における曖昧な宗教対象であった「自然」もすでに死んでいることを強調しています。たしかに、「おのずから」と「みずから」を区別しないで「天地万物も人間も同等に自生自化する」という態度に立ち戻りたいところでありますが、もはや安易な自然との一体化と受容ではまったく通用しないのです。

▽不自然を謳う

自然を求める人間として自然に生きることなど誰にもできないし、それを考えることすら難しいのです。この背反性を個人の人生としてどう生きるか、これが普通の人の創造性が発揮される場所でしょう。それをどう謳うか。そのような人の不自然の生み出すおかしさを、二十代の吉田拓郎は「イメージの詩」(作詞・作曲　吉田拓郎)で次のような逆説で歌っていました。

いったい　俺たちの魂のふるさとってのは
　どこにあるんだろうか
自然に帰れっていうことは
　どういうことなんだろうか
誰かが言ってたぜ　俺は人間として
　自然に生きてるんだと

自然に生きるって　分かるなんて
なんて不自然なんだろう

［関連項目］神経をつかう

視線恐怖
fear of eye-to-eye confrontation

日本では「目は口ほどにものを言う」とされ、自他の視線に配慮することを一種の美徳と考え、謙遜や謙譲、そして恥という消極的な自己意識を慎みとして美化する傾向のため、視線恐怖は赤面恐怖と並び、対人恐怖症の代表的な症状の一つとなっています。他者の視線を集中的に浴びているように感じ、自分はどこかおかしいと思われているのではないか、皆に嫌われているのではないかと、視線の被害者として恐怖や不安に悩むのです。他人の視線だけではなく、自分の視線について他人に向かう攻撃的な影響を心配し加害的に視線恐怖に悩む場合もありますが、どちらにも他者を不快にさせて責められるという迫害的な不安が伴いやすいのです。また逃避や恥の意識が働いて自分の外面を取り繕うと、本当の自己と社会的な自己が解離して、素顔の自分の顔（本当の自分）と仮面や偽りの自己との間に深刻な二重化意識が生まれます。視線恐怖は、親しい内輪と他人との間にある中間領域で強くなると言われますが、他の条件でも症状が意識されて自他の視線の恐怖に苦しむ場合もあります。精神分析的な理解では、当初、目や症状の象徴性が解釈され、他の身体の「穴」、つまり性器を覗かれることや去勢不安、さらに原光景を覗くことなどが検討されましたが、最近では肛門期や口唇期に由来する攻撃性の投影と無意識的罪悪感、人見知り不安、自己愛の傷つきやすさ、そして甘えなどの観点から理解されることが多くなっています。また、重症になると、パラノイアや、自我境界の問題、さらには精神病的な象徴化障害を考えねばならないし、言うまでもなく日本文化以外でも見出せる状態です。

［関連項目］神経をつかう、対人恐怖

疾患への逃避

flight into illness

十九世紀末から二〇世紀にかけてヒステリーの心因説が有力になり、外傷神経症、災害神経症、拘禁精神病、精神神経症などが、いずれもヒステリーと同根の「心因性精神障害」であるとみなされました。暗示や転換などの現象がその基盤にあり、自我が多少とも意識しながらそれらを利用して疾患を成立させていることが注目され、ヒステリーの背後に「疾患への傾斜」「疾患願望」が隠されていると指摘されたのです。ヒステリー患者に疾患への意志 Wille zur Krankheit を見出したボネファーは、道徳的評価のもとで患者には「健康良心」が欠けているという考えに同調し、患者を断罪するような治療、例えば低電圧の電気療法などを推奨しましたが、意識的な逃避、すなわち詐病と同等に扱うことにもなり、鑑別は難しく多くの論議を呼びました。フロイトにとっては、症状への逃避から得られる満足や緊張の減少が重要であり、周囲との諸関係の変化に加えて内的な葛藤や不安から免れようとする無意識的逃避が強調されました。すでにある疾病を利用して同情や関心を得ようとするという外的逃避傾向の多くは二次的な疾病利得であり、症状という「異物」が個人に「同化」され、自己処罰やマゾヒズム傾向などにより次々と二次的な利得や満足を生み出して逃避傾向はさらに強化されます。疾病利得は治療に逆らう治療抵抗として現れるため、除去または克服すべき妨害物とみなされ、その意味で「疾患への逃避」は精神分析の普及に伴い盛んに使われました。しかし苦痛であるはずの症状に対して患者が矛盾した態度をとるという印象は、ヒステリーだけではなく行動化を頻発させる性格障害など多くの病態で生まれやすく、抵抗は逃避によって身を守る患者を理解する際の貴重な情報源でもあります。逃げ場を奪って患者を追い詰めるのではなく理解しながら見守らねばならない場合もあり、逃避へと追い込み巻き込む外的状況と、より直接的な内的過程の分析なくしては逃避は取り扱えません。また、疾患への逃避という抵抗を克服することをすすめる治療的アプローチに対する新たな抵抗として、「健康への逃避 flight into health」という、まったく逆の現象が見られることもあります。

【関連項目】自虐性、対人恐怖

自分

▽自分がない

土居健郎は「集団所属によって否定されることのない自己の独立を保持できる時」にこそ「自分がある」という事実を観察し、「自分がない」という、病的な事態を表現しうる日常語に注目しました。一人称の主語にもなりますが、同時に「自分」は欧米語で言うならば再帰代名詞に近く、特殊な言葉であると言えるでしょう。ただしこの日常語は頻繁に使用され、自分勝手に定義されて使われ、実際には一体何がないのかはっきりしない場合が多いように思います。

▽自らの分

しかしこれを「自らの分」と分解して読むと、環境や集団のなかで自分の有無が問われるという事情が明瞭に浮かび上がります。ここで言う「分」とは、割り当て、分け前であり、身分や分際にも通じるもので、それは受身的に分け与えられて、自らのものとして積極的に確保された持ち分なのです。世界とは、無数の人間たちが共有し互いに分け合うものなので、皆が自分の分としての割り当てを要求し、先をゆく者たちは後発の者たちにそれぞれの分を分け与えねばならないのです。そして、自分は他者の分と隣り合っていて、その境界ではつねにぶつかり合いや衝突、摩擦が起き、分捕り合戦、椅子とりゲームが激化して互いに侵入や略奪も蒙ります。自分の分を広げその領土をどんどん拡大する人もいるし、他人の分のことなど気にしないで自分勝手、自分本位にやる人や、また逆にこれを次々と人に配分する人もいます。ただし自分を確保した者は自立、自足し、自由に「自分で」何事かをなすことが予測され、自分のある限り、やがて自分を自分で管理することを要求されるはずです。つまり、自らの分は他者に保証されながらも他者にその存立を決定され、自分勝手はなかなか許されないのです。

▽偽の自分

確かに「自分がない」と訴える一群の患者たちがいます。同時に、これを訴えている主体の方こそ自分ではないかと問うと、「これは偽物です」「これは動かされているんです」と言い、それは「偽の自分」だということになります。健康な場合は、偽善的で社交的な自分が真の自分を保護し隠蔽することがあっても、「自分の居場所」のあるところで自分を包む壁や垣根をとれば、そこには隠されていた中身としての自分のあることが期待されます。普通は「自分がない」と言われるときの自分とは、この隠された中身としての「真の自分」であり、「自分がない」は単純化するならいくつかの種類に分類されます。ひとつには、偽りの自分が相対的に肥大し、この仮面や殻が簡単にとれず、偽善的生き方がやめられないので、この偽りの自分の下に真の自分が存在しながらも外に出てゆけない場合です。この場合は「自分がない」よりも「自分が出せない」と言ってよく、中身としての自分が出せない理由は恥、傷つきやすさなどの対人関係のものです。また、「偽りの自分」があっても、それを取り去ると、これに守られているはずの中身が外へ溶け出したり、あっというまに解体したり、ばらばらになってしまう場合があります。保護されている真の自分が相当に病的であったり、傷ついていて、真の自分と呼べるようなものがどこにもないこともあるでしょう。つまり自分の中身は存在せず、「偽の自分」が守る自分は死んでいて中核はただの空虚である場合もあります。さらに、中核的な自己が自分によっていじめられ、おしつぶされ、殺されている場合で、偽りの自分が本当の自分を殺害している場合があります。

▽居場所を得る

だから、「自分を出す」といっても、「いること」のための居場所や環境と、出すための中身のあることが絶対条件なのです。多くの治療でその第一段階では、患者の「自分の分」のための居場所を確保して、内的世界に目を向け、真（芯）の中身を育てて、維持することが課題となるでしょう。まずは最小限の「自分の分」を手に入れた上で、より良い自分の居場所をめぐる戦いや競争が始まるのが理想的だと思います。ただし、「自分を殺す」や逃避などの病理があるときは、いくら居場所を確保しても、なかなか中核的な自分は誕生しません。さらに、中身も居場所もあるというのに、「生きがいがない」「未来がない」や「男ではない」「社会で認められない」などの重大問題が安易に「自分がない」に代表されてしまうので、本当に何がどのようにないのかについては、分析と理解のゆっくりとした深化が求められます。

[関連項目] 生きがいがある、空《から》

シャーロック・ホームズ

▽探偵と分析者

実在の精神分析者フロイトとフィクションの探偵シャーロック・ホームズを結びつけるという発想は珍しいものではありません。映画『シャーロック・ホームズの素敵な挑戦（The Seven-Per-Cent Solution）』（ハーバート・ロス監督、一九七六年）では、ホームズが薬物中毒患者としてフロイトの治療を受けるところから物語は始まり、最後は二人が協力して犯人を追いかけることになります。他の映画や小説でも、分析家が被分析者の話を聞いているうちに事件や犯罪に巻き込まれてしまい、やがて探偵になって事件を解決する、という筋が描かれています。とくに欧米では、都会の片隅の事務所を訪れる人々と出会って、その個人的秘密を取り扱い、原因の解明と対処に協力するプロとして、私立の治療者と私立探偵がイメージの上で重なるのでしょう。実際のところ、患者の話、それも家族歴や生活史は多くの謎に包まれており、犯人は誰か、犯人はどこにいるのか、犯罪の手口は、とミステリーを解き明かす治療者の仕事は、探偵のごとく調査と推理、そして分析を積み重ねるのです。

▽謎と謎解き

エディプス神話では、英雄エディプスが怪物スフィンクスが問う人間の多面性にまつわる謎を解いて、「もうひとつの謎」にはまってしまい、悲劇的結末に向けて歩み出すのですが、謎は謎を呼ぶものであり、謎を解くことがいつも幸せにつながるとは限らないのです。しかし、多くの分析家には、どれほど見たくないものでも見た方がいいという固い意志があり、原則では分析とは臭いものの蓋をとる治療であり、蓋を取らない治療、蓋をつける治療、蓋を作る治療などは精神分析ではないとされやすいのです。ということは、犯人を追い詰めたときに逃げだすような探偵、またはクライエントでは、分析的な手続きが悲劇的な結末を迎える可能性があります。つまり、両者に秘密直視の用意のない場合、シャーロック・ホームズは探究を打ち切るべきだし、別の方法や態度をとるべきだということになります。

▽秘密の管理

個人の秘密を預かり、これを「握る」ことは、大きな影響力を手にいれることであります。この職業において秘密の管理は絶対的なものとして義務づけられ、職業的に得られた秘密を発表する際は、原則として本人の許可を得るのはもちろんのこと、当事者や関係者の利害を損ねることのないようあらゆる配慮が求められます。ときに探偵には社会、国家、警察、そして家族などの利益を、個人のプライヴァシーを守る権利に優先させるのか、という問題が生じますが、同様に精神科医も個人と社会の二股をかけて引き裂かれることがあります。極端な場合には、クライエントが治療室で犯罪計画の空想や自殺の可能性を口にしたとき、秘密厳守を課せられる私たちも、第三者への通報義務について、その判断と責任に悩むのです。

▽誰が犯人だろう

さらに、治療室が取り調べ室になり、治療者自身が警察、検事、裁判官のようになるという例もあります。クライエント自身が重要な秘密を握っていて、それを吐かない限り謎が解けないとき、取り調べ側に自白偏重の意識が高まるでしょう。「周囲は包囲された、無駄な抵抗はやめて出てきなさい」という態度は軍隊や警察そのものでしょう。また、刑事コロンボのような下手に出る態度は、お高くとまるナルシシスティック・パーソナリティの犯人に犯罪を語らせる際に有効でありますが、コロンボのようなタイプの犯人には歯が立たないでしょう。さらに、フィクションの場合の意外な結末として依頼人自身が殺人者だったという例があり、ミステリーの筋書きによっては分析家が犯人だったという場合もあるのです。だから、物語の流れは絡み合い、もつれて、袋小路に入り込みます。そこで小説の名探偵の仕事には勘や「ひらめき」が必要ですが、実際のケースは一筋縄ではいかず、調査や推理には苦労し時間がかかるものです。

分析家と探偵の両者の間に共通するものとして、シャーロック・ホームズの派手な印象とは裏腹な、表には出せない地味な苦労が要求される点があげられます。そして裏通りに私立の事務所を構えて人々が不幸を携えて来室するのを待つという、「裏街道の探偵稼業」的な比喩は、開業する治療者の姿を描写する際に生きるでしょう。しかし、私たちには迷宮入りの事件も多く、時間をかけても話がなかなか進まないという点が、実際の仕事とミステリー小説とが決定的に異なるところなのです。

また、被害妄想によって追い詰められ、かけこんでくる患者は、状況証拠だけ並べ立てて「無実の罪を晴らしてほしい」「彼らが犯人であり私が精神病ではないことを証明してほしい」と「訴える」ことがあります。「訴え」は症状の臨床記述に使われながら裁判用語でもあり、探偵ならばこれに呼応して動くでしょう。しかし、それで動かない治療者は、それが関係作りの糸口であるにしても、「裁判所ではないから」と断るしかありません。その意味では、治療者は探偵でも刑事でもないのです。

[関連項目] 直観

出産外傷
birth trauma

誕生前の子宮内生活が、「血のつながり」で母親と結ばれ、文字通り水中に浮かびすべてが過不足なく満たされた状態だとは、比喩的によく言われることです。出産外傷説はオットー・ランクによって主張され、出産時の危機的体験を最大の心理的な外傷体験とするもので、彼はその体験の過程が臨床事象に加えて、文化的な事象にも繰り返し象徴的に描かれることを指摘しています。この認識においては、窒息などの生理的な危機体験を伴う出生とは新生児にとって、それまでは安全かつ快適であったはずの母親の体内生活の中断と喪失であり、この危機と外傷が分離不安を含む不安反応の原型となり、その後の人生における対象との別離や喪失の内に象徴的な形で反復され、文化的諸活動とはこれを克服する試みであると解釈されます。この考えは、フロイトによって『精神分析入門』で「不安 Angst」の語源に狭さの意味があることと共に取り上げられており、ランクはやがて出産外傷説ですべての問題に答えようとします。フロイトは出生時に生理的危機と急激な不連続を体験し苦痛を味わうことが不安反応の原型（原不安 Urangst）になると考えましたが、ランクの主張については、自己愛的な胎児にとっての印象の薄い体験として出生を取り上げ、その外傷的意義を拡大しすぎている点を批判しました。そして、このことが分析療法の長期化に不満を抱いて敢えて短期治療を行うことを提案する愛弟子ランクのフロイトとの決別の原因となりました。また、「抱えること」による母子間の順調な移行体験を前提とするウィニコットも、出産外傷だけを取り扱う分析治療などないとランクらの発想を批判しましたが、これが現在の一般的見解の一つでありましょう。ウィニコットは出生体験を次の三つの範疇に分け、第一のものは正常な体験で、ここでは存在の連続性が出生においても保証されるもので、出生は外傷的体験とならない。第二のものは、外傷的な出生体験があっても、その後の良好なマネージメントでその影響は帳消しになる。第三に取り返しのつかない外傷的体験で、乳児は巨大な刺激に反応せねばならず、存在の連続性が脅かされてしまうため、これが出産外傷に相当するものとなる、としました。

つまり、環境からの適応などによって出生前と出生後の連続性を保つことを認める立場では、出生の外傷は一般化できないのです。治療論においては、出産外傷説を根拠にして治療期間を人工的に短縮したり中断したりすることで患者に分離不安を体験させ、その葛藤と克服に積極的に焦点づけて、「生まれなおし」を治療目標とする発想が生まれました。近年では、その積極的な技法をさらに洗練させて、治療期間に一定の期限のあることを最初から告げるマンの期限設定療法 time-limited psychotherapy に受け継がれました。訳語として使われる「出産外傷」では母親が外傷を受けるように聞こえるので「出生外傷」のほうが正しいと思われますが、前者を使用することが多いのは、われわれがどこかで傷ついた母親と同一化していることを物語っているのではないでしょうか。

［関連項目］ 抱えること、ち

神経をつかう

▽神経

神経過敏、神経をつかいすぎる傾向を指す語として、「神経質」は使われてきました。よく言う「神経を病む」は「気を病む」であり、「神経をつかう」は「気をつかう」というのとほとんど同義ですが、「神経」と言うと浮遊して捉えられない気が身体化されて局在化されます。実は解剖学の「神経」という語は日本の医学者や翻訳者の造語で、これが日常語として一般に広まったものですが、実際には人々の目には見えないものであり、このような医学用語の通俗化と意味の急激な肥大においては、マスコミの果たした役割が大きいのです。つまり「これまで腎虚、癇癪、血の道、気のふさぎなどといった病気が「脳病」「神経病」に包摂され、「脳病」「神経病」という精神医学の疾患名が通俗化された」（川村邦光）のであります。

つまり「神経」は精神的な働きの比喩でもあり、精神科と言わずに神経科と言う場合も含めて重宝されているのです。そして神経衰弱という語が流行し、神経症の一部を森田正馬があらためて神経質と呼んだことをきっかけにして、性格特徴を描くために神経はさらに広く日常的に使われるようになったのだと思われます。今では、神経衰弱、神経過敏と同様、神経質は患者にも健康人にも使用できて、専門家と一般人の共有する言葉となっているという事実が、心理臨床でこの種類の言葉が使用される際の高い価値をもたらしているのです。「神経を使い過ぎる」「神経を病む」は、性格傾向の場合は神経質と呼ばれ、その結果としての「神経が疲れる」は神経衰弱となり、その常識的な解決は「神経を休ませる」となるのです。

▽仕方ない

ただし治療的には、このような霊魂や気の言葉「神経」による局在化から得られるところは少ないでしょう。例えば、神経質や神経薄弱によくある思考の特徴にたいして、神経を休ませるために神経を使うという悪循環は、何よりも森田自身の精神相互作用の説明に現われているのです。「ある感覚に対して、注意を集中すれば、その感覚は鋭敏となり、この感覚鋭敏はさらにますます注意をその方に固着させ、この感覚と注意とがあいまって交互に作用して、その感覚をますます強大にするという精神過程に対して名付けたものである」「感覚が注意を追い掛けると、注意は感覚を追い掛け、追い掛けられた感覚はまた注意を追い掛けて、……」と、この論理展開は無限に続けることができるのです。AとBが相互のしっぽを追いかけあって、やめられない悪循環を形成していく過程をそのまま描き出すこの論理と文章そのものが、AかBかを徹底的に見極めようとしてどうどうめぐりする神経質者の決められない思考の病理の受け皿になっています。つまり言い方、言い回しが、ニワトリが先かタマゴが先か分からなくなり、出口を失っておりることができなくなる思考の悪循環と、袋小路に入り込んでしまう形式や様式を描いているのです。

▽いたちごっこと悪循環

「甘えたいのに甘えられない」という言い回しも、甘えたいと思うと甘えられないことが分かり、甘えられないと一層甘えたくなるという際限のない循環を示すものです。つまり、「甘えたいのに甘えられないので甘えたいのに甘えられないので甘えられない」という具合に「いたちごっこ」が無限に続くのです。このように悪循環を言葉で取り出すことができたなら、この悪循環をどう解決するかが治療者・患者に問われるところでありましょう。そして健康人は、このAの悪化がBを悪化させ、このBの悪化がさらにAを悪化させるという、不毛の思考循環からどのように脱出するのでしょうか。代表的な場合が、「いたちごっこ」の喜劇性に気づきながら、並行して反復のために疲れて、「どうしようもない」「どうでもいい」のでどうでもよくなるという決着なのです。たとえば「ああでもないこうでもない」と果てしなく考えていると眠くなってくるように、悪循環に気づくと多くの人はばかばかしくなってきて放り出します。しかし、神経質患者はばかばかしいのにやめられないと言い、出口のない地獄を心底ばかばかしいとは思っていないのです。

▽無神経なところ

神経質者は神経質をむしろ誇りに思っていて、そのような美意識の下での神経質はやめられないでしょう。さらに、たとえ悪循環であっても、これをやめるともっと恐ろしいことがおきそうなのでやめられない場合があるのです。そこで、神経質という言葉は無神経という反対語をもつことに注目すべきでしょう。身も心も神経を過敏にして神経をはりめぐらせる神経質者の生活に、神経のゆるんだ無神経なところを発見し総合して考えることができれば、神経質は自分の無神経を追いかけ、無神経が神経質を仕方なく追いかけていることが見えてきます。結局「いたちごっこ」とは、AがBを追いかけているのではなく、AがAを追いかけているのでらちがあかないのであって、自分が自分を追いかけ、自分が自分を苦しめ、自分が自分をいじめているのであり、これを認識するなら「独り相撲」のばかばかしさを心から深く噛みしめることになります。そのときのばかばかしさとはおのれの賢い思考がばかだという自己感覚であり、全体としては悲劇でも喜劇でもなく、ばかと賢さを両方抱き合わせた、切ない泣き笑いというような体験です。そしてこれはまた、浮遊する気の迷いを実体化、局在化して「神経がおかしい」と言い換えたときに始まった悲劇または喜劇であり、これを取り扱うに当たり、あるがままの無神経とともに神経を気化、再浮遊、脱身体化させねばならないのは当然といえば当然です。つまり「気を病む」を「神経を病む」に言い換えることは、真に「ばかばかしい」言い換えなのであり、解決はもたらされないということなのでしょう。ただし、悪循環につきあうのは治療者としては苦痛ですが、治療者は評論家ではなく、ああでもないこうでもないという会話を続けながら、時間をかけて患者とその反復する言い回しを共有して描くことが治療の第一歩となるのです。

[関連項目] 甘える、自然だ

神話
mythology

フロイトが神話に関心を抱いたことは『夢判断』の中で示されており、精神分析において神話や伝説など広く民間に共有された物語を本格的に活用する方法は、とりわけ、子どもが両親に対して抱くコンプレックスの名「エディプス・コンプレックス」をギリシャの「エディプス王」の悲劇からとったことで広まりました。彼は神話が「諸国民全体の願望空想の歪曲された残滓、若い人類の現世的な夢」であり、「自分の好きな童話の記憶が自分自身の幼年時代の記憶に代わってしまっている人々がいる」と指摘し、神話世界と現代人との連続性を認めて、他の学問領域での神話研究を刺激し、例えば人類学者たちの分析や調査を生み出す等さまざまな影響を及ぼしてきました。また、ユングは夢や患者の妄想や幻覚の内容に、神話の主題やイメージと類似したものを見出し、神話を生み出す元型の場所として、個人の無意識の下層に集合的な無意識があると仮定しました。当初は、個人還元主義的な理解や内容解釈が徹底されて、ランクのようにフロイト学説や自説の証明のための分析素材として扱うことが多かったのですが、次第に物語中の人物との同一化や理想自我の対象となること等の発達促進的意義も強調されるようになりました。他方、日本でも、古澤平作や小此木啓吾が、仏教の物語に阿闍世《あじゃせ》という名の王子が登場し、その王子が自分の母親を殺そうとするが後悔の念や罪悪感に襲われて苦しみ、母親に救われるという話から、「阿闍世コンプレックス」という理論を提起しました。また河合隼雄はユング心理学の立場から日本の昔話を考察し、北山はイザナギ・イザナミ神話から「見るなの禁止」論を展開しました。これら日本の神話分析は、父親の存在を重く見るエディプス・コンプレックスの議論と比べて、いずれも母子関係を重視しています。『古事記』や『日本書紀』の内容は、欲動論などの観点から見てもまだまだ活用できる部分を含んでおり、前エディプス的な結びつきが濃厚であるほど神話の創造性は高まるとする分析家フリーマンらもまたその大量の内容を分析し始めています。

神話や昔話は長い間人びとに真実だと信じられ、神聖視され、主に言葉で伝えられ、広く共有されてきたものであり、これからも普遍的な思考の抽出ができる可能性があります。科学の研究においても使用される「モデル」（Bion, 1962）の役割を、社会の中では罪や宇宙の起源を語る神話が果たすという発想により、神話・昔話が一定の臨床モデルとして活用され、主人公の名が引用されて「……コンプレックス」と呼ばれてその広がりが示されることがあります。神話の顕在内容は多様な歪曲を受け曖昧で多義的で重層的であり、分析結果や解釈との直線的な結びつきがないという批判もありますが、豊かなイメージを育みながら言葉で伝えられる物語は、理論そのものだけではなく、実際の治療においてもメタファーや象徴的表現として説得力をもっています。また、臨床体験については家族神話や個人の神話という言い方でタブー視されやすい私的な物語を比喩的に捉えて語る者も多くいます。

［関連項目］見るなの禁止

すみません

▽すむ

「すむ」という言葉は、漢字で済む、澄む、清む、そして棲む、住むと使い分けられます。そして、時間的に「すむ」、濁ったものが「すむ」、そして定住することとしての「すむ」、などのそれぞれの場合で、あちこち動いていたものがやがて落ち着くという意味を中心にして展開しており、意味論的には互いに十分重なっています。そして「すむ」「すます」の否定形である「すまない」「すみません」は、さまざまな局面で言葉になっており、私たちの多くは、この「すまない」にこだわり、すんでいるかどうかを気にして生きているのです。

▽すみません

「すみません」は、周辺や相手の状態がなかなかすまないという状況とともに、「ご迷惑をおかけして」「ご面倒をおかけして」と、相手にかけた迷惑が自分の心のなかで澄まない、落ち着かない、乱れている、という感覚や事態も捉えています。つまり、周りに濁りや乱れ、騒ぎを生じさせたことについて「すまない」と言い、相手だけではなく自分も内的にすんでいないことを進んで認め、謝罪の言葉としているわけです。それは対話の相手に向けられた謝罪であると同時に、すんでいることを最高の規範のひとつとして共有する周りや周囲、つまり共同体に対し、自らのすんでいないという、浄化の不十分さを謹んで申し上げているのです。内容的に反逆の意志に関するものであるとしても、それについての「すまなさ」とはその具体的な内容に基づく罪意識というより、その内容がおさまりの悪い汚点、落ち着かない部分として抽象的に自覚されているのでしょう。そして、これが事態を不安定にして濁りを生じさせたことを認識させ、ときにその責任の可能性を早くに先取りして「すまない」という陳謝となるのです。

▽潔さは共同体の目標

それぞれ育ちの違う者どうしが同じ共同体に住む際は、全体として「すんでいること」が、共同体の目標のひとつとして掲げられやすいでしょう。このような清潔や清浄は目に見えることだけに関わるものではなく、心理的、比喩的にも使用され、心に濁りのないこと、清廉潔白、つまり「潔い」は、己を捨てて共同体浄化の倫理を遵守していることを表明するものでありましょう。さらに、気持ちを清らかにして安定させること、透明に澄むこと、静に落ち着くことには至高の価値が認められて、白い雪、掃き清められた庭、澄んだ月は無雑無難の美として評価されるのです。また「すまないこと」についてのこだわりが進むと、これを何とかすまそうとして強迫的な儀礼や粛清傾向、そして自殺傾向までが生まれやすいのです。この背景には、どれほどすまそうとしても絶対にすまないという事実についての、「これではすまされないぞ」という怒り、悔しさ、さらに空しさ、無力感が観察されます。そして、すますことを諦めないことと「すまない」という気持ちの強い関係は、「すまないこと」をすますための宗教的な儀式や共同体からの追放傾向を成立させる事情においても見出されるでしょう。

▽**罪と慎み**

その質や量は別にして、個性のない者、独自性のない者などいません。そこで、個性や独自性が周りに乱れや濁りを生じさせるので「すまないこと」として制限される場合、「すまないこと」は殺されるか、隔離されて見えない形で行われたり、秘密として隠された想像や空想として抱かれるしかないでしょう。『大言海』はツミ（罪）をツツミ（障）の約としていますが、ツツミ（包み）、ツツシミ（慎み）がツミ（罪）の意味と重なるものならば、罪に伴う「包み隠されるべきもの」という感覚が理解しやすいのです。古語の「つつむことなし」「つつみなし」は悪意や悪気はないの意で、このような「つつみ」では、悪いことを包んで外に出さぬように用心することが要求されています。「すまない」が謝罪で、そこで謝られるのが罪だと理解するとき、このツミとして包まれているべきものが言動で外に漏れたために周りに乱れや濁りを生じたことで「すみません」なのでしょう。

▽**ケガレは物質的な罪**

このような包まれるべきもの、すんでいないものという感覚は、古くからの物質的な罪意識であるケガレにも通じます。たとえば日本文化では、自分の膀胱のなかの尿、腸管のなかの出し切っていない便、胃のなかの未消化物、体臭、出血、怪我、さらに些細な身体的異常、病気までもが、かつてケガレとして取り扱われていました。これらの汚いもの、醜いものは包まれるべきものであり、すんでないものとして持ち歩かれるので、日常的な「すまない」「失礼」「お許しください」「ごめんなさい」などの謝罪の気持ちを絶え間無く刺激する可能性があります。こうして汚物は、共同体の安定を乱すもの、透明感を壊すものの代表となり、物質的なケガレは罪の印として、忌避され、きれいなところから隔離され、隠され、目に触れないようにされるのです。そしてこれが物質的だからこそ、ハライ、キヨメ、ミソギという習慣ですますことができ、このようにすまないことをすますための代表的な方法が「水に流す」なのです。

[関連項目] 殺すこと、水に流すこと

性

▽性の言葉

実に興味深いことに、精神分析学では性愛や性は重大な概念でありますが、日本語の「せい」は「生」「精」「生」「聖」「勢」という具合に重要な意味をもつ同音異義語が多いのです。また「性」は非性的な性格を意味することもあるので、音の上では何を言っているのか分かりにくいのです。日常の日本語では代名詞や別の言葉で言われやすくて、これが取り扱いの困難を証言しているのだと思います。やはりそれは見えにくい「陰部」で「恥部」であり、とくに「生」と区別できないのは致命的で、これは語りやすいとは決して言えません。だから性愛を指す言葉は口頭では「セックス」「エッチ」「エロい」で、このような若者中心の片仮名表記ではいまだ性は私たちの言語に同化されていない外国語的世界なのです。実はこのことは、言葉

で口にするとそれが外に持ち出された感じがするという表意文字の特徴を表しており、言葉とそれが指し示す事物との距離が心理的に近いのだと思います。それで、表現は敢えてぼかされ明確ではなく、「いやらしいこと」「不潔なこと」「すけべなこと」「えぐいこと」は、「秘め事」や裏の出来事として奥にしまい込まれやすいのです。それはポルノグラフィーのモザイク加工と同じような処理ですが、よく使われる「助兵衛(スケベエ)」は好色という意味の「好き」を人名化したものでありましょう。

▽精神性的発達理論

精神分析は人格や空想のサイコセクシャルな理解と共に始まりました。しかし、関係性だけを問題にする流行の無性的な対象関係理論とともに、精神分析的論述のセクシャリティ意識がますます希薄になってきているように思われます。その理解は、口唇期と肛門期から成る前性器期と、性器期に発達を分ける精神性的発達理論によって代表されますが、これは日本語、日本文化においても深い理解をもたらすことが知られています。

1　まず土居の「甘え」理論の口唇期理解については、我が国の精神分析的研究者においては常識であるのでここでは省略します。

2　そしてフロイトの肛門期理論の検証できる場所として日本を挙げたG・ゴーラーは、日本人の清潔愛好と排泄訓練との関係に興味をもちました。古典的な精神分析の理解では排泄物保持の失敗は恥の起源であるとされていますし、「恥の文化」における引っ込み思案の裏側には残酷さがあり、礼儀正しさや几帳面は無礼さやわがままの反動であり、その矛盾は発達早期の厳しすぎる清潔訓練によるものと解釈されます。また、土居健郎はその国語発想論から、「すまない」という感覚が大小便がすんでいでないときの不満に由来するものだとし、焼け糞、しまりが悪い、うしろめたいなどの日本語が肛門括約筋の働きに裏づけられた心理を表していると指摘しました。さらに受容や依存の願望と共に、ハライ、キヨメ、ミソギなどの儀礼やケガレ意識など、日本の日常生活や文化では肛門期的な現象が数多く観察されます。さらには、心身の内容物の保持を達成する肛門期的移行の問題として、「急激な幻滅」をこなせない「未消化物」を汚い、見にくい、そして「すまないもの」として抱え込む可能性を検討できますが、その観点から精神病とは「味噌 oral も糞 anal もなくなる」事態となります。

3　さらに、夥しい数の春画の存在は、確実に原光景体験の興奮が多数において存在することを証言しています。特に子どもの登場する春画において、家族的三角の「和」を保とうとする母親が、育児を担当する上半身と男と絡み合う下半身とを使い分けています。その表裏の交流の共存は母体を二重化させて成立し、この二重性は裏で「つるむ」(「性交する」と「連れだつ」の両義)という形で、人格内でそして仲間内でも維持、反復されます。「裏でつるむ」親たちの裏切りは無数の子に見苦しい姿による幻滅や臨床的問題を発生させ(阿闍世コンプレックス)、これを「見るなの禁止」(やがて破られるタブー)で防ごうとするのが「親心」なのです。しかし原光景は先延ばしされても、時間とともに最終的な幻滅は避けられず、普通は秘め事に対する「見て見ぬ振り」の態度を早期から防衛的に共有させて、事後的に意味が分かるにつれ非外傷的な脱錯覚が起こり、春画が笑い絵と呼ばれるように「笑いごと」の範囲となっていくのだと考えられます。

▽性の問題を取り扱うためのメモ

性の言葉は、次のような文脈で発見され、使用されなければなりません。

○性生活は心の在り方を映す鏡です。たとえば自慰空想や性交の体位などは、対象関係の在り方が表れやすく、過去のトラウマや性的空想が行動化されるところです。ただしこの個人情報の取得は、臨床でいつ聞くかという難しさはあり、たとえ聞けても嘘や加工が多いのです。
○性的精神生活の基本として、快と不快、アンビバレンスがあります。つまり、良いと悪い、満足と不満、溜まると堪らない（chargeとdischarge）というような両極の状態があります。
○性には早期の前性器的pregenitalな歴史があります。前性器期への固着がありながら、生殖のための性器の優位性の達成が多数において期待されます。そして、幼児期は快不快の中心となる性感帯の優位性によってそれに向かう段階論が生まれます。
○部分欲動を理解する必要があり、性体験では部分が独立して全体となります。性感帯における源泉（口唇欲動、肛門欲動）に応じて、部分対象（乳房、ペニス）と目標（支配や貯留、吐き出し）が関わります。
○性空想は部分対象の関係が舞いおどり、糞便が、ペニスが、指、乳房が人格化します。これにより侵入的投影や受身的な摂取が簡単に起こり、頭で腹を探り、目で裏を見て指で犯し、想像だけで妊娠するのです。

そして、アンビバレンスは部分対象関係の表れであり、唇で吸い付きながら下半身でおかし、口で好きと言いながら目で「死ね」と言えるのです。
○性別に伴う性器の形状と機能によって決定される精神性と空想があります。たとえば受身性と能動性が決まり、使用される言語の性別が際立ち、男性性は刺す、切る、犯す、種をまくなどで表され、女性性は孕む、包む、入れる、受けるなどで表されやすいのです。
○性別意識には、両性素質bisexualityから出発し、去勢の発見や同一化の過程という歴史があります。女児の生殖器の発見の遅れという事実があり、女児の「ペニス羨望」も環境や文化の影響を受けます。
○性的象徴や性的な言葉には意味の多重性、多層性があり、記号と意味に辞書的な対応がありません。つまり、乳房とペニスを表すリンゴ（玉）と矢は、卵子と精子を意味しているかも知れないのです。
○性空想や欲望を伴うセラピストについての患者の空想、あるいは患者に対するセラピストの性的感情は

「自然」「普通」のことです。性的な夢を見ること、空想することは臨床理解や自己分析の入り口となります。

○寂しさ、分離不安は「つながる」ための性愛化を生み出しますが、濃厚な性愛化は深刻な二者関係の病理を示唆するので、スーパーヴィジョンなどの第三者導入が意味あるところとなります。

○性の逸脱、性倒錯から学ぶことは多く、精神分析はその受け皿です。分からない、気持ちが悪いという体験を「私」がどう生きるかについては、タブーの自己分析が必要であり、定番的理解はない領域です。

○そして性同一性障害は潜在的なものも含むなら、「よくある」現象です。生物学的、心理学的、社会的性別の不一致は実に収まりが悪いので、それこそが二重の性を二重のままにしておくのではなく一つにしたいという強い欲求を生み出します。

○「いくこと」は快感と「発狂」を隣り合わせにするので、「いけない」という禁止を生み出します。共にいくことと一人でいくことの差は、一緒に戻る時のパートナーシップのあることが大きく影響します。

○誰にも両親の性生活という原点があり、その不用意な覗きと目撃という原光景には裏切りや幻滅という病理性が伴い、「見捨てられ」体験にもなります。また空想の、あるいは実際の、どういう性交を行う両親のどちらに同一化するかによって性の感覚が異なります。

○治療関係の交流は〝intercourse（交わり＝交際と性交の両義がある）〟となり、たとえば性外傷は治療で反復することになります。

【関連項目】口唇期、肛門期、すみません、両性素質 etc.

性愛（セクシャリティ）
sexuality

性、性欲とも訳されますが、ギリシャの愛の神に由来するエロスという名前でも呼ばれ、これが肉体を基盤にして主に心的に展開するエネルギーがリビドーです。フロイトは、幼児にも性欲やその興奮が存在し、そこに大人の性倒錯や性交に伴う諸活動の起源があるとし、神経症の原因もまた性的なものであることに注目しました。このような性愛は性器に関係する活動と快感獲得だけを指すのではなく、幼児期の性欲も含むものであり、発達段階に応じた性感帯を通して出現し、表現され、その在り方は快感原則に従うものであります。最初は口唇部の快感や興奮として認められ、次いで肛門部を介した排泄などの生理的欲求に伴う形で体験され、その快感は栄養摂取や生理的な排泄とは関係なく対象や方法を変えて求められるようになります。さらに、男根期、エディプス期へと向かい、性は幻想内容や対象関係を決定し、精神構造を形成して、生き方や考え方、人間関係を構築します。しかしフロイトは、性の在り方を内的起源だけで説明するのではなく、乳児の欲求に外から応じる母親または母親代理の本能的な基盤をもつ対応がエロス的な結合を可能にすることを見出しており、近親姦的な愛の対象との関係で幼児が抱く幻想や事後の意味づけに注目しながら、与えられる環境要因の影響、さらには外傷体験の複合性も明らかにしました。このフロイト精神分析学の性心理学は、男根中心主義と言われるほど父性的であるのが大きな特徴で、成熟する過程で前性器的な性体験から性器的な性体験へと満足と興奮が集中するとし、ペニスの不在である去勢に不安や恐怖の発生基盤をおき、最終的にはこれを克服して異性愛的段階に至ると考えました。神経症を発生させる外傷と抑圧の具体的内容とはこの性の領域で展開されることが多く、抑圧されたものの意識化に向けて症状や言動の性心理学的意味を読みとり解釈することが分析家の仕事の一つとなります。

このような快感重視の欲動論的視点と連動して、精神分析学における性とは主に二つの大きな側面を指し示しています。すなわち、男女の性を区別する「ちがい」としての性と、人間の「つながり」としての性とは、快感原則に左右されながらも、それぞれ生物学的、社会的、心理的なさまざまな水準で重要な精神分析的な意味をもっているのです。個人の「ちがい」として の役割やアイディンティティと、人間関係の「つなが り」の確立に向け、性はもちろん重要な役割を果たし ますが、最近では対象関係や自己確立のための課題が 注目されるようになり、それと同時に性心理学や性シ ンボリズムを踏まえた認識と解釈はむしろ基礎的な知 見として扱われているように見えます。たとえば、発 達段階において女児は男性から出発し去勢の発見の後 に女性となるのではなく、男女未分化な状態から出発 するという立場や、女性性の中核はエディプス期以前 の段階において他の要素とともにすでに達成されてい るという考えも登場しています。そして、母子関係や 前エディプス的段階における依存や攻撃衝動の問題な どエロス的だと言い切れない要因の理解が深まって、 汎性説と呼ばれるフロイト理論に対しても発展的修正 が加えられています。古典的な精神分析教義への批判 と修正は少しずつ取り入れられつつあるようですが、 どの時代においても性欲は攻撃性とともに取り扱いに くく抵抗の大きいものの一つです。貪欲で残酷な人間 たちのさまざまなプライバシーが取り扱われる広大な 臨床分野で、今後も精神分析にとっては、性の領域が 「ちがい」を認識し「つながり」を求める人間の言動 の動機づけや深層を理解する鍵となることには変わり ないのです。

[関連項目] エディプス・コンプレックス、口唇期、 肛門期、性、つながる

性愛的マゾヒズム
erotogenic masochism

字義通りには、屈辱と苦痛を受けることで性的快感 や性的満足を得ようとする性倒錯を意味します。真性 の性愛マゾヒストは性活動の中で苦痛を求め、性愛の 対象に対して受動的、服従的、被害者的な態度や行動 をとり、性的目的を達成するために心身に対してさま ざまな自虐的方法を講じます。小児期の処罰や虐待が

性的快感と結びついた場合、大人になっても苦痛を受けることが性行為と同価値に、またその条件のように学習されると理解できることがあります。しかしながら、フロイトは苦痛には多かれ少なかれ快感があり、エロスと融合しやすい自虐性を伴うもので、一次的な性愛的マゾヒズムが存在すると考えました。その後に女性的マゾヒズムと道徳的マゾヒズムという二つの形態が発生するのであり、サディズムが自分に反転して二次的マゾヒズムが発生して一次的マゾヒズムに追加されるとしました。実践されていなくとも、自慰や性行為に際して自虐的な性愛空想を抱く場合があり、潜在的な性愛マゾヒズムを楽しむ者は少なくありません。その場合に臨床的苦悩が生じるとすれば、臨床では性行為だけの問題ではなく、道徳的態度としての自虐性、受身性や女性性とともに考えねばならないでしょう。また、フロイトは、空想や幻想としての子どもの「ぶたれる」ファンタジーを分析して、女児の自虐的態度はエディプス的な願望と罪悪感に、また男児においては陰性エディプス・コンプレックスにおける女性的受身的態度に関係づけています。

マゾヒストは同時にサディストであることも多く、他の性愛的でない自虐傾向と共存する場合も、その生き方全体やその他の空想とともにサドマゾヒズムを取り扱うことが重要です。また、顕在化した性愛マゾヒズムは、性愛的サディストであるパートナーから解放されるとき消失することもあり、この語の臨床における価値は、性倒錯をこえて広く神経症一般が抱える敗北的幻想の理解や、さらには外傷体験において知られるものであります。

精神分析
psychoanalysis

［はじめに］ジークムント・フロイトが十九世紀末に創始した、心とくに無意識の理論、そして心の病理に関する観察と解明の方法であり、その治療法です。

理論と技法の進化は以下に述べますが、実務的な面では、二〇世紀前半に、国際精神分析協会を頂点にして訓練分析やスーパーヴィジョンを義務化する精神分析家 psychoanalyst の訓練と資格認定がシステム化されました。同時に精神分析の知見を治療として生かそうとする精神分析的精神療法や力動的精神医学が発展し、文化論・芸術論や人間学的理解もまた深化しました。

［精神分析以前］ 起源を辿るなら、心に関する言語や象徴を使用した治療法としては、世界各地において専門的役割を担ったヒーラーたちの仕事が挙げられるでしょう。たとえば、古代ギリシャではアスクレピオス神殿に医療と治療のために心理的な臨床行為を行う神官たちがいたようですし、一八〇〇年代では動物磁気を提唱したメスメルの催眠術のような形態が科学的心理療法の前史において大きく寄与したと言えます。一八八一年に、医師資格をとったフロイトが留学したパリ大学医学部で、神経学者シャルコーがヒステリー患者に催眠をかけることで症状を消したり出現させたりしていましたが、催眠や暗示などを通して、彼らは無意識の深層心理が症状や治療の背後に存在することに気づきつつあったのです。

［フロイト精神分析の初期］ 一方オーストリアでは、後にフロイトの共同研究者となったブロイアーが、催眠下で自由に喋ることが許されるならヒステリーの症状がよくなることを発見しました。フロイトは、心における意識と無意識との乖離の過程は神経症に特有ではなく広く発生することを確信、他の方法では表現を見出せない無意識的な何かが神経症症状として突出すると考えました。そして、外傷的な出来事が症状の背後にあると考え、それを意識化させて感情の発散をもたらすカタルシスの試みが精神分析の誕生につながったのです。さまざまな試みを経て、催眠術という意図的な誘導を用いるのではなく、カウチ（寝椅子）に横になった患者が心に浮かぶ色々な考えを選択することなく言語化する自由連想法が完成しました。当時は、週に六回、一時間のセッションを提供していましたが、

そういう頻度の高い分析的設定でさまざまな概念が誕生し、臨床体験と理解は深化していきました（ただし現在では週に四回以上が国際精神分析協会の定める治療構造です）。

［フロイト精神分析の中期］精神分析は無意識の心理学として、意識心理学とは別に「超心理学（メタサイコロジー）」と呼ばれますが、「深層心理学」とも言われます。日常的に私たちは「無意識に」と言いますが、精神分析では意識することが禁止されているというのが抑圧された無意識の指標です。やがて、問題は現実にあった出来事の記憶ではなく、むしろ空想上の話だと考えたフロイトは外傷説を放棄し、内的願望や衝動、および欲動が表に表れてくる内的過程を強調しました。著作『夢判断』において自らの例を含む夢について、無意識的願望が表出されて夢が形成される過程を分析し、本能的な願望は直接的な表現を求めながら、現実や理想との間で葛藤が生み出され、抑圧やその他の防衛という検閲や妥協により加工された顕在夢manifest dreamが誕生すると説明しました。そして局所論的topographicalとして知られる観点から、心的装置mental apparatusについて、意識、前意識、無意識という心の地図が描き出され、前意識とは意識と無意識との間にあるとされました（この地図的な描き方はほとんど二分法に近く、日本語で表に対する裏としての心の位置づけ、および心の内、心の奥、心のすみ、心の闇という言い方にも通じるでしょう）。

問題視されている無意識、そして衝動や欲動（独語では“Trieb”で、日常的な英語では“instinct”ですが、現在はより人間的な“drive”が定訳）は、身体や生物学的要素にその基盤を持つと理解されています（研究初期に日本語で「本能」と訳されていました）。また、経済論的という観点からは、心を動かす性的エネルギーはリビードーlibidoと呼ばれましたが、機知や冗談の分析ではその働きの例証として、効果的な表現による笑いの目的はエネルギーの節約であり、その節約を通して心が楽になることが示されました。後には性的エネルギーとともに攻撃性にも重きをおいて、破壊的欲動論の観点はその後のクライン学派に大きな影響を与えました。フロイトの考えの特徴として二つに分けて考えるところがあります。この特徴は、たとえば非論理的な無意識的思考の一次過程 primary process に対して意識的思考は現実的で論理的な二次過程 secondary process に従って機能する、としています。また、無意識的な願望は快楽原則 pleasure principle に従うのに対し、意識的なシステムは現実原則に従って機能すると考えています。主観的な内的現実あるいは心的現実に対し客観的な外的現実があり、「私」はその両方を二股をかけて生きるものとみなしています。そのため、両立しない二つの原理が割り切れない状況を作り出し、必然的に心には葛藤や分裂が生じ、多くの場合でその解決が求められることになるのです。こういう葛藤の表れの代表がアンビバレンス ambivalence であり、愛と憎しみのように同じ対象に両立し難い感情や態度を向ける心的現象です。

次いで重要なのが、発達論的 developmental、発生論的 genetic と言われる観点です。そこでは、全ての心的現象は過去に起源をもち、早期の原型が後期の在り方を決定すると考えられ、後期のものに表面は覆われていても、中身では早期の在り方が現在もなお活動しているのです。それは、早期の心的な在り方に留まろうとする固着 fixation という現象として、発達していたものが過去に戻ろうとする退行 regression という現象（日本では「子ども返り」と言う）として説明されます。そして、精神分析療法の中で再構成された被分析者の個々の過去が総合され、平均的な発達図式が作成され、臨床の分析的理解の準拠枠として重視されています。フロイトが提示したモデルは、口唇期、肛門期、男根期、エディプス期、あるいは前性器期と性器期などといった段階で描く精神性的発達理論 psychosexual developmental theory として定式化され、最早期の発達を重視するクライン学派や、児童分析や客観的観察を行う乳幼児研究の発展で、新たな乳幼児理解が提示されるまで、そのまま広く共有されました。

さらに、心を登場人物の劇のように描き出して物語を展開させる視点が劇的観点 dramatic point of view です。この視点から、文化遺産として共有される神話や昔話の物語を、人々の人生や幼児期、そして家族の物語から生まれたものとして活用する解釈法があり、これを生かしてフロイトは「エディプス・コンプレックス」の理解を提示しました。エディプス王はギリシャの物語では父親を殺し母親と性的に交わった男であり、これにより母を愛し父を憎む少年の心理の普遍的であることが主張されました。少女の場合もどちらかの親を独占したいので片方をライバル視するという家族的な三角関係が基本ですが、男女共に本来の両性愛傾向があるので、それに応じて、それぞれ異性愛的な三角関係と同性愛的な三角関係の両方が可能になります。フロイトの発見した転移 transference の分析は、このような過去から引きずる関係性や無意識的空想を分析者を相手にいわば「心の台本」を劇として反復するという理解に基づき、精神性的発達理論や文化的な物語は個々の人生を描くための理解や比喩として生かされるのです。劇的観点の実践例として行動化 acting-out という理解があり、フロイトはこれをヒステリー患者の症例報告で使いました。独語 agieren、及びその英語訳 acting-out には「行動する」と「演じる」という両義があることに留意すべきでしょう（つまり日本語の「行動化」では後者の意味が訳出できていません）。さらに英語訳では「アウト（外へ）」が強調され治療室外での表出を意味しやすく、望ましくない行動や短絡行動を意味しやすいことが分かります。それで、治療室に持ち込まれ分析者に向けられた「劇化」のメッセージ性と治療的意義を改めて強調するために、後にはアクティング・イン acting-in (Zeligs, 1957) という言葉まで登場しました。

また、ギリシャ神話から名をとったナルシシズム narcissism では、そうした病理ゆえに転移が生じないことから統合失調症は分析の対象とならないとしたフロイトの考えは、内的世界の豊富な複雑さを見る後継者によって訂正されました。これは、今や自己愛self-loveと同等に扱われることがあり、「自惚れ」や「自尊心」というような日常的で健康的な意味でも使用されています。

さらに、精神分析における力動的dynamicな観点とは、背景や深層に抑圧された無意識的な動機、欲動、葛藤、そして不安、罪悪感の動きと相互の力関係によって言動を理解する視点であります。特にフロイトの自己分析による無意識的罪悪感の理解は精神分析の中核にあるものですが、「弟殺し」の罪悪感のために汽車旅行に対する恐怖症や失神が始まり、彼はそれが解消するまで約十二年間苦しんだといいます。ジョーンズの『フロイトの生涯』では、フロイトは自己分析によって、それは究極的には母の乳房を失うことに対する恐怖に結びついていて幼児期的な飢餓のパニックだと自覚していたといいます。そして具体的には一歳七ヵ月の時に死んだ弟ユリウスとの三角関係による嫉妬が与えた影響にさかのぼることができ、これは後の生活では汽車の時間に間に合うかどうかという不安という形で残ったというのです。

しかし、なかなかこの同胞葛藤の反復は解決しなかったようで、フロイトは優秀なライバル、ユングに対し心理的な勝利を収めた時に気絶しているのです。ユングは約二十歳年下であり、やがて決別するのですが、フロイトの失神は、彼が年下のユングという敵を負かした成功と不安によるもので、自ら「成功によって破滅する人びと」と記述していた、勝利に伴う罪悪感のために発症する人物の軽症例だったとジョーンズは言っています。そして、フロイトにおいてはその成功としての最初の事件が、彼の幼い弟に対する死の願望が成就したことにあり、それが無意識的罪悪感となって彼を悩ませていたことを自覚したわけです。自己分析には限界があり、異端者と競争しこれを排除しようとして、勝利しながら精神分析という女神を擁護したフロイトの、「長男」としての激しい闘いという「台本」

は晩年まで続きました。

しかし、この例のように、精神分析は、言語的な解釈によって「無意識を意識化する」という言語化を技法的特徴とし、そこで得られるものを洞察 insight としています。また、「心の台本」が決定される時として過去（幼児期）を重視し、自由な連想による想起をもとに分析者が過去を再構成するのです。

［フロイト精神分析の後期］一九二三年に発表した『自我とエス』で、精神分析理論としてよく知られる構造論的 structural なモデルを導入し、心をエス（Es）、自我、超自我という三分割で示しました。エスという言葉は独語の曖昧な代名詞「それ」であり、英語訳ではラテン語で id とされ、日本語では片仮名のままです。そしてエスは快感原則に支配され一次過程に従って機能し、自我（＝私）はエスや現実の要請に同時に応じなければならず、抑圧や置き換え、昇華などの獲得した防衛機制を駆使して生きのびようとします。また超自我とは、幼児の同一化や取り入れによって両親などの権威者像として発達し、日常語で言う「良心」の役割を含んでいます。こうして「私」は、エス、超自我、現実などの間を調停、仲裁し、「折り合い」をつけ「さばく」という課題に直面するのですが、不愉快で不適切かもしれない症状や問題行動とは、うまくいかない妥協形成であり防衛の失敗なのです。そのような神経症的葛藤解決や妥協的調停の成功や失敗は、症状や性格形成だけではなく文化や娯楽、芸術作品の誕生、愛する人の選択などにおいても発見されます。

［フロイト以降］現代の精神分析学は、単純化するなら自我心理学、クライン学派、対象関係論あるいは英国の独立学派・中間学派、自己心理学の四つに分かれているといいます。あるいは、これに古典的なフロイト主義者という立場も加えてもいいでしょう。自我心理学 ego psychology の流れでは、まずフロイトの娘であるアンナ・フロイトの著書『自我と防衛機制（*Ego and the Mechanisms of Defense*）』により、正常な心における防衛機能が注目され整理されました。H・ハ

ルトマンは『自我心理学と適応の問題（*Ego Psychology and the Problems of Adaptation*）』を出版し、生得的に発達して正常に機能する領域があると主張し、その中には自我の葛藤外の領域 conflict-free sphere of the ego と呼んだものがあります。このように自律的に発達する正常な機能にも注目して、自我機能の病理を強調する精神分析的心理学が自我心理学です。

クライン学派を対象関係論の中心に置くかどうかは論者によって意見が微妙に分かれますが、間違いなく対象関係論の発展に大きな影響を与えました。狭義の対象関係論を超える「強力」な精神分析学を構築したクラインは、神経症が幼児の内的な衝動や幻想から生まれるところを観察し解釈するという、フロイト的な思考を徹底したものです。彼女の考えによれば、乳児にとっての早期の現実は対象に関する空想 phantasy に満たされてその心は妄想的なのです。対象はフロイト理論の幻覚的願望充足と同じで欲動から創り出され、現実はこの内的な対象イメージの投影（情緒などをぶつけられること）の受け皿となります。まずは内的対象を相手にして展開する意識的あるいは無意識的な空想とは、本能的欲求が心的表現となったものであり、外的なものは投影の受け皿としてこれに外への表現の機会を与え、最終的には使用されるのです。クラインの貴重な貢献の一つは、対象のない状態、つまり対象ではなく自己を愛するナルシシズムというフロイトの考えに挑戦したことにあります。つまり精神病や、重症の患者は、対象のない状態に退行しているとする考えに対し、外界に関心をもたないように見える乳幼児や患者に関しても、内的対象との強烈な関係のただ中にある可能性や、外界を内的な恐ろしいものの受け皿にしているという理解を提示し、外との関係性の成立を内から理解することとその言語による分析の徹底を唱えたのです。さらなる違いは、フロイト理論においては対象が本能欲動の比較的単純な標的であるのに対し、クラインはそれとの関係が空想や情緒、不安、防衛によってさまざまに、そして複雑に、ときに奇怪に彩られることです。この文脈で、攻撃性が重視されるクライン理論では、フロイトにとってはやや思弁的だった「死の本能」が、乳児によって「生の本能」と共に早期から空想の中で強烈に生きられるものとなります。ペニスや乳房という身体部分が人格化され全体となり、ミルクや吐物が強力な力を発揮します（例えば乳児にとっては乳房とミルクという食い物がすべてである）。乳児は対象に向かってアンビバレントであり、自我は良い乳房と悪い乳房という好悪に二分された部分対象と関係を持ち（今泣いたカラスがもう笑うと言うように、手の平返したように心がころころ変化して生きている）、この愛に満ちた関係と憎しみに満ちた関係によって心が部分に分割されている状態が妄想分裂ポジション（paranoid-schizoid position、PSと略記される）と呼ばれます。この極端なふたつの部分的関係性が統合に向かうときの状態が抑うつポジション（depressive position、ここではDと略記）と呼ばれ、これに伴う心的摩擦や痛みが罪悪感となって体験されることになります。このように良い乳房と悪い乳房という部分として対象が分裂する〈PS〉と、そのふたつの乳房が母親という全体対象だったことを認識し「愛するものを害していた」という罪意識を噛みしめる〈D〉といった、〈良い乳房‐自我〉と〈悪い乳房‐自我〉という二つの対象関係の在り方が辿る運命という考えは、ほとんどの現代対象関係理論に影響を与えたのです。

他方こうした生物学的な要素の濃い精神分析に対して、狭義の対象関係論は、人間の心の在り方が快感追求ではなく、対象希求 object-seeking であることを強調したフェアバーンによって命名されました。彼が導いた主要な結論のひとつは、対象と合体し対象と同一化する原初的同一化の段階から発達して独立へと向かう自我は、最初から中心のある全体的自己としての可能性を孕みますが、育児の失敗ゆえにその全体性を最初から確固たる形で維持できないため、さまざまな悪い対象や悪い関係の在り方を中心から分裂あるいは分割することになります。こうしてフェアバーンの記述では、中心の自我は、意識的には「ほど良い」外的対象と関係しながら、無意識的には悪い内的対象を分裂させながらそれとも関係するという、内と外、良いと悪いに二重化された対象関係を生きる、スキッツォイド（分裂）的構造体として描き出されました。また彼は、自我が分裂してこの基本的精神内的状況 basic endopsychic situation をつくると考え、自我の分裂とその扱いがあらゆる精神病理の基盤となると考えました。

さらに、同じ中間学派あるいは独立学派に所属するウィニコットの考え方では、内側に注目するクラインから学びながら、その内側が外部に依存している関わりを重視します。そして、内的体験の外的環境に依存するところでの、内外の関係性やその間を描写する独自の術語が必要になりますが、それが「移行 transition」「中間領域」「抱える環境」などです。

H・コフートの自己心理学で注目される治療関係は自己愛転移と呼ばれて、自己愛的な患者であるからこそ分析者は受容と共感が求められ、理想化されますが、同時に十分共感できないものでもあります。それゆえに壊れやすい幻滅が問題になるわけですが、これはウィニコットにおいても同様です。また、人と人の間における間主体性 intersubjectivity を強調する論客も、この流れから生まれています。

以上のごとく国際精神分析協会の内部においても数々の学派が存在するわけですが、それにとどまらず、すでに述べたようにフロイトと親しい弟的存在が葛藤を起こして離脱するということが反復的に起こります。アドラーは個人心理学を主張して離脱し、大変親しい仲であったスイスのユングは決別して分析的心理学を確立しました。さらには米国を中心にした流れですが、古典的なリビドー説を批判して、文化や社会的側面を重視するK・ホーナイ、E・フロム、H・S・サリヴァンらは新フロイト派 neo-Freudian として独立しました。この米国の流れは、近年は関係理論 relational theory として対象関係論への接近を通して統合をはかっています。また六〇年代の米国の時代精神を反映してアイデンティティ概念によって精神分析的発達理論を書き直したエリクソンは、一般心理学とその周辺に大きな影響を与えました。そしてフランスでは、構造主義者ラカンが破門になりましたが、その後継者は主流と対立しながら、相互に大きな影響与えています。また、最近の治療論では、人間の反復が過去からのものだという起源の問題よりも、むしろ「今ここ here and now」での関係理解と防衛の取り扱いに注目が集まり、さらに治療関係を織りなしさらに展開させて、理解し、そして防衛を吟味して「新たな間柄」へと人生物語を紡ぎ、紡ぎ直す方向性が重視されています。

「現在、そしてその未来」臨床心理学の中で、百年以上の歴史を持つ学派は精神分析だけです。精神分析は発達心理学、人格心理学においても計り知れない影響をもたらしましたが、人生を物語として言葉で語って、それを二人で考えていこうとする分析的臨床的態度は、日本においても臨床心理学の基本となっていると思われます。また、映像機器の発達に伴い乳幼児の客観的データが大量に得られるので、J・ボウルビィの愛着理論や、M・マーラーの分離個体化の理論は、実証研究という意味でも心理学領域で広く知られるようになり、とくに前者の展開が顕著です。しかしながら、精神分析のいう無意識の存在を認めない学派もあり、無意識の闇は調査研究の対象になりにくく、当然ながら実証主義の思考からは疎んじられはみ出すケースがあります。つまり、意識と無意識という、あるいは外と内という二つの両極に分かれるところに立つ人間の全体を、そのまま捉える精神分析は知的に割り切れない部分を抱え込んでおり、多くの分派や批判者を産み出してきました。ゆえに観察可能な行動だけを対象とする行動主義的な臨床心理学も、またヒューマニスティックな心理学でクライエント中心のアプローチを確立したK・ロジャースも、精神分析をバネにし、精神分析を批判しながら出発していくのです。

その他、症例報告が思うようにできないという事情のために、フロイト自身がその著作ではさまざまな事象に精神分析的関心を示し、専門家と一般読者に向け無意識の心理学の観点から分析的論評を続けました。そのために、精神分析は社会、政治、宗教、文化、芸術というような数多い分野の理解の深化、そして人間そのものの洞察に貢献しました。

最後に、交流と言語化を方法とする精神分析に対する「日本人の抵抗」について述べておきます。「濃厚な交わり」にアンビバレントな日本人は、心の奥にあるものは裏に置いて、表では曖昧に語ることを好むという指摘があります。しかし、「滅多なことは言わない方がいい」と言って人前で無口であるとしても、安心できる面接室で信頼できる関係が生まれるなら、日本人も「ここだけの話」を多弁に語り交わってくることが多いのです。だからこそ我が国では、多くが侵入的印象を与えない週一回の精神分析的精神療法を行っており、古澤平作、土居健郎、小此木啓吾、前田重治、西園昌久ら、日本語、日本文化を実践的に重視する「日本語臨床」という視点も成果をあげ、「日本の精神分析」という大きな未来の可能性を伴って少しは自立していると思うのです。

前性器期
pregenital phase

フロイトの精神‐性的発達理論において、性器期genital phaseよりも前の段階という意味で使われ、性器優位genital primacyがまだ確立されていない発達段階という意味です。男根期を初期の性器期とみなし、口唇期と肛門期という二つの時期の総称として前性器期を用いることもありますが、男根期も前性器期に含められることがあります。この性器期を中心に据えた「前性器的pregenital」という形容詞は、性欲動やリビドーの源泉、対象、目標だけでなく、幻想の内容、対象関係、自我状態などについて広く用いられます。フロイトの前性器的な性愛の議論はすでに『性欲論三篇』などで見られますが、この語を初めて用いたのは

『強迫神経症の素因』でした。古典的な精神分析理論においては、前性器期は性器期へと至るまでの移行期であり、とくに早期は強烈な自己愛を特徴とするものであり、神経症は近親姦願望と去勢をめぐる性器的な不安や葛藤のために前性器的体制の固着点に患者が退行するために起こると理解されました。フロイト以後の精神分析では、対象関係論や母子関係論がこの時期に固有のものを明らかにし、早期の二者関係の課題が注目され、口唇期的な葛藤や攻撃性に関する理解が深まりました。一方では性器的な幻想も早期の起源をもつものとして解釈されるケースも増えて、その十全な体験のための自己が場を得て生成するまでの過程を重視し、幼い自己の存在を保証することや、自他の分化に向けての全体的対象関係の確立への道程を主題とするようになりました。こうして関心が二者関係に固有の問題に向かい、前性器期の性器的問題もまた取り上げられるようになって、発達早期は性器期の単なる前段階ではなくなってきています。とくに口唇期を自己体験の基礎をつくる最初の時期とする前向きの理論化のため、振り返る形の表現である前性器期という言葉の出現頻度は少なくなっていますが、やはり成熟の問題においては性器性 genitality と性 sexuality の区別と共通点、および二者関係と三者関係の間の移行と両立の課題を無視することはできません。

［関連項目］口唇期、肛門期

想像
imagination

この種の言葉には、用語や訳語の混乱が存在しています。英語では imagination であり、その訳のもっとも一般的なものは「想像」ですが、これが他に「幻想」とも訳されるため、「幻想」と訳されることのある fantasy や illusion と混同されやすいのです。phantasy はほとんどの場合無意識的なものを含む幻想を意味し、illusion、imagination となるに従って意識的な要素が強くなります。一般に精神分析では、こういう言葉で意識的なものと無意識的なもの、内的現実と外的現実の対立や重複を取り扱います。その中で際立つクライン学派の外的現実を重視しない態度に対して、ライクロフトは空想と現実の区別を復権させるために、想像 imagination を二次過程のものとして使用することを提案しています。またこれは実際には存在していない対象や出来事などの表象を心に思い浮かべる過程および能力であり、不在の両親を想像し、見えない別室の両親の原光景を幼児が想像することを強調するブリットンはその三角構造を重視しており、中間領域の錯覚論と対照的です。また、それは作り事めいていていて非現実的であるという退行的側面と、難解な問題に答えをもたらしたり芸術的イメージを生産したりするという積極的側面をもっていて、創造的活動には欠かせないものですが、ゆきすぎた想像や空想は自己愛性格者や性倒錯などの問題になります。ゆえに、想像が逃避的で防衛的なものなのか、創造的かつ適応的なものなのかは、文脈や局面に応じて考えられるべきです。

［関連項目］脱錯覚

創造性
creativity

一般に、豊かな想像力で新鮮な感動と意義を伴ったものを生み出す傾向や能力を指し、いわゆる芸術はこの能力の生み出すものであります。独語の遊びが劇を意味するという両義性を生かしたフロイトは、子どもの遊びの中に創造性の発露を見出し、それが大人になると空想や劇に姿を変えると考えました。願望充足を特徴とする空想や白昼夢は通常個性的すぎる内容であり、他者に伝えたとしても不快感をもたらすことが多いのに対し、詩人は個人的な空想を受容される形で伝えることで他者に快楽をもたらします。このことに注目したフロイトは神経症者と比較して、創造的行為とは、抑圧のゆるさと、空想や白昼夢を公共性の高いものにする強い昇華の能力とを同時に有するものと考えました。これを受ける形でクリスも、創造的行為を革新的で進歩的なものであると同時に退行的であるという形で創造性を論じ、この二重性を総合し、「自我による自我のための退行 regressioin in the service of the ego」という言葉を用いて自我の弾力性と可能性を強調し、創造的な退行を評価しています。クライン学派は、創造的行為を抑うつポジションの観点から説明しており、発達早期に自らが破壊した対象に対する罪悪感や、対象を修復したいという償いの願望を抱く子どもの、対象を再創造したいという願望が創造性の基盤になるとしています。また、フロイトと同様、子どもが遊ぶことと大人の創造性を重ねて見るウィニコットにとって、早期母子関係における自分で世界を創り上げたという「万能の錯覚」は、その子どもが健康に生きるための礎となり、創造性の発揮とは迎合することなく自発的に生きる部分に見出せるのです。こうして、創造性発揮の否定的局面や特別な資質が強調されることがありましたが、それは人が自らを生きるために必要な達成となり、これとともに治療目標も、遊ぶことと、その創造性を発揮することとして設定することも可能になりました。芸術家の創造性と神経症や精神病との関係については、芸術作品の象徴解釈や芸術家の病理学などの諸領域において精神分析の理解がいまだ有効であり、治療における患者の創造性の多くは貴重で、症状のように解釈し尽くして奪い取るべきものではないでしょう。適応や非社会性の問題においても、創造性の取り扱いや、これを育てることが重要になります。なお、概念の位置付けとしては昇華に近いところがあります。

[関連項目] 遊ぶ、ウィニコット、想像、脱錯覚、治療的退行

た行

対象関係論
object-relations theory

対象関係とは世界と関係する「私（わたし）」のあり方を表し、対象関係論とは他者との外的関係だけではなく、心的で内的な対象との関係を理解するための理論です。もっぱら英国のクライン学派と独立学派に属する精神分析家たちにより創始され発展してきました。クラインの考えによれば、対象は欲動から生まれ、乳児の早期の現実は空想phantasyに満ちていて妄想的であり、成人において無意識的になる空想とは本来本能的な欲求が心的な表現となったもので、外的な現実は投影の受け皿としてこれに表現や手応えの機会を提供します。攻撃性を重視するクライン理論では、乳児はフロイトの言う生の欲動と死の欲動を分裂させ、乳幼児は対象に向かってアンビバレントで、「私」は良い対象と悪い対象という好悪に二分された対象と関係を持ち、これが全体に統合に向かうところで葛藤や罪悪感が生まれると考えます。

このように母子関係（二者関係）を、対象関係論の多くが理解の基本に据えています。そして、人間の心の在り方が快感追求ではなく、対象希求object-seekingであることを強調したフェアバーンは、人間を基本的にスキゾイド的schizoid（分裂的と訳されることが多い）であると見て、外界に距離を置き、万能感を抱えて引きこもり孤立し、内的世界に囚われているという内外の分裂状態を描きます。彼が導いた結論の一つは、対象関係の中心的展開点は対象への乳児的依存infantile dependenceが徐々に対象への成熟した依存mature dependenceに席を譲っていく移行にあり、人間が母親的対象を失うことに対処する過程です。対象と合体し対象を取り込み対象と同一化する原初的同一化の段階から、発達し独立へと向かう中心的な自我は、最初から全体的自己としての可能性を孕みますが、全体性を確固たる形で維持できるわけではなく、さまざまな対象やそれとの関係の在り方に応じて分裂あるいは分割されることになります。彼の用語では、誘惑し刺激的な興奮させる対象 exciting object には飢えたリビドー的自我 libidinal ego が、拒否的な拒絶する対象 rejecting object には欲求不満の積み重ねで被害的で攻撃的な反リビドー的自我 antilibidinal ego が応じて、それぞれ悪い〈対象‐自我〉の関係を形成します。どちらも、満足させないという意味で「悪い」対象になりますが、理想対象（ウィニコットの言う「ほど良い母親 good enough mother」に近い）と関係をもつ中心自我という組み合わせが中心にあります。こうして自我、つまり「私」は良い外的対象と関係しながら、並行して悪い内的対象とも関係するという、内と外、良いと悪いの二重化された対象関係を生きるスキゾイド的構造体として描き出されました。

小児科医ウィニコットは、フェアバーンと同様に環境の役割を重視し、クラインらの先行理論を自分の言葉で再発見し、書き直し、自分の重大な考えを付け加えて自分のものにしています。彼はクラインが内側と捉えるところを内外が未分化な状態にある中間的対象を介した間柄として見、その視点から生まれる代表的概念が内外を橋渡しする移行対象と中間領域なのです。さらに、牧師で精神療法家のガントリップはクライン理論とフェアバーンの対象関係論、その他を統合して紹介しましたが、彼がフェアバーンとウィニコットの両者から受けた治療記録は興味深いものです。他にもビオン、O・カンバーグ、C・ボラス、T・オグデンらもいて、対象関係論の展開に貢献する者たちは多士済々であり、その複数の論客を通して発達し成長し続けているところが本理論の特徴だと言えるでしょう。

対人恐怖
anthropophobia

対人恐怖は、主として恐怖や不安のために対人関係の在り方に関して困難を抱える状態であり、思春期や青年期前期に発症することが多いとされています。初めて本格的な治療に取り組んだのは森田正馬ですが、対人不安のような軽度のものから、強迫神経症様のもの、敏感関係妄想を伴った重症のものや、自己臭恐怖、醜形恐怖、自己視線恐怖等を合わせもつものなどがあり、診断的にも多様で、さまざまな病理学的理解が提出されています。「恥の文化」と言われる日本で多く見られると言われ、欧米における社交恐怖 social phobia 等と比較される時は、相互依存に価値を置いて主客未分化となりやすく、恥と自律、あるいは依存と自立の葛藤が生じやすいところでの、「自分」や個の確立の失敗だとされることが多いです。一例としては、鑪幹八郎が、恥の問題をアモルファスな自我構造や、皮膚自我の敏感さなどの観点から考察しています。リビドー説に基づく理解は、山村道雄が対人恐怖に取り組みましたが、これは赤面恐怖を性器の興奮の転換症状であると捉えるものであり、同様に肛門期的な観点からでも自己の露出願望とその露出不安という形で理解できます。その後、対象－自己関係への関心が高まるとともに、自己心理学の発展によって、対人恐怖症を自己愛の病理として考える視点が生まれ、抑圧されたものの露呈に対する抵抗だと恥を捉え、ただ取り除こうとするのではなく、傷つきやすい人間に本質的なものと理解して共感するという態度が提示されるようになりました。この視点は、すでに多くの日本の研究者によって紹介されていますが、その代表的論客である岡野憲一郎の考察では、彼らは自己愛人格障害の特徴である自己顕示性と、その傷つきを過度に恐れる弱い恥ずかしい自己の間で安定できない状態にあるのです。そこで分割された自己とは、境界例のような悪い自己と良い自己の二重性ではないし、罪悪感も対象を分離する時の罪悪感（分離罪悪感）であります。そして自己愛の病理には、周囲を気にしない誇大的なものが前景に出る場合と、消極的で過剰に気にかける対人恐怖様のものがみられますが、ギャバードのいう後者の「過敏型 hypervigilant」の自己愛人格障害が対人恐怖と類似した特徴をもつと指摘されています。治療関係では鍋田恭孝が記述するように、理想化と幻滅が繰り返されて、対象関係の安定化を目指すことが課題となるでしょう。

［関連項目］視線恐怖、神経をつかう

対面法
face-to-face method

言うまでもなく、日本における分析的治療や力動的面接でもっとも多用されている面接方法です。対面という表現に示される相手を直視した位置関係ではなく、リラックスできる椅子を用いて斜め横に座るとか、机の角を挟んで90度の関係になる90度法や、共同観察joint observationのための横並びの姿勢が活用されています。このような対面法の場合、視野は広がり、転移が劇化される治療空間が現実的な部屋全体やその周辺に広がってゆく傾向があります。

これに対して、寝椅子に横になり精神内界への焦点づけを行う自由連想法の場合は、視覚的刺激が少なく言葉が主要な交流媒体と化し、二人の主体に共有される「間《あいだ》の空間」が主たる交流の場となり、言葉によるやりとりで展開を紡ぎ出すのに最適であるとされます。姿勢としても自由連想法では仰臥法であり、退行促進的で、内容も非現実的なファンタジーなどを分析して精神内界に深く関わっていきます。また、直線的時間を無限に延ばして、円環的時間を何度も反復させる「毎日分析」の方法は、無時間の感覚をもたらしやすいので、無時間を特徴とする無意識への接近に適しています。しかしながら、日本では週一回のセッションを基本とする状況が多く、依存の葛藤や不安の強さのために治療者のいるところで「横になること」が困難な重症患者も治療せねばなりません。そのため、なかなか退行促進的な治療を設定できないので、現実的な「いま、ここ」の転移分析と取り扱いに関心が集中し、そのため分析者が外的、現実的に出会う対面法を積極的にとる傾向があります。ここには、投影が活発で無意識的内容が外に漏れ出ている人たちや、抵抗や自我境界の脆弱な人たちから、必要以上に抵抗を取り上げるべきではないという発想があり、積極的に横臥の姿勢が避けられ、対面法がすすめられ、ときには潜伏性精神病の発病を防止しようという意味合いがあります。対面法では自由連想と比べ、内容的にも言語的な交流よりも非言語的な要素が増し、表情や態度を含めて視覚的な交流が活発となるわけで、輸入された精神分析理論の応用だけではなく固有の治療論が求められるところであります。

【関連項目】精神分析

たつ

▽たててもらう

「立つ」とは縦《たて》の状態、つまり垂直の位置になることを言います。そこに隠れていたものが表面に表れて新たな状態になる、という効果があり、それで「波がたつ」というような激しい状態になる、という意味も生れたようです。これに「横になったり坐ったりしていたものが縦に身を起す」という突然の変化の意味が加わり、「腹がたつ」というような激しい変化の意味と重なって使われます。さらにこれが、身を起こすことが開始の「発つ」の意味になり、建物が縦に組み上がるという意味の「建つ」と同音であるのも納得できるところです。興味深いのは、人間関係で使用されるときで、「面目がたつ」「身がたつ」「顔がたつ」「男がたつ」と言いますが、これらの多くが「義理をたてる」「男をたてる」と「たてる」で他動詞的に言われる対応を受身的に求めており、対人関係では面目も、顔も、男も、他者にうまくたててもらう必要があるのです。これを「甘えている」と否定的に言われるならば、萎えてしまうケースも多いと思います。

▽旅だちのとき

また、「断つ」「絶つ」「裁つ」という、もうひとつの「たつ」の系列があって、「酒を断つ」「縁を絶つ」「布を裁つ」のどれもが「切る」という意味をもっています。「立つ」と「切る」がタッという同じ音で表現されるのは面白いところですが、「きりたつ」と言うように、どちらも激しさや普通でない突然の変化を意味するわけです。「旅だちのとき」と言われる思春期や青年期で、突然の「断ち」と「発ち」を契機に発病することがあり、それはあっという間に時間が「経つ」という急激さを伴うからでしょう。

▽「立つ文化」「坐る文化」

日本人も立って自由にものを言ったり、立食パーティで食べたり笑ったりする機会が増えるまでは、長い間私たちは腰を曲げて坐ることを基本姿勢だと考えていました。それで、多くの識者により「坐る思想」が語られ、座位の美や意義が論じられて、例えば「立つ」は動で「坐る」は静だと対比されてきました。教室で立たされることは罰であり、「立ちっぱなし」は疲労と不自由の象徴で、皆早く坐りたがり、「すわりがいい」のが落ち着いた状態、おさまりのいい状態の特徴として評価が高く、波をたてる、角をたてる、と「立つ」は否定的に扱われていたのです。一方で、西洋人は立って胸をはることを尊び、しゃがむ、坐り込む、うずくまる、という姿勢を禁止しやすいと言われ、こういった異文化との接触を通して、人々の姿勢についての捉え方が文化によって違うことが私たちに分かってきたようです。ここで第一に理解されるのは、「坐る文化」では「立つこと」を否定し、「立つ文化」ではしゃがんでいる人たちを不当に軽蔑してきたことです。また、西洋の乳幼児の発達理論は文字通りに立つこと、立ち上がることの喜び、そして自立などへ多大な関心を向け、大きな評価を与えていますが、その視点から観察し比較するなら、かつての日本では「立つこと」「立ち上がること」の喜びが不当に押さえられていたことを思い出すのです。

▽体位の意味

多田道太郎が、カメラ・アイの低さで有名な小津安二郎監督の名作に必ずしゃがんだ美女が出てくるという話を引用して、柳の根元にしゃがみこんで「もういいの、私にかまわないで」と言う女性たちが男性にとってたまらなく魅力的で誘惑的であることについて書いています。一方、「男がたたない」ことを不安に思う男たちは、男性が「ああしんど」としゃがんでもけっして魅力的ではないと考えています。男の多くに性器的にもたたねばならないという意識があり、「男はつらいよ」の社会では、身をたて、またこれをたててもらって初めて「男になる」ことが多いのです。女性のしゃがんだ姿勢、男性の立った姿勢、と単純に対比させるなら、そこには性行為の際の男女の体位や排泄の際の姿勢、ペニスの「たつこと」などの連想が強く働いていることが想像され、逆に男が女性をたてる態度はフェミニストとして特別視されてきたのです。また、皆が坐ろうとするときに下から上へ立ち上がることとは反抗や抗議の姿勢であり、ピラミッド構造や上下関係の力関係のなかでは、立つことは上から否定されやすいし、坐ること、しゃがむことは、心理的にも安全で休まる姿勢、おさまりのいい姿勢として上からも奨励されるところとなるのでしょう。

脱錯覚
disillusionment

ウィニコットは、脱錯覚を錯覚 illusion と対にして使用し、母子関係に関する彼の独創的な理解の中で、移行対象 transitional object や移行現象 transitional phenomena に関する理論を展開しています。北山の観点をとり入れるなら、急激で取り返しがつかず外傷的な場合は「幻滅」、現実への関心を失わない形の順調な移行の場合は「脱錯覚」と訳せるのではないでしょうか。またライクロフトも、正常の幻滅とは現実を支配できるという万能感についての幻滅だとして、外界についての関心を失う幻滅と区別しています。

ウィニコットによれば、発達早期の乳児は自分の必要としているものが何物であるかまだ知らない状態であり、感受性豊かな母親が乳児との同一化を通してそのニードに適応するなら、適切な時に適切な場所に実際の乳房を差し出すことが可能となります。このような献身的育児を無数に繰り返す外界の協力を得て、外から提供されるものが乳児の主観的に思い抱くものと重なり合うなら、母親の乳房を自分で創造したという錯覚を乳児は獲得します。この私的な「万能の錯覚 illusion of omnipotence」なくしては自己の生成と自他の間の橋渡しは成立しないし、いわゆる移行対象はこの錯覚がモノ等に受け継がれた内外の媒介物なのです。この「錯覚」という言葉には、語源的に遊びであることや、許容されるべき知覚の誤謬、そして（delusion ではなく）現実の裏付けがあるという意味合いが重要です。やがて、このような錯覚を抱く乳児は時間とともに脱錯覚を体験し、創造と支配の主であった子が「神」ではなくなるわけで、このとき母親の課題は、適応に少しずつ失敗する幼児の、徐々の gradual、段階的 graduated な脱錯覚に応じることとなのです。落差の小さい移行と段階的という余裕のある表現には、何が子ども自身の主観により創造されたのか、あるいは何が外から与えられた現実として受け入れられるのか、というような知的な二分法を問われないという逆説が伴います。世界の中心であった乳児のニードは脱錯覚を通して、願い wish、希望 hope、そして信頼という価値的なものへと転化することが見込まれますが、ここで急激で落差の大きい脱錯覚を経験し、こなしきれない刺激に圧倒され対象への関心を失うなら、それは幻滅であり外傷的な体験になることもあります。この脱錯覚の過程とは、内的にはクライン学派のいう抑うつポジションの通過に対応し、外的には対象喪失や離乳に代表される母子分離の体験なのです。

このような、自分が創造したという錯覚とそうではないという脱錯覚を繰り返す、外的現実と内的現実の中間領域は、遊ぶことを通して、やがては芸術、宗教、想像力に富んだ文化的活動体験の中に受け継がれます。このような錯覚論は、内と外を厳密に分けて現実検討の働きを追究したフロイトとは対照的で、「大洋感情など自分にはない」と言った彼にとっては、錯覚や遊びとはむしろ断念せねばならないものだったのです。

また、精神分析理論のエディプス的な三角関係論では、従来から、強い絆、幻想的一体感で結びつく母子関係が最終的に分離に至るのを可能にする存在として、横から割って入り距離を置かせて幻滅させる第三者として父性が求められてきました。このような「父親の幻滅」と比較して興味深いのは、育児から身を引く母が子との間を開いて間接化し、間を取り持っているおびただしい数と種類のモノ（移行対象）を活用する「母親の脱錯覚」であり、また私はこういう脱錯覚過程に「はかなさ transience」の起源を見ています。

［関連項目］ 移行対象、ウィニコット

短期精神療法
short-term psychotherapy

短期精神療法は、精神分析療法の長期化傾向についての自己批判、それが有効であることの科学的証明の要請、現代の臨床的枠組みへの順応、精神科医の身につけるべき一技術としての精神療法の標準化など、さまざまな問題意識から生まれた、精神分析的精神療法の一つの展開です。英国のマランはこれをブリーフ・サイコセラピー brief psychotherapy と呼んで実践的研究を行っています。その問題意識の高さやフロイトの治療が比較的短期であったことなどを考え合わせるなら、「ブリーフ」を「簡易」と訳すのは誤りですが、妥当な邦訳はいまだに見出されていません。このほかにバリントらの「焦点のある focal」、シフニオスの「短期不安挑発的 short-term anxiety-provoking」、マンの「時間制限つき time-limited」などの形容によってそれぞれの技法の特色が強調されていますが、これ

らの呼称が示すとおり、それぞれ焦点づけ focusing、有限の時間感覚、治療者の積極性などを特色としています。具体的な例を示すなら、まず高い治療動機があって外来で抱えられる対象が選ばれ、治療目標を最初から固定し、分析的操作はエディプス期の三角関係の相にのみ焦点づけられます。そして有限の時間感覚に基礎づけられて生まれた楽観的期待や期間設定による対象へのアンビバレンスの尖鋭化などを利用して、治療者は患者の連想を焦点領域へと積極的に導くものであり、最近では治療初期において陰性転移の解釈を行うことや重症例への応用が検討されるようになっています。これらは、平等に漂う注意、無時間性、受身的傾聴などをその特色とする精神分析療法のあり方に画期的な問題提起を行ったフェレンツィ、ランク、ライヒら「恐るべき子どもたち」の研究の延長上に位置づけられます。

長期精神療法 long-term psychotherapy である精神分析そのものが全面的展開を全うしていないわが国の臨床場面では、まず実践的必要性からその導入が図られており、週一回の長期精神療法が慣習化しつつある現状では、例えば焦点づけ技法などから学ぶべきことは多いでしょう。

ち

▽血のつながり

これから触れることになる「チのつながり（ties of 'chi'）」は、英語では"ties of blood"と翻訳されますが、それは私の意味したいことの一部分です。私は、このチ音によって、言葉で言うならば血だけではなく、その他の多くのことを意味させたいのです。そのことは読者の中でも日本語の分かる方々には分かってもらえそうですが、それ以外の方には"chi"という音で表現してもその多義性は伝わりません。

たとえば日本語のチは、生命の根源である霊（チ）と血（チ）などを意味し、さらに、音が重なると父

（チチ）、乳（チチ）を意味するのです。自由な連想にまかせて、知（チ）、痴（チ）、さらにはチンチン、チツ、クチを付け加えるならば、これが指し示すところは、精神分析や精神医学の対象であることが明らかであります。地や値というのもチと読まれますが、土地には価値があり、またその値が高いのも当然なのです。

同時に、わが国のチ音は何か重要な対象を意味しながらも、その対象を言葉で捉えようとすると、特定の意味領域が明確になりながらも、そこから周辺に排除された領域が大量に残るのです。つまり、父と言うと（または書くと）乳ではなく、血と言うと（または書くと）もうそれ以外のものではなくなるのですが、外の重大事もまだ周辺に落ちたまま、すぐそこに垣間見えるのです。

▽**語源**

さて、それぞれが語源的に関係があるかどうかについては、すでに多くの人々によりさまざまな形で述べられており、ここではその一部を引用します。

霊――チが血の意に転じたのは人間の身体に霊（チ）が流れているという観念から出たものらしい。（『日本古語大辞典』松岡静雄）

父――威力のある神霊を称える語として、霊（チ）を重ねて言う。（『大言海』）

乳――血（チ）が変化して乳が生成すると言う。（『大言海』）

また、神話学者松村武雄は、次のように書いています。「……その本義・原義を適確に究め知ることの出来ない『或るもの』であることを知った。……従ってそれは本原的には、呪術や宗教を予定しないところの非具象的・非人格的な漠然たる神秘的力能として感知せられた。古代日本民族に於けるチも、本質的にはさうした性質の神秘的勢能であったと、自分は考えてゐる。」

また、発生論では、乳児の口や舌の動きから、母乳を意味するチまたはチチが生まれ、この乳から、母親をチチと呼んだが、母子関係から父子関係に移行する際に、チチ（乳＝母）という語がチチ（父）を意味するに至った、という説を山中襄太という人が提出しています。

このような引用ではっきりしたのは、日本語でただチとかチチとか言うとき、それが何なのか言葉で特定するのは困難そうに見えても、特別な「或るもの」として、生命と人生に関わる重大事をわたしたちが意味していることとです。ところが、その「或るもの」全体は、ひとつの音チで示して分かるというのに、ひとつの言葉では言えないのです。

この「或るもの」とは、精神分析や対象関係理論で注目される「対象 object」と呼ばれるものに近いと思います。そして、この対象としての乳房と乳児との関係には、自他の間の「つながり」の錯覚があって、発達に伴いこの錯覚が次々と転移するのです。ご承知のように、ウィニコットの言う「移行対象」は、乳児と乳房の間にある錯覚を基盤にしていますが、「つながり」の錯覚は普通口と乳房との関係から始まるとしても、事実としての文字通りの「つながり」は、それ以前の、むしろ無意味な「つながり」そのものから始まっているのです。

（北山修『覆いをとること・つくること』より）

【関連項目】つながる

中間

私は、どちらの意味にもとれるということを「両面性」と呼び、どちらの意味にもとれないということを「中間性」と呼んでいます。精神分析理論における中間とは、一次過程と二次過程、幻想と現実、善意と悪意、女性性と男性性、依存と独立などの間です。これに対して、「乖離した精神機能を結びあわせる」（C. Rycroft）と表現される目的にそって、技法の両面性が強調されることがあります。さらに、ここで要求されるのは、この中間性と両面性を合せもつ領域とそれに向けられた感情を取扱うための理論であり、それに裏づけられた技法が連携、連絡、仲介、橋渡し、仲立ち、と言われるのだと思います。

▽橋渡し

仲介的なものが中間性と両面性を合せもつために〈割り切れない〉といわれる事情は、日本語のハシという言葉によって実によく示されています。ハシは、道の端末としてのハシ（端）の両面性と、そこから彼岸に渡るためのハシという中間性を有しています。さらに、精神分析理論の観点からみた日本の橋の象徴性については、自分の口と対象としての食物の間で使用される箸（ハシ）の、内界と外界の間における仲介の具としての中間性と両面性、およびその動き方と役割が興味深いのであります。

この曖昧さが、多義の解釈をひき受けて、忌みや〈ぬえ〉の恐怖などにつながります。たとえば、私たちの祖先は街道の橋のたもとに〈橋姫〉という女神を祀っていました。彼女は両極端の神で、「怒れば人の命を取り、悦べば世に稀なる財宝を与えるといふような両極端の性質を具えている」と言われました。この柳田國男の解説は、アンビバレンスについての研究に対する日本文化の側からの例証のひとつになるでしょう。中間的な位置が人々の両極端の感情の投影をひきうけるという認識は、中立であろうとしながら当事者となる治療者の、境界線上で橋渡しの機能を果すなら自然発生しやすい治療関係の理解につながるでしょう。

▽割り切れない

今のところ私は、中間領域に対する嫌悪感は、解釈する側が割り切ろうとするときの困難から生まれるものであると考えています。日本語の「間」もハシと読まれることがあり、解釈する側の二元論によりこのハシを無理に割り切って議論したり、日本的な自然観により極端に曖昧にすると、事情はゆがめられることになるでしょう。

他科から紹介されてきた患者やその家族に「精神科にきてどう感じていますか」と尋ねるとき、その答えは一様ではないにしても、精神科や神経科に対する割り切れなさを体験していることをうかがい知ることが多いのです。

［関連項目］橋

直観
intuition

夢分析の際にその報告者の自由な連想が重要な手がかりとなるように、分析的臨床では患者の知的で論理的な報告や説明よりも、情緒的で非論理的な思考や発想、ときには「思いつき」の発想が重要になります。同時に、分析者の非論理的な直観もまた解釈や理解を発想する際に重要な役割を分析者側で果たすものであり、そういうときに「ピンときた」あるいは「あ、そうか」と言います。これは、芸術家たちが対象を把握したり素材を展開したりするために用いる方法であり、最初から探すものを決めて出発する「科学的なやり方」ではなく、理由や原因を問わずにただ参加した結果、あるいは直接把握した際の自然な帰結として説明されてきました。これを精神分析家の仕事とするビオンによれば、医者が見たり聞いたりして五感を使用するのに対して、分析家は知的理解ではなくこのような第六感の「直観すること」を使うのです。

たとえば、不安は形も臭《にお》いもないので、勘や直観で心的現実の精神分析的探索を行いその動きを感じとるためには、記憶にも頼らず、望むことも理解することもなく漂って把握するというやり方を提唱しています。被分析者が言語的に非言語的に、意識的に無意識的に、態度や振る舞い方を通して、さまざまな方法で伝えてくるものを、漠然と総合し結びつけることができた結果として「ひらめき」が答えを生み出すのです。この直観に頼るためには「平等に漂う注意」、日本語で言うなら「虚心坦懐」と形容できる分析者の側の態度が求められ、多種多様のことを受け取るために心を広く開いて、目的のない注意を向けながら、被分析者の無意識の感情や幻想に触れて彼らを見失わないようにしておくことが必要になります。患者の言葉に付随する「音楽」や感情の調子を聞き、非言語的コミュニケーションを構成する仕草や態度に対しても目を向けて、相手の投影同一化を受け取る分析者の投影逆同一化が働いて直観は生まれると説明されています（Grinberg, L.）。具体的には、豊かな感受性と内省を伴う態度で面接に臨むとき、何かしらの理解が説得力を伴って生まれるイメージであり、映像であり、夢であり、ただ感じるだけ、ただそう思うだけという場合もあります。

直観

直観 intuition は、西洋哲学において長く論じられ高い位置が与えられている概念であり、私たち日本人にはなかなか分かりにくいものだというべきでしょう。もちろんそれがよく分かっておられる方が少なからずいるとは思いますが、英語と日本語におけるこの概念の理解の違いに関し、私は少し混乱します。

というのは日本語では、その訳として、知的な「直観」（精神が真実を直接に知的に把握すること）と感覚的な「直感」（心で真相を直接に感じとること）があり、知的直観と感覚的直感を意味の上で分けながら音の上で分けない同音異義語となっており、それがそのままになっているからです。そしてその両者は意味的に重要な点で違うとも言われ、しかし辞書等を引くと似たような意味合いであり、日常の日本語でも混同して使われています。また、「直観」と似た意味で「直覚」「直知」という語がありますが、はっきり区別したいならばこれらの語を使えば良いのに「直感」と音の上で混同される「直観」を用いることが多く、このことは、この概念を知的でもあり感覚的でもあるという、二分法を含みながらこれを超えたものと私たちが考えているからでしょう。そして、直感的な人間とはあまり信用されない場合があるということが重要で、直感は論理に欠けて説得力がないというのですが、ときにそこには誤謬や誤解、そして邪推が伴うからだと思います。

英国の分析家V・セドラックも論文ではこの直観が知的な知だけではなく感覚的で感情であることもあると言っています。母国語ではないのではっきりは分かりませんが、その論文に出て来る英語の“perceive”という言葉そのものも、情緒的に感じることと知的に知ることとの中間的なものを指しているのではないでしょうか。

実は、これは日本の分析家、土居健郎が論じた「勘」と「勘ぐり」の問題にもつながると思います。日本語の「勘」（“hunch”と訳されることが多い）は「直観」ではなく「直感」であることが多いと思うのです。土居は、「勘」は独りよがりになって繰り返されると妄想的な「勘ぐり」になるという、日本語における重要な事実を指摘しています。

さらに日本語で、物事の背後にある本質を把握する「穿った見方」が「疑ってかかる見方」という意味で使われることを取り上げ、この営みが偏ると、自己愛的な独りよがりとなって、誤解やパラノイアにつながることを証言しています。だから、私たち日本人は、「直観」や「直感」を語るときは、誤解や間違いの可能性を認めつつ、「誤解を恐れず言うなら」と言ってから、断定的な言い方を行うのだと思います。

私は、この種の理解や実践が難しい営みであることを確認して、セドラックの「謙虚な主張」の力強さを受け取るためにも、日本語のことを考えざるをえなかったのでした。そして、日本ではこの謙虚さが高い徳とされていますが、この謙遜に圧倒されて沈黙が生まれ、それが精神分析において重要な抵抗となることがあります。だから私たちに求められているのは「謙遜を含有する主張」なのでしょう。

セドラックは論文の最後の方で、直観がどのように発達するのかと尋ねられたビオンが次のように答えたと書いています。「その質問への答えを私が知っているとは私は思いません。私は間違っているかもしれませんが、他の誰かが知っているとも思いません。」

私はこの言い方が好きなのです。ここには、直観とはどのようなものだと自分も含め誰にも答えられないのではないかという、人間としての謙遜さが表れていると思うのです。


（V・セドラック「成長した心理療法家における発達——大切な対象の哀悼が必要なこと」への指定対論より）

治療的退行
therapeutic regression

自我心理学的に言うなら、神経症者のための精神分析治療の眼目は、分析者とともに患者が自分自身を見つめることを通して、観察自我 observing ego を強化していくことにあります。そのためには自己観察したものを治療者に話したり、これを共有する分析者から照らし返されたりする過程が必要です。

ここで観察される対象とは比喩的に言うなら自らの内にある「子ども」や「赤ん坊」の部分であり、分析場面で自らの主観性の高まりとして起こる発達の退行過程（子ども返り）を介して可能になり、そうして自分についての深い情報を得ることで退行が治療に対し有効に作用するとき「治療的退行」と呼ばれます。とくに自由連想法では、分析者を見ない位置に被分析者が横たわり、振る舞いに社交性・現実性を保つことも求められず、長期間にわたって面接がリズミカルに繰り返されて時間意識が希薄になるという治療構造等のため、主観性はさらに高まりやすくなります。また中立、受身、禁欲を保とうとする治療者は、被分析者の話にほとんど応答しないので、見えないところに関して主観的な空想や想像は膨らみ、同時に分析状況の誘惑と拒否という矛盾が際立って葛藤的でストレスの高い関係となり、これにより生じるはずの適度なフラストレーションを介しても退行を促進することが目論まれています。こうして、社会性のある現実的な防衛が除去されてゆき、より内側にあった中核的な葛藤や不安、対象関係や自己の在り方が治療場面で劇化されるのですが、メニンガーによれば、こういう退行の中で客観的な自己認識が進むなら、再び個人は成長し始めるという反転段階があり発展的な成長や現実復帰を可能にするといいます。また、このような退行現象が治療者を対象にして体験されるならば、それは転移神経症と呼ばれることもあり、治療的退行をすべて転移として理解する立場もあります。

退行はその最中のカタルシスなどにより一定の治療効果をもたらすことがあり、フェレンツィは退行状態に積極的に応答する技法を説きました。この主張を受けて、その弟子でブタペスト出身のバリントは、治療における退行の在り方について吟味し、退行を重視する治療を提案しています。それは、患者一人の心理学から二人関係の心理学へと視点を転換し、悪性の退行（充足のための退行）よりも良性の退行（認識されるための退行）へ、欲求の局所的満足よりも依存の受容へという方向性を指し示したものであります。これは、自我心理学のいう、外傷への葛藤的退行よりも外傷以前の葛藤から自由な退行へ、自我が圧倒される退行よりも自我のための退行へ、という指針と同様の方向づけであると言えるでしょう。そして、ウィニコットは、依存状態である「ひきこもり」を退行として体験することが、本当の自己の発露の機会となることを可能性として提示しています。このような議論では、退行は洞察や自己観察のための方法というよりも、退行そのものが治療的なのであり、さらには退行こそが治療の目的となるような見解も登場するようになっています。ここには、育児の途上で得られなかったものを新たに与え直すことができるのか、というフロイトとフェレンツィが対決した基本的問題がはらまれていて、安易に対象との一体や共生状態の再現を目的化することは危険でありましょう。

遊戯療法の遊戯と同様に、患者は原始的な対象関係を媒介物または錯覚を通して転移として発展させ、分析者は自我支持と共感を示しながら観察と理解の機会を得るという、退行や転移の媒介的側面こそが重要です。まれに成功することがあるにしても、安易で人工的な退行促進そのものは分析的ではないという批判があり、ほど良い退行受容的環境を用意することはどのような場合でも求められるもので、それに依存した結果自然に起こる退行の受容とその後の管理も分析的な理解なくしては難しいのです。

［関連項目］ウィニコット

つながる

▽つながりの条件

人間の関係について言われる「つながり」は一般に安心と信頼に満ちた象徴的な言葉です。このような「（人と人との）つながり」は、心理的なものとして理解されることが多いですが、人間と人間は、胎児期においては臍帯循環で「血のつながり」が生まれ、乳児期では口で乳房とつながり、幼児期においては手をつないで、さらに大人になっても手と手で、そしてときに口や性器を用いて文字通りにそして身体的につながることができます。だから、胎児の「血のつながり」はあまねく誰にでも保証されている大事な事実であるはずです。ところが、乳児がいくら乳を求めても、母親側が乳首を赤ん坊の口に積極的にあてがわねば「つながり」は成立せず、普通これは互いの積極的適応で実現します。さらに、「おててつないで」を歌う幼児期では、手を伸ばしさえすれば手と手でつながることはすぐに可能となることが多いでしょう。しかしながら個人差はありますが、思春期になると突然に、この文字通りにつながることが男女間で極端に難しくなるのです。つまり日常では、つながりはどれほど渇望されようとも、文字通りのつながりを提供してくれる相手を見つけること（合うこと、会うこと）が必要になり、また相手がいても、つながることの合意や約束を得るのが容易でなくなり、その成立が無条件ではなくなっていくのです。

▽きずな

キズナもツナガリもツナ（綱）との深い縁を指摘する語源説があるように、濃厚な人間関係を意味する「つながり」の内容は非常に具体的であり、比喩的、心理的なものだけではなく、多かれ少なかれその文字通りの身体体験に左右されるのです。心理的つながりが、文字通りの体験として比喩になるとき、過去や現在の手応えのある物のやりとりや身体的なつながり体験に基礎づけられていると言えるでしょう。さらに、このような関係をつなぎとめるものを「きずな（絆）」と呼ぶなら、この断ちがたい絆をつなぎとめる「綱（つな）」の具体的な部分、つまり「橋渡し」の橋の部分が、授乳では乳房であり、「おててつないで」では手であり、性交では男根となり、贈答では物なのです。同時にこの綱に依存するなら「しばり」の綱となって複雑にからみつき、がんじがらめになって身動きが取れなくなることもあるのです。

▽物言わぬ文化

言葉との関連から見るなら、「血のつながり」の身体的つながり、授乳、接吻、そして贈答など、「言葉はいらないよ」と言われるように、ほとんど無言で行われるという点が興味深いところです。さらに、複数の人が共に眺めて楽しむお月さまや生け花などを、文化的な「つなぎ」の媒体と見る多田道太郎は、次のように書いています。「つながりはなるべく物言わぬがよいのである。物言わぬことで、空間の中にある種の流れがうまれ、時間のなかに文化という名の連続性がうまれてくる」。

このようにつながりについて語るのも文化的な営みでしょうが、つながりを象徴化して、つなぎ手の役割を果たすことも文化の使命であるでしょう。「この点があの点につながる」と言うような場合の「つながる」は知的な連想や推論がつながることを指すものであり、このような「（意味の）つながり」の比喩も、つながりの原点である「血のつながり」で「つながる」や、幼いころからの手と手を介した文字通りの「つながる」体験の積み重ねなしでは、意味なく空しく響くでしょう。そういう意味でも、私たちの安心の原点をなす象徴として「血のつながり」や身体的な「きずな」がとくに強調されるのです。

▽臨床的なつながり

身体的つながりは無媒介的一体を瞬時可能にするかもしれません。しかし、現実にはやがて切れてしまい、永続することはないのです。そして治療では無媒介的なつながりを持つことは禁じられ、とくに精神分析的臨床では身体的つながりや触れ合いは一切禁止されています。この点からも、「つながり」問題を取り扱う際は、人間関係の基礎を成す「つながり」の象徴化と、つながりのないことの理解は精神分析的臨床の大きな課題となるし、当然、言葉のやりとりが内容ある「通い合い」「つながり」「受け応え」「やりとり」の役割を果たすことが期待されます。また、「つながり」はあまりに濃厚になると暑苦しい不自由を生み出し、「あっさり」を求めて患者がこれから逃げる場合のあることも覚えておきたいものです。さらに、言葉のおかげで「つながり」の錯覚が生まれるとしても、この「つなぎ」という媒介物である言葉のおかげで距離をもつ両者は、融合することはないのです。こうして言葉は橋であり壁でもあるので、多くの媒体の中で一番、距離のある「つながり」を作り出す可能性があります。

▽切ない言葉

つながりのないことを「痛切に」、つまり切れていることを痛みとともに意味する言葉として「切ない」「痛切」がありますが、ここには「切る」という字が使用されていることが重要です。ナシはその状態にあるという意の接尾語だと言い、「切ない呼び声」「切ない願い」「切ない訴え」では、苦しみや痛みだけではなく、希望や願いが思うように届かないこと、つまり「つながり」が切れているという状態が伝えられます。そして、このように「つながる」二人の切れやすい間に置かれて、この間を渡すのは、言葉のやりとりだけではありません。つまりは、お歳暮や年賀状だけでもなく、臨床の薬や金銭までも含め物を媒介にしたやりとりに注目すれば、あからさまな「よろしく」「ありがとう」というメッセージと共に無数の事物が無言で交換されることが分かります。だから、「思い切る」「見切る」などの積極的な「切ること」も必要となりますが、実は何もやり取りがないと不安になるということもあり、「便りがないのは良い便り」という感覚はひとつの達成でもあるのです。さらに、母子関係を連想させやすい「つながり」に対し、このつながろうとする両者の間に割って入って分離を促進しながら「つながる」仲を切ることは父親的な役割だと言うことができるでしょう。

［関連項目］ち

土居健郎《どいたけお》（1920–2009）

精神科医、「甘え」理論等で知られる精神分析家。東京都に歯科医の長男として生まれています。母親はプロテスタントで、土居自身も中学三年時に洗礼を受け、特に内村鑑三に惹かれたといいます。一九三九年東大医学部入学後もキリスト教の探究を続け、戦時下矢内原忠雄の家族集会に参加した後、煩悶の末ホイヴェルス神父と出会い、カトリックに改宗します。医師としての進路の選択に悩み、卒業時皮膚科に入局するも、すぐに軍医として応召。終戦の年に結婚し復員しました。その後聖路加国際病院内科に勤務して神経症的な訴えを持つ患者の診療に苦心、米国医学雑誌で知った心身医学を通して、その基礎にある精神分析に興味を抱きます。一九五〇年春より精神科に移り、当時日本で唯一の開業精神分析家・古澤平作と出会い、その研究会に参加しました。同年夏よりメニンガー精神医学校に二年間留学、帰国後も古澤に教育分析を受けますが、古澤の救済者意識や分析方法に反発し決別しています。一九五五年再渡米し、サンフランシスコ精神分析協会に一年間留学、N・ライダーに教育分析を受けるが中途で挫折し、帰国後は聖路加病院精神科において、自己分析と臨床経験を言葉にする作業を始めています。日常や臨床で使用される日本語に含まれる認識と精神分析理論との統合を試みる中で、「甘え」を鍵概念としてパーソナリティや精神病理を理解すべく一連の論文を著しました。土居の仕事は狭義の精神医学・精神分析をこえて文化論・人間論を包含しますが、これを総称して「甘え理論」と呼ばれています。一九六一年から一九六三年まで米国の国立精神衛生研究所に招かれ、帰国後も聖路加病院に勤め、一九七一年より東大医学部保健学科教授、引き続き同医学科教授、一九八〇年より国際基督教大学教授、一九八三年より一九八五年まで国立精神衛生研究所長を務めました。影響を受けた分析家としては、フロイトの他、バリント、キュビー、エクスタインらがあげられます。著書としては、『精神療法としての精神分析』『精神分析と精神病理』『方法としての面接』『日常語の精神医学』など専門書の他に『漱石の心的世界』『甘えの構造』『表と裏』などがあります。

［関連項目］甘える、日本語臨床

動機
motivation

精神分析では、動機（motive）には無意識的なものと意識的なものとがあり、メタサイコロジーの観点からは主に無意識的動機を指し、意識的な言動の背後にあってそれを決定する意図や欲望を意味します。しかし、臨床場面では若干違った意味で使用され、「動機づけられている」と動詞風に使われ、治療への積極的参加をもたらすものです。治療への参加意欲と治療者との協力意識が強い場合には「動機づけが高い」と言われ、受診の際の動機の意図や内容を「受診動機」と言い、無意識的な内容も含むことが多いです。広く一般の医療や心理臨床において治療結果を左右するものとして重視されますが、とくに分析療法は苦痛な記憶の想起や葛藤の言語化を求め、被分析者はそれに多少なりとも抵抗を示すものなので、治療の結果を左右する因子として治療への動機づけ（モチベーション）の高い、低いが挙げられます。

動機づけには、分析治療についての知識や深い理解が必要というのではなく、問題の背景にある心因を明らかにしたいという思いと、自分自身を変えたいという気持ちが重要となります。また、最初の動機が不明確な場合でも、陽性転移の維持と治療同盟の確立とともにやがて確実なものとなるなら、それに支えられて分析過程は展開します。病気の自覚がなかったり、症状の魔術的消失だけに関心があり、心理的要因を理解することに興味がない場合は、むしろ指示的な治療や薬物療法など他の治療を行うことも適切となるでしょう。こうして動機は、自我の強さや言語化能力などと共に、初診や見立てにおいて推し量って取り扱うことが重要であり、治療への絶望や、治療者への不信感等を最初から解釈せねばならない場合もあり、ときには治療動機そのものを育てることが当面の課題となります。誰が受診を動機づけたか、誰が紹介したか、分析治療を受けてどのようになりたいか、これまでの治療経験は良いものか等の情報は動機の内容を知るために役立ちます。治療動機は常に裏と表、あるいは本音と建て前の二重性があると考えることが多いですが、積極的な患者でも、分析医からの助言や指導がなかったりすると、突然非協力的な態度を示されることがあり、表面的には意欲的でなくとも本音では協力的であることもあるのです。小此木は「精神分析的面接」で著わしたように、面接そのものが葛藤的な状況であることを指摘し、面接者や面接をどのように体験しているかを知って、否定的動機づけや退行的動機づけ等を読み取ることも考えています。訪れた患者のすべてに治療動機のあることが前提にならないわけであり、この観点は治療契約やインフォームドコンセントにも関わる重要な部分なのです。

同性愛
homosexuality

同性に性愛感情を抱くもので、実際に同性との間で性行為を行う同性愛では、性対象が同性に限られ異性にまったく興味がなくむしろ嫌悪感や憎しみを抱く場合があります。異性も性行為の対象とする両性愛や、異性と接触できない特殊な環境で一過性に同性を異性の代わりとする代償的な同性愛なども存在します。現象的な議論は男性が対象となりやすいですが、現代精神分析が主に問題とするのは、両性における同性愛幻想、同性愛的ポジション、同性愛不安、異性恐怖、同性愛的対象関係です。

成り立ちについては、フロイト（例えば『自我とエス』）が提示する道筋を辿るならば、主に両性素質を基盤にしたエディプス葛藤の帰結という内的要因が挙げられます。異性の親に性的感情を抱き、同性の親に嫉妬や敵意を抱くという典型的なエディプス・コンプレックスでは、男の子は父親に対し去勢不安を抱くために父親に同一化し母親とは別の女性を求めていくことになります。そこで父親の威嚇が強すぎると、また母親との関係に不満が強いと、男の子は父親に対し迎合し愛情を抱くようになり、父に愛されるために女性に同一化するという同性愛状況が生じます。同様に父親に同一化した女性や、母親との関係の悪い女の子が同一化すべき女性像を見出せないで、成人しても母親像を求めて女性に性的関心をもち続けるという場合もあります。ただし、少年・少女期における同性愛傾向は、やがて異性愛へと変化していく過程への移行期においては重要です。同性に抱く性的感情や憧れは、同一化すべき理想の同性モデルの獲得の機会であり、自己像を相手の上に投影しながら自己愛を調整することは発達促進的であるとされます。このようにどちらかの性に追いやられるのではなく、早期から幻想や態度の中で両性素質を基盤にして異性愛と同性愛の両方を体験しながら最終的な性的立場を選択するという考え方があります（例えばBlos, P.）。つまり臨床では、異性愛者の分析において移行的な同性への愛着や並存的な同性愛、さらには同性愛不安に伴う異性恐怖を観察することは少なくありませんが、去勢や同一化の問題とともに同性の親への恐怖として考える必要がありま す。これらが転移として展開するなら逆転移の分析が必要となる局面が多く、とくに同性愛傾向の内にある依存や自己愛の問題は重要です。

時代的には、一人っ子や離婚の増加、父性の弱体化などにより、陰性エディプス状況が発生しやすくなっていると言われています。また、日本人の甘えが同性愛的であるように、文化的に規定された同性愛あるいは同性依存に対する態度や考え方もあります。一方、真性同性愛を性同一化の失敗とするような短絡的な理解は後退し、異性愛への心理学的変更を第一の選択とするのではなく、性転換手術の可能性も考慮して個人の生き方の問題として取り上げる態度が望ましいという考えも定着してきました。それらは病気扱いすることへの同性愛者からの抗議への反応でもあり、分析家の世界でも米国などでは分析家の同性愛の承認をめぐる論争が続いています。同性愛者そのものを障害と見なすのではなく、その心性を理解しながら、自慰空想では異性愛であるような自我異和的な同性愛者や、異性愛者の同性愛不安を心理的治療の対象とする考えが強くなり、確立された性同一性を心理学的に変更・修整することはきわめて困難であることも認められるようになりました。ただ、現代的な「セックスレス」や「セックス嫌悪」の場合でもそうですが、どのような性愛傾向であれ、生き方を反映するものであり、その分析的治療で取り扱ってはならない性のあり方などないのです。

［関連項目］性、両性素質

同情

▽情とは

情とは昔から人間の心の動き一般を指し、「同情」「武士の情け」と言うように情けは思いやりであり、他者の痛みを感じてこれを分かち合うのも情です。その上、「情婦」「情事」「情が深い」「情を通ずる」と言うと性愛の情となり、「情（なさけ）を知る」と言う場合は、人情を知ることと情事を経験することの両方が意味されます。さらに「情を売る」とは売春であり、情には、人情と欲情、性欲とが区別されない水準があることになります。たとえ欲望中心の関係であっても、長く会っていると「情がうつる」と言うのは、異性愛の欲情と思いやりの情とが、独特の混合物となるからです。普通、情は濃厚であることが望まれますが、ときに人を縛り、スポイルして、すべての論理よりも優先されるので「人のためにならない」と警告されるのです。しかしながら、「情けは人のためならず」はもともと、他人にかけた情けはやがて自分に戻って来るので自分のためだという意味であり、自己中心的で正直な発想だと言えます。

▽いたむ

心の在り方を決定する要素として精神分析では心的な痛みに注目していますが、普通はこの痛みを同情という現象によって人の関係のなかで分かち合うことができます。例えば、痛々しい、いたわしい、いたましい、と言うように、他人の痛みの取り入れと自分の痛みの投影と同一化というやりとりを基盤にして、他者と同じように自らも悲しくなる過程で同情が生まれるのです。「気の毒」の発生メカニズムも同情と同様であり、対象の悲劇が自らの内部の毒となってしまうわけで、他者の涙を取り入れる「もらい泣き」にも同じ過程が見られるのです。このように、私たちの心の痛みは、自らの痛みだけではなく、共に感じる「共感」、また情がうつる、親身になることなどによって、外部からもらった「毒」である場合があり、ときには他者から押し付けられた痛みすら存在するのです。

「同情」の過程によって生まれた痛みを回避しようとして、痛ましい相手に対して親切にすることやお世話することが動機づけられ、このとき相手の痛みが軽減すると同情や共感する側の痛みも軽くなるようです。日本語の「いたむ」には、人の死を嘆き悲しむという意味があり、このような痛みの共有は痛みと同音の悼みという言葉で表現され、相手の痛みがこちらの悼みになるところが、痛みの取り入れ過程の存在を物語っています。つまり、痛んで死んだ人自身に対する同情や、その人を失って痛む近親者に対する同情を基盤として、痛みが取り入れられて悼む心に痛みが生れるというわけです。これがあまりに自己中心的になると、自分の痛みを相手に押し付けるだけで、相手の痛みに同情し、思いやったことにしようとする場合もあるかもしれません。それがまさに「情けは人のためならず」というところなのでありましょう。

▽同情はいらない

「同情する」が主にマイナスの感情に向けて使用されるのに対し、「汲む」は主に相手の頼みや希望などのポジティブなものを汲み取ることです。世話してもらいたいという欲求だけではなく、逆にそっとしておいてほしい、放っておいてほしい、同情はいらないという希望を汲み取ることも察しのいい親切となるでしょう。この場合、同情に動機づけられる世話はひと味違った対応が要求され、相手の気持ちを汲んで身を引くことが必要となるでしょう。一身同体、対象との分かちがたい関係、思い切れない未練などがあると、分離の痛みが病的な痛みを生み出すので、これが困難となります。それゆえ、相手を世話することで同情の痛みと分離の痛みから解放されようとする自己中心的な献身者は、「親切の押し売り」「大きなお世話」を生み出しやすいのです。つまり、献身者において過剰な親切を動機づける痛みには、同情を介して取り入れられた痛みだけではなく、同情する側と本来的に痛む相手との一体に近い状態における、同情する側の「生木を裂かれる」ような痛みも含まれるのです。これに対し「汲み取る」「察する」には「読み取る」ことが求められ、汲み取る関係や察する関係は、同情を発生させる関係よりも距離があり、逆にたんなる同情では相手の希望を読み取るための余裕と距離がなくなります。

▽**読み取って察すること**

人の世話をする仕事には、献身と自己犠牲を強く求められる一時期があります。しかし以上のように、治療者に求められるものには、同情や共感だけでなく、本当に必要なものを読み取った中立的な態度と、割って入る父親的な仕事も含まれ、そのためには正確な読みと相応の自己点検が要求されます。さらに、汲み取り、受け取り、読み取りという仕事は、その包容力と精神衛生、そして捌け口として治療者側の「治療」を必要とすることになります。そして自分の痛みと他者の痛みをある程度区別するようになるなら、簡単には同情せず、他者の痛みを取り入れることが前より少なくなるかもしれません。私たちの仕事では心的な痛みを訴える人たちとの出会いは多いですが、人の痛みに同情して圧倒されることはあまりなく、希望を汲み取り、理解できるものを読み取って、痛みは「お察しする」程度に留めることを基本とします。そういう治療とは、他者の痛みを取り入れて痛む「同情」とは逆の、距離を置いた仕事になることがあって、そのとき同情しない治療者は常識的な一般の期待を裏切るので、意地悪、水くさい、冷たい、ときに「日本人的ではない」などと形容されることを覚悟せねばならないのです。

[関連項目] 愛しい

とき

▽解き

時とは「解き」だと言う語源説がありますが、焦ると未来は時間的になかなか解けてこないのです。しかし、ゆっくりとした時空を得ると、時間が経つうちに見えていない未来から、つまり向こうから帯が解けるように、解決という「解き」が解けくることがあるのです。

私の言う「見るなの禁止」は、近親姦のタブーが“taboo to be kept”であることに対して、“taboo to be broken in time”であり、時間と共に破られるのであり、このために秘密はいつも見えにくく、突然露見したりしているのです。そしてそこには、ゆっくりと時間をかけて幻滅や露出を見るための心の準備をしなければならないという知恵と、そのときこれらをどうしたら正視できるようになるのかという問いが生まれます。

その問いへの答えは、先取りするなら、どうして見にくい（醜い）のかを理解するということと、それをゆるゆるとした時間のなかで行うということです。理解することは私たちのいつもの課題ですが、ここでは時間をかけゆっくり習って「慣れること」を強調したいと思います。

▽あわてない

逆に言うならこの時間的要因こそ、物語の悲劇性の共通要素だと思います。エディプスもヨーカスタも、〈つう〉も〈与ひょう〉も、イザナキもイザナミも、阿闍世も皆あわてているのです。見えたものに対し即断即決で、悲劇的エンディングに向け身を投じている。しかし、これらの主人公たちの中で、阿闍世の母親であるイダイケだけがそこで生き残り、あるいは阿闍世の怒りを向けられながらもそこに留まるのです。この「生き残り」が阿闍世の改心と許しというハッピーエンドにつながったのではないかと思います。

（北山修「未来から学ぶ——精神分析的精神療法」より）

［関連項目］なれ、見るなの禁止

とける

▽溶け込む

「溶ける」は固体が液体になることであり、集団のなかに「溶け込む」とは人間が形をなくして液体のようになるようであり、目立つこと、際立つことを避けようとする文化では望ましいことでしょう。よく精神分析や精神療法では「個の確立」が唱えられ、これに対して東洋ではそのような個人や個の自立、自律は理想とされていないと反論され、他と対峙する西洋的な個は固体的なのだと言われます。これに対し、溶け込もうとする主体は簡単に液体になり、川の流れのように生きたり、風や気体になって空気のように抵抗の少ない存在になろうとするのです。しかし、身体の物質性を重視するなら「身も心も溶けてしまう」という表現は非現実的な比喩であり、身体が溶けることはありません。「溶ける」に「込む」がついて「溶け込む」になると、溶ける努力がさらに徹底されるわけですが、固体のままで個体が溶け込もうとすると、あちこちで摩擦や衝突をおこし、大変な困難を体験して「仲間に溶け込めない」が訴えられることになります。

▽解ける

「溶ける」と「解ける」は同音で、同源同語であるといいます。実際に「解く」「解ける」が対人関係に使用され、「互いにわだかまりがなくなって打ち解ける」という具合に心理的に使用されると、ほとんど「解く」は「溶く」と変わりがなくなります。辞典を引いても、すでに「解く」には、心の隔てがなくなり心安く思う、安心するなどの意味があって、解けない心理的問題が持ち込まれるのが臨床場面であれば、問題を解く、あるいは問題が解けるという目標は治療者が提供せねばならないものとして期待されることになります。それは性格心理学的には、依存と退行を介して防衛が解けてゆるむということではないかと思われ、ここに問題解決の意識と感覚、そして方法があります。

▽「ゆるし」という自然治癒

「解す」は「ほぐす」とも読みます。私たちが人間の抱える諸問題を分析しようとする目的は、第一にこの「解く」「解す」の意味においてでしょう。しかしながら、固体の状態に留まろうとしない性急な心は、隔ても、しこりも、わだかまりも、怒りも皆早くとけていこうとしますが、皆が溶け合う坩堝のようなものが思い描かれているようです。「解く」が解決する、なくなる、解放するを意味するなら、それは棚上げでも、抑圧でもないし、「溶けて流れりゃ皆同じ」のように問題が無化するのなら一見理想的で楽観的な解決に見えます。さらに、「時=とき=解き」という連想は、問題は「時間が解決する」という自然治癒の経過を支持するものですし、それが溶けて解けるには時間がかかることも言っているのでしょう。そして、罪人が求める「許し」や「赦し」のユは、ゆったりとした感覚とゆるゆるとした時間感覚を意味的に含むと思われます。この言葉の響きには、ゆっくりゆったりとした時空を許されるなら、古い防衛の「ゆるみ」のなかでとけてゆき、見えない未来から「解き」が訪れる、という楽観的で治療的な展望があるのです。

▽とろかし

だからということだと思うのですが、古澤平作は、治療者－患者の隔てをといて、怒りや怨みを溶解しようとする母親的態度を説き、これを「とろかし」という言葉で強調したといいます。前田重治は次のように書いています。「治療者の母親的態度－母なるもの、根源的な陽性転移によって、相手との間に基本的融合感を回復させることをねらったものである。そこは、甘えも恨みも、ともにどろどろに溶解させて、別のものに作りかえてゆく力がみられる深い対象関係の場である」。

確かに、このような治療的退行の経過を信じるか信じないかは、治療者の態度に大きな違いをもたらすでしょう。そして、身を覆う殻、隔てる壁などを熱意と熱気で溶かそうという努力は成功につながることもあるでしょうが、場合によっては大きな「やけど」を伴うはずであるので、焦らず時間をかけて慎重に行わねばなりません。

[関連項目] 焦る、とき、ゆ

閉ざす

▽心を閉ざす

確かに心を閉ざす、(自らの殻に) 閉じこもる、引きこもる、などが、病者が外界との接触を断つ方法となるのです。E・ブロイラーが内的生活の絶対優位と現実離脱を重視して以来、統合失調症の症状のひとつとしての自閉 (アウティスムス) が注目され、この自閉状態の取り扱いが分裂病治療の核心となりました。しかし「自ら心を閉ざす」は精神医学とは無関係に活用できる日常的表現であり、一方の精神医学の進歩や拡大、およびその大衆化に伴い「自閉症的な人」や「自閉的な人間」と言われるようになり、さらにうつ病についても病的な意味で「心を閉ざす」「閉じこもる」「塞ぎ込む」が使用されるので、病を特定する言葉としては混乱します。なお後者の「塞ぐ」の語源説に「蓋 (をする)」との関連を言うものがあるので、これも「閉じる」という意味を担っていると思われます。

しかし、私たちが日常的なレトリックとして「閉じこもる」「心を閉ざす」と言うとき、そこには「閉じこもりたい」という願望のあることが仮定できます。つまり、「こもる」「引きこもる」などの表現もまた、実に自動詞的で、積極的であり、当人の側にこもろうとする意志のあることを想定させてしまうのです。だから臨床でのこれらの言葉の使用が適切かどうかを考える際は、これらの言葉が願望や意志を前提にすることに何よりも注意が必要でしょう。

▽とっかかりがない

治療者が外から見て「とっかかりがない」「つかみどころがない」「とりつく島がない」患者のすべてについて、外部との接触を積極的に断っている状態であると言えるほどの「自閉の意志」を想定することはできません。むしろ、外界からの接近や理解が不可能であるときに、接近しようとする側が拒否されたように感じてしまい、患者に自閉の意志を想定しやすいですが、その拒否や自閉は十分に誤解である可能性があります。実際に「私は心を閉ざしています」と、心を閉じている人は言うことがないし、逆に当人としては「心を開こう」としている場合でも、また、すべて「筒抜け」「お見通し」で丸裸にされその身を隠せないくらいに開いてしまっていると当人が感じている場合も、交流方法の失敗や受け手との「すれちがい」などのために閉じているように見られやすいです。このため、精神病の心理治療の基本では常識に反し、治療者は「心を開く」とは言わず、「覆いをつける方法」（S・フロイト）、「抱えること」（D・W・ウィニコット）「包み込むこと」（W・R・ビオン）や、「覆いをつくる方法」「橋渡し」、さらには神田橋條治の「自閉の利用」というのが基本方針となります。

「貝のように閉ざす」という比喩表現も、これを開こうとする側の意志に反するという印象から生まれやすく、「閉じる」「閉ざす」という表現も日常的に頻繁に使用されながら、臨床ではその使い方が難しい言葉なのです。「登校拒否」、「拒食」などについても同様のことが言えるのですが、最近では「登校拒否」が消え「不登校」など別の言葉に置き換えられつつあるように、「閉じる」「閉じこもる」にも正確で慎重な使用が求められます。その上多くの場合で、ある人のことを「心を閉じている」と言うとき、それを言うこちら側も心を閉ざしやすいのです。

▽しめる、とじる、とざす

言語学者の國廣哲彌が「窓をしめる」「窓を閉じる」「窓を閉ざす」という異なる表現の違いを検討しています。要点を言うなら、「しめる」よりも「閉じる」のほうが完結性が与えられ、「閉ざす」は「閉じる」よりも時間的に長い間の遮断の感があります。精神病理学でよく使われる「閉ざす」は先の「自閉の意志」のためではなく、この完璧さ、つまり一貫したまとまりという印象に注目するからでもありましょう。「閉じた円」「一生を閉じる」という場合に出現する、何も求められていないのでこれ以上は手出しができないし、捉えどころがまったくないという完全と完結の意味合いが、とくに「閉ざす」と言われる人には感じられます。そして、この自閉の状態が完璧な場合に、その孤高の姿が接近者にもたらす苛立ちに治療者は自覚的でありたいですし、それに圧倒されるとこちらは金縛りにでもあったように何もできなくなってしまうのです。例えば異様に食い込んで来る知覚刺激に対して身を守るために閉じこもる病者は、接近者を求めていないし、放っておいてほしいのだという印象を与え、この「放っておいて」はしばしば当人により言葉にされて周囲の者を困らせます。さらにはこのような場合の「閉ざす」では、安易に言い当てることや常識心理学的な理解を差し控えて、身体的に危険のない限りこの防衛を尊重して見守るのが最善であるケースが少なくないので、ますます家族は困ることになるのです。

▽わからない

だから完全に近いくらいに「心を閉ざす」患者に対していて最初に思い知るのは、周囲は兎に角まずは困らねばならないということです。どうしていいのかわからない、どのように理解していいのかわからない、と「わからない」は募ります。しかし、この「わからない」を便宜的に避ける術はありません。専門家も、その理解を依頼されたとしても、できることならこの「わからない」にしばし止まり、ときにのたうちまわるしかないと思います。精神科医、治療者はいつも理解の専門家のように思われやすいですが、理解の難しい患者に対しては、本当にこの「わからない」というところにまで身をもっていくべきであり、理解力よりも、わからなくて困りながら何もしない能力が求められるのです。これは何も治療者個人の問題ではなく、治療環境そのものが、心を閉ざす者を抱えながら焦らず、どうしたらいいのかを考える能力と余裕を求めているのです。その上、心の「壁をつくる」「垣根を張り巡らす」「塞ぎ込んでいる」というケースにおいて、この壁や垣根、そして蓋の向こうに「出てきたい心」があると想定することすら危険である場合もあります。

な行

内的世界／外的世界
なおす
なれ

二次加工
二者関係／三者関係
日本語臨床

内的世界／外的世界

internal world/external world

フロイトは、それまで外的現実においては取るに足らないことと、不要なものと思われることの多かった症状や夢の内部に「患者たちの側の主体的現実」を見出しました。彼らの抱える心的現実は、まさしく彼らにとっての「本当の」現実なのであり、無意識に存在する内奥の心的世界の証明なのです。このように、外的世界と同等の内的世界が存在すると考え、その内側の対象と自己の無意識的な幻想を徹底して読み解くのがクライン学派です。

児童の分析を行ったクラインの観察によれば、乳幼児は母親の乳房をはじめとした種々の対象に関し無意識的幻想に支配された世界を保有し、現実の体験との間の投影や取り入れの複雑な相互作用により、外的世界と並行して内的世界が内的空間に展開して内的構造物が構築されます。内的対象、内的現実、そして内的世界、それらはたんなる比喩ではなく確かな具体的世界で、幼児においてはその存在が確かめられやすいですが、臨床でこれについての理解がもっとも求められるのは、児童も含めて、外界とは接点を持たないように見える事例においてであり、たとえ外的な表出が貧困であっても内的世界においては生臭い対象関係が生き生きと展開しています。こうしてクラインは、われわれが二つの世界に同時に住んでいることを示した人として高く評価されています。一般に「内的」には、自他の境界の内側という意味に加えて、実際に身体(皮膚)の内側という意味があり、特に境界としての皮膚が問題になることがあって、そこで内外を交流させる出入口が精神分析の発達理論で強調されてきた口、肛門、性器などです。「内的」という言葉と対になって「外的」という言葉が使われ、両者は相反する場合もありますが、通常は互いが交流し影響しあうもので、互いが互いの概念を定義しています。両者を対照的に見るとき、内的世界はより主観的で幻想に支配された個性的世界ですが、外的世界はより客観的で物的な現実の上に成り立つ共同体が中心となり、他者と共有せねばならない世界です。

内側と外側、内的世界と外的世界をはっきりと分割したフロイトやクラインの二分法に対し、ウィニコットは二つの世界の織り成す「心の劇場」(McDougall, J.)としての可能性空間や橋渡しとしての移行対象に注目しています。

[関連項目] 劇、移行対象

なおす

▽素直とは

我が国では、「おさまりがいい」や「落ち着いた人」とともに、素直、正直、直実などの「直」の字は望ましい人格の評価基準としても大きな影響力を発揮しています。『広辞苑』を引くと、「素直」の意味は次の通りです。

①飾気なくありのままなこと。質朴。淳朴。②心の正しいこと。正直。③おだやかで人にさからわぬこと。従順。柔和。

『字解』ではこの「直」は、歪んだものを真っ直ぐにするという字であり、さらに「素」の字義とは「白い」で、飾らず、ありのままという意味です。臨床家の実践は、どれほど人格の定義がやり直されようと、こういう言葉の意味を通して社会的、文化的なものに左右されます。

▽なおさねばならぬ

それで「直す」は、よくない状態から正しい状態にするという意味となり、ほとんど「正す」という言葉で置き換えることができます。見た目が真っ直ぐであることが「正しい」のだという評価は、曲がったものはいけないことで、これを直すのが正しいことだという感覚を生み出します。スーパーマーケットにおける曲がったキュウリや歪んだリンゴと同様に、人間の性格を「歪んでいる」「曲がっている」「おさまりが悪い」と感覚的に形容しこれが正しくないもので、何とかして直さねばならぬと判断することがあります。しかしながら、それが見かけや見やすさ、そして見苦しさという、周囲からの、つまり外の観点からの評価であるだけに、本人にはまったく不当であることがあるのです。

▽見た目の判断

子どもについて「素直じゃない」が真っ直ぐではないという意味で使われた場合、この真っ直ぐでないという印象はまさに養育者の視点から述べられています。「曲がった根性」「曲がったこと」「へそ曲がり」の「曲がっている」が「正しくない」の意味となるには、外部に何か基準がなければなりませんが、それは一体どういうものでしょう。言葉から思うに、そこには「おさまりの悪い」や「やりにくい」などの「悪い」や「にくい」と同様に、これらを取り扱う側の困難や不快が込められて基準になっていそうなのです。「まずい顔」「醜い子」のように、周囲の主観的苦痛が客観的描写のために使われることがありますが、もの言わぬ子どもに付けられる形容にはどうしてもこういう外からの言葉が増えます。よく「人の目を気にする」と言いますが、言葉の面からも「人の目」による評価がそのまま当人の形容詞になっているのだからそれも仕方ないでしょう。つまり、周囲の「見た目」による主観的判断を踏まえた言葉が取り入れられ自己評価に使用されるなら、同時に人の目を気にする構造も言葉を介して取り入れることになるのです。

▽治す、正す

また「治す」という言葉を「治療する」という意味で使用しますが、この「なおす」にも「正す」という意味があります。そして「直す」「正す」という言語感覚に支配された治療は、歪んでいるもの、曲がったものを真っ直ぐにするという方向づけを受けることがあるでしょう。そこでは外から見て、真っ直ぐで、ゆがみのない直線的な性格になることや「素の状態」つまり元の状態になることが、心理的に正しい治癒像として目指されるかもしれないのです。しかし心というものは変化し続けるもので、「子ども返り」の錯覚以外の方法では元に戻ることはないのであり、真っすぐであることを決めるための物差しのほうが杓子定規でむしろ歪んでいることだってあるのです。だから「歪んだ性格」をなおす治療の一局面として、患者と治療者のいずれの物差しが正しいのかについて考えることが必要になります。また、互いに共有できる物差しをつくったり、その正しさを確認しあったりすることも治療の第一歩となるでしょう。さらに本人にも、何がまっすぐなのか、何が一番正しいのか、わかっていない場合があり、治療者が信用されるなら、また「のみこまれる不安」が軽減されているなら、治療者が信じる自分の物差しをはっきりと提示することは重要でしょう。そしてどんなに正しい物差しであれ、そして使いなれているものが便利ですが、他人に対して使いやすくても自分を計れない物差しの多いことに気づくものです。

その上、四角四面の世の中でのびのびと生きる可能性を確保するために、または、当人の観点から見て真っ直ぐに生きるためにも、歪んだままでいたい、曲がったままでいたい、と意識的にまたは無意識的に思っている人たちもいるのです。そしてそういった人たちに圧力をかけるなら、自分を守るために敢えて反抗的になり、歪もう、曲がろうとして屈折し、自己評価の低い性格になることもあります。そういう曲がった性格、歪んだ心を直すという考え方は整体術のような治療を発想させますが、まっすぐにしよう、たたきなおそうとする治療に対して、患者はますます複雑に歪もうとするかもしれません。

なれ

▽平常心

「なれる」は、物事に絶えず触れることにより、それが平常のものと感じられる、という意味で、回数を重ねる心理面接では発生しやすい現象だと言えるでしょう。「慣れ」「馴れ」と「習う」「均す（ならす）」のナラは同根と言われています（岩波『古語辞典』）。動揺しない平常心の探求においては、「なれ」は実に貴重な臨床心理現象とその過程を指しています。

▽体が覚える

「習う」は「倣う」であるとすると、同じことを繰り返し体験することで覚え身につけることが習得や学習であり、「右にならえ」という言い方などには、受身的一方的に単調な反復が繰り返される学習形式を想像させます。繰り返して習慣化し「習い性」にすることを目指し、「習うよりも慣れろ」と当然のごとく言ったのです。ただし、「倣う」は模倣であるとして、ただ真似をするだけで「習う」ことになるのかを問うべきでしょう。また、そこには以下のように、「なれ」の身体性を見出すことができるのです。

つまり恋の始まりを馴れ初めと言いますが、やがて逢瀬を重ねて馴染みとなります。同じ遊女に通う男のことも「馴染み」と言いますが、同じ相手と同じ身体で同じ性的な関係を繰り返すと肌に馴染んでくるというわけでしょう。母子の絆でも授乳を中心にして身体的接触を繰り返すなかで互いに馴染みになっていることが想定され、男女や夫婦の間にも「馴れ初め」があって寝食をともにして互いに平常のものとなり慣れていくことが基本的な体験なのです。「体に馴染む」「手に馴染む」と言うように、「馴染む」は肉体的なのです。この身体的反復を自動的に繰り返し、共に食べ共に飲み共に語り、これを自然に反復される生理的な反応としてしまうことで「馴れ合う」「慣れ親しむ」「身近に感じる」という心理的な効果が生み出されます。

このような理解は、人や場になじめないという患者の原体験を想定する際に重要であり、適切な身体的接触や肉体的体験のなかったことを想像させます。

▽「ならす」とは言わない

学習心理学の"habituation"は、「通常ならばかならず反応を引き起こす刺激が繰り返されることで、刺激に対する反応が起こらなくなる現象」と説明され、日本語で「たびたび経験して常のことになる」の意味の「慣れ」に非常に近いものです。他方、洞察という学びの過程を重視する精神分析は、むしろ「慣れるよりも習え」であり、この安定した対象関係の取り入れ過程を無意識的同一化などで説明します。行動療法で治療者が患者を恐怖や不安に「ならすhabituiate」という発想が人々の抵抗を招くのは、日本語の「ならす」は人間に対して言わないからです。つまり、人間も動物も「なれる」とは言いますが、人間が犬や猫をならすことがあっても、人間が人間をならすとは普通は言いません。患者は同じ治療者に会うために、同じ時間に、同じところへ体を運んでやってくる、という繰り返しで、徐々に接近し、やがて互いが互いになれて「顔馴染み」になるということが起こりますが、それは主体的で自発的な「なれる」であって、「ならす」ではないのです。つまり何かを「ならす」は「てなづける」「飼い馴らす」という意味であり、人間に対して使えば非常に失礼になるのです。これが我が国における行動療法の限界を作ったのだと私は思います。

▽なれっこになる

「なれてない―なれる―なれっこ」というのが慣れの過程で、この慣れによって「場なれ」「人なれ」した人となります。しかし、これが度をすぎると「なれなれしくなる」ので好まれません。臨床では、たとえ馴染みとなり慣れたとしても、同時に適度な緊張感が必要であり、結局は別れることになる治療関係では、慣れることだけが治療を代表する要素になることはないでしょう。しかしながら、これらは頻度が高く長期にわたる治療では多かれ少なかれ起こる現象であり、同音異義の「成り」と音的に連動し、時間が経つとすべて「成るようになる」のであり、それが限度を超えると「成れの果て」という結末もあるのです。

二次加工

secondary elaboration

主に夢分析の知見であり、夢の作業の一次的な成果を加工して調和のとれた夢をつくりだすために行われる作業を指します。この二次的な加工では、夢作業の一次的な歪曲、すなわち圧縮、置き換え、形象化により生み出された夢の矛盾を統一し、荒唐無稽な部分を取り除き、間隙を埋め、選別や修飾を行うことで、全体的に脚本らしきものをつくろうとします。具体的には、夢見状態から覚醒時に移行するときや夢を報告する際に、理解可能性を高めるために諸要素を加工するところで観察されます。フロイトがその説明で使用する「検問所」という言葉から分かるように、二次加工は無意識と意識の間で働くいわゆる検閲に相当し、象徴化過程においてあらゆる心的産物の内容に若干の整合性と公共性を与え続けます。それゆえ象徴形成や創造性と関係が深くなり、言語や現実原則の働きも重要になります。また、神経症やパラノイアの思考や表現は、説明可能性を高めようとして偏った二次加工が加えられていることがあり、それらは防衛として合理化や知性化と呼ばれることが多く、この歪曲が過剰に作用すると「こじつけ」や「わざとらしさ」を生んで公共性を失うことになります。

【関連項目】歪曲

二者関係／三者関係

two-body relationship/three-body relationship

J・リックマンが提唱した呼称であり、精神分析の観察と理論が扱う人間の数に応じ二者関係／三者関係と呼び分けられ、とくに対象関係や関係性の段階論を語るために使用されます。一般に二者関係の段階とは、主に口唇期と肛門期のプレエディプス段階で、三者関係とはエディプス期のものに相当しますが、「エディプス」という呼称に伴う文化的要素を減じて、生物学的で性的な観点から脱皮しようとして用いられる傾向があります。この用語法では、精神分析が取り扱うものの多くが個人の内面世界における主観的な心理学ですが、他者性を考慮しない傾向が顕著な理論は一者心理学 one-body psychology と呼ばれます。これに対する二者心理学 two-body psychology の対象は二人の間の相互交流であり、たとえばウィニコットやそれに影響を受けた者の理論では、主に「母親と共生する乳児」の二者関係の成立とその三者関係への移行を見ています。バリントもまた、いかなる第三者も介入できない二人だけの関係における基底欠損水準 the level of the basic fault をエディプス水準よりも原初的レベルにあるものとして区別しています。彼によれば、治療の中で起こる多くの事柄が、どちらか一人の中で起こるのではなく、「二人関係 two-parson relationship」において生起するのです。一者心理学の色彩の強かったクライン学派も現実を無視したわけではないと反論し、ビオンがコンテインという概念で母親との二者性を問題にして、同時に幻想の早期エディプス・コンプレックスを考察するようになりました。このような発展とともに、被分析者が分析家に対して抱く転移や幻想の理解に際して、その受け皿や器として分析状況に参加する観察者自身の逆転移や提供するものの意味を深く考察するとき、二者心理学の実践例となり、同様に二者間でのナルシシズムの生成と共感を重視するコフートの理論も二者心理学と呼ばれることがあります。ただし、この一者、二者、三者という用語は、特定の学派の心理学ではなく、より広い視点からの発達段階論や治療関係論において使用されることが多いです。

臨床的にも、三者関係の精神分析理論としてはエディプス・コンプレックス論が代表的で、これが神経症の核とされることが多いですが、治療する対象が境界例、人格障害、分裂病などのより病態水準の重い病理になるにつれ、それ以前の二者関係、すなわち母子関係が注目されるようになりました。ただし、エディプス・コンプレックスで主題にされるのは、競争や嫉妬の心理をはらむ葛藤的な三角関係なのであり、中立性の高い三者関係という呼び方ではその含蓄が消失するし、数の問題で段階論を決定するのでは、精神－性的発達理論の持つ生物学的意味合いや性別の問題が当然消えることになります。また、三角関係構造における父性的権威が重視されて、息子は父親と敵対して陽性エディプス・コンプレックスの中で一人前になるとされ、男児が同性愛着や依存を示すことは一般に消極的評価を受けてきました。これに対しブロスは、両性素質の流動性を踏まえて、男児の父親への愛着や同性との経験を高く評価し、同性コンプレックスが青年の対象関係や人格の発達、さらには神経症や性格の病理に影響すると考えています。彼は、陽性、陰性という価値観の含まれる呼称を批判し、二者期の異性コンプレックス dyadic allogender complex、二者期の同性コンプレックス dyadic isogender complex、三者期の異性コンプレックス triadic allogender complex、三者期の同性コンプレックス triadic isogender complex という用語を提案しています。

［関連項目］三角関係

日本語臨床

Nihongo Rinsho

私たちの日常臨床に用いられている言葉が日本語であるという事実を踏まえ、臨床における日本語や日本語概念の使用について臨床理解を深める機会として、「日本語臨床研究会」が企画されました。一九九四年四月に第一回大会が開催され、「恥」をシンポジウムのテーマとして、日本語の精神療法や精神病理学における可能性と限界が語り合われました。日本人は普段より「滅多なことは言わない方がいい」と考え、饒舌や雄弁をそれほど好まないなど、言葉にあまり期待しない傾向があるため、精神医学や臨床心理の領域でもむしろ非言語的コミュニケーションの重要性が説かれ、その視点から多くの業績が積み重ねられてきました。

また、外国から多数の心の理論が翻訳を通して輸入され、外国製の概念や理論で臨床の現象が割り切られることが正しいとされる風潮も見られます。心を描写するための言葉が日本語に豊富にあるにもかかわらず、研究者たちが日本語を生かすことが稀という傾向も強くありました。しかしこの研究会は翻訳や紹介の価値を否定するのではなく、外国から学ぶと同時に、日本語を生かした研究や日本文化を強く意識する理論化も大事であると考え、特に患者と共有しにくい非日常的言語や外国語が臨床理論に多いという傾向は心を取り扱う仕事にふさわしくない、という臨床家たちの実感がもとになっています。日本語臨床のこのような問題意識は、土居健郎の「甘え」論を生み出したものと同質であり、それを一つの概念で代表させないことが特徴でありますが、文化と精神分析実践の相関性への注目など、方法として多くを土居らから受け継いでいます。

もともと解釈や言語化という精神分析の技法論に見られるごとく、言葉と精神分析臨床は切っても切り離せないものであり、フロイトは夢、機知、言い間違いの精神病理などの分析で、言葉と意識・無意識に関してさまざまな相からの検討を試みています。フロイト以降もその流れは継承され、特にフランス語圏を中心として理論化が進み、無意識の言語に関する研究や発言が増えてきました。言語を主たる治療媒体とする精神分析理論の発展に向けて言語学者、文化人類学者、精神病理学者、言語心理学者などの知見から学ぶことは多く、日本語の中での精神病理の特徴や治療のための言語の機能について明確にしていく作業も必要です。言語論とともに重要なのは意味論的視点であり、例えば多義性を活用する土居の「甘え」論に対して定義の明確化を求める議論は盛んに行われていて、その代表的論客である竹友安彦の議論では「甘え」の核心は「対人行動的甘え」であるとしています。一方、豊永武盛は日本語の音と深く関わる意味を身体的体験をふまえて分析し、臨床的応用を試みています。諸学派、諸分野の参加を得て、さまざまな観点から今後も日本語臨床の論議が深化することが望まれます。

［関連項目］ 甘える

は行

売春婦
はかなさ
吐くこと
白昼夢
橋
話し
歯をもった膣

秘密を守る
ヒーリング・ミュージック

フェティシズム
無気味なもの
普通
文化
分析状況

防衛機制
本当の自己

売春婦

▽心を売ること

「もうひとつの、私にしっくりする精神科医像は、売春婦と重なる。そもそも一日のうちにヘビィな対人関係を十いくつも結ぶ職業は、売春婦のほかには精神科医以外にざらにあろうとは思われない。」（中井久夫）

今では死語かも知れませんが、この「売春婦」の「春」は色情を意味します。治療者は、「春」のごとく普通は金銭で売買されないものを売っているのですが、この仕事を喩える比喩のうち、あまり表には出てこないとはいえ内輪で広く使用されている一群の比喩として「娼婦」「水商売」「サービス業」などがあります。

治療者は、けっして現実的とは言えない関係のなかで、一日のうちに数人ないしは数十人の「お客」のプライヴァシーを理解しながら取り扱い、治療者の好き嫌いに関係なくひとりひとりに平等に接しなければなりません。また患者は、時間が限られている密室で「心を裸に」しながら治療者と出会い、そして結局は別れることになります。このような設定で行われる、どこまでが嘘でどこまでが真実か分からぬやりとりは、劇の比喩で描き出すこともできるでしょうが、それは多くの観客の前で展開される劇ではないのです。さらに、心の問題について心理的技法を用いて代金を徴収するとなれば、錬金術と同じで、社会的にあやしい「裏の仕事」の伝統を受け継ぐことになります。それで時には疑似家族となり、治療室という二人だけの密室は、遊郭や曖昧宿における擬似恋愛の場の趣きを増すことになるでしょう。その中で「心をくだく」「心をつかう」「心を揺さぶられる」という仕事には、「心を売ってる」という側面はないでしょうか。

▽セラピストの禁欲

しかしセラピストは、体は売りません。また、それがどれほど楽しい出会いであっても、患者との出会いにおいて得られる快感に身を任せてはならないのです。

それでいて、無表情、無感動であるわけにもいかないけれど、不快とか怒りをあからさまに表現することも許されません。慰みや気休めを求められますが、これを積極的には与えませんし、患者の友人になると言っても、あくまでも比喩としてであり、一生の友人になることもありません。治療者が得る報酬は、まずは金銭的なものであり、次いで心理的なものであり、よくなった患者がそれ以上来院する必要がなくなるときの達成感や安堵から得られます。人間臭い欲望や不安を備える治療者が、自分の寂しさを癒すために患者を引き留めたり、治療室から連れ出されて本当の恋人になろうとする下心のコントロールは重大な課題です。ところが「遊女の本気」が悲劇的なドラマの定番であるように、それはまったくない話ではないのです。

▽恋愛感情の対象になる

つまり、欧米と比べて日本では、治療者が患者に対し性的行動に出ることはまだまだ少ない、と言われるようですが、けっして楽観視できないでしょう。日本の治療者が節度をわきまえることは昔から確実に保証されていたわけではないし、これまでは、治療者のほうこそ患者との密室における心理的に濃厚な接触を避けてきたのですし、患者が治療者を誘惑する可能性を断ってきたのです。また、治療者に対する患者からの誘惑は患者の無意識的な思いを理解する好機なのであり、患者が治療者に恋愛感情を抱くことや、これを言葉にすることがあってもいいはずです。愛情欲求の抑圧を主たる原因とすることのある患者たちが精神分析家を必要とするのは第一にこの点においてであり、精神科医ではなく内科医を訪れるなら、患者の性的願望を通してその寂しさや孤独、そして依存欲求を分析的に理解する機会は少なくなるでしょう。ただし、一般外来で治療関係が極端に性愛的になるのは、重症の病理の顕在化であることが多いことも銘記すべきでしょう。

▽あやしい

多くの場合、娼婦やホストクラブの比喩は患者から出てくるものもあれば、患者の恋愛感情を取り扱うことの多い治療者の側からも出てきます。さらに、ヒステリーの診断が男性医者の女性患者に対する関心の高さを反映することが多いように、治療者が患者に性的関心を持つ場合にこの種の比喩は多用されることになります。治療者は「娼婦」になるだけでなく、「探偵」になったり「検事」「先生」になったり、「自動販売機」「ゴミ箱」「宗教家」にもなるのです。そのなかで「娼婦」なる言葉がとくに取り出されるとすれば、治療者も性的興奮のために「患者の誘惑」を管理しきれなくなっていて、それを自嘲的に告白している可能性があるのです。また、精神科医や臨床心理学者のクリニックは「できるならばこなくてもいい場所」であり、役割は不明瞭で曖昧であり、社会的にも歓迎されることはなく確かに一見あやしい仕事ですが、それだけならば「探偵事務所」「錬金術」「カルト集団」であってもいいのです。しかし、割り切れない「あやしさ」は、セラピストが患者にああだこうだと言われるための基本条件と言えるでしょう。

▽セラピストが女性であると

女性セラピストは、異性の患者との「心の水商売」を男性治療者ほどには歓迎しないとは言い切れないでしょう。ただ女性治療者がこの比喩をあからさまに受容することは社会的に憚られるものであり、逆に「売春」が比喩でなく本物になることを期待されるような関係では、女性治療者にとって取り扱いが大変になるので細かな注意が必要です。私の経験では、父親とも子どもたちとも寝る母親とは「娼婦」と言われる部分を有していますし、同様に多くの患者を相手にするセラピストも娼婦的です。しかし、彼女たちが患者に「売春婦」と言われるとき、それは蔑みかもしれませんが、治療者の「心は売らない」という態度、「水くさい」関係に対する非難であることも多いでしょう。

▽患者やクライエントの自虐性

実は、患者も自らのことを身を売っているように言って、女性なら売春婦、芸者、モデル、二号、男性なら役者、道化と形容することがありますが、それは自分を大事にしない自虐性や堕落願望を表すものでしょう。さらには相手の欲望や期待に合わせて演じてしまい、自分が出せない、自分がないという訴えであることが多いのです。もともと濃厚な関係に飢えているケースもあるでしょう。また、女性患者が、自らの娼婦性を恐れて、性や恋愛の極端な抑制や禁欲を発達させることもあります。

［関連項目］おかしい、自虐性、自己卑下傾向、自分、性、面倒を見る

はかなさ

▽はかない

私は、日本の浮世絵のなかに現われる母子像の研究を通して、この両者が共有する対象に浮かんで消えるものがあることを指摘し、これを「はかない対象」と名付けました。この橋渡しという機能を果たしながら「はかなさ」をその特徴としてもつ対象が「移行対象」ではないと言うのは、英語では移行 transition と「はかなさ transience」を区別するからですが、「移ろい」と言うように私たちは両方の間に連続性を感じるのです。そして、この「はかなさ」に美的な感動を体験するのも東洋人に多いようですが、精神分析には「はかなさ」の消極的体験を批判し、はかないからこそ美しいものには積極的な価値がある、と証言するフロイトの論文があります。第一次大戦の影響下のペシミスティックな雰囲気のなかで、彼は「無常について」と訳されている名エッセイでこう言います。「それを享受する可能性がこのように時間的制約を受けるからこそ、その享受の貴重さが高まるのである」。

美しいものは消滅するからこそ価値が高いと言い、

ナイからこそアルのだ、と言っているわけです。

▽あきらめ

この問題を、別の観点、とくに「あきらめ」という観点から眺めるなら、アルというのは「あきらめない」のであり、アルがナイままになるときの「無常」「はかなさ」は「あきらめ」を伴うのです。彼らはこの「あきらめ」を否定的に捉えており、キューブラー＝ロスの『死ぬ瞬間』でも、人が死ぬときの「あきらめ」に否定的です。その直線的図式に描かれる死の臨床モデルにおいては、「あきらめ」は敗北であり、「受容」という指針で主体性の発揮が示されます。西洋人たちがしきりに言う「最後まであきらめるな（never give up）」と、日本人の洞察である「あきらめ」とは、方向づけが異なるように思われます。

しかし、重要な問題は「あきらめる」か「あきらめない」かの二分法ではなく、その両方、つまり、アルものはナクナルけれど、ナクナルとまたアル、という両面的感覚です。アルとナイを抱き合わせで体験するしかなく、だからふつうは、つまり特別な場合を除いて、「あきらめた」と言う人は「あきらめてはいない」し、「あきらめないぞ」と言う人も半分「あきらめている」のではないでしょうか。臨床では、この両方が体験できることを目指します。あきらめの悪い人が、「あきらめたけど、本当はまだあきらめていないんですよ」と言うとき無理なく感じるのは、そこに「あきらめ半分」の「落ち着き」があるからなのです。

（北山修『幻滅論〈増補版〉』より）

［関連項目］あきらめ

吐くこと

▽器官言語

嘔吐、吐き出しという行為、また吐きたいという願望、吐きそうという感覚は、基本的に身体的、生理的なものです。しかし、「とにかく吐くこと」「吐きそう」などという言葉となって心理的なものの描写のために使われ、またときに「言い放つ」などと同じような意味で言語活動を示すためにも用いられます。とくに「吐き気」は、対人関係で嫌悪感が体験されるときに「生理的に受け入れられない」「気持ちが悪い」「むかつく」「ゲロゲロ」などという表現とともに使われ、心理的なものが身体的、生理的なものと通底していることがよく分かる例となるのです。さらに、内容とは関係なく、ただ言葉を話すことがこらえきれない思いの吐き出しとなって、身体的に吐くことが話すことを意味することもあります。つまり、言語活動が身体活動を表すだけでなく、身体が言葉を話すこともあって、このような表現形式を精神分析では「器官言語」という概念で捉えています。精神分析や心理臨床の文献に度々登場する独語 'Ekel'、英語 'disgust'、そして日本語の「吐く」、これらはすべて吐き気と心理的な嫌悪感を同時に意味しており、消化器系の言語の中でもきわめて普遍性の高い心身両義性を示すものであると言えます。

▽吐くに吐けない

身体的に吐き気のある者のなかには、実は心理的な嫌悪感があって、言いたいことがあることが原因で吐き気を感じている場合があります。しかし、吐き気がある患者に「言葉で吐きたいことがあるのでしょう」と言ってその両義性が通じたとしても、それが心理的なものであるという解釈を繰り返して、吐き気が解決することはめったにありません。さらに、生理的な吐き気は吐きさえすれば楽になるのに比して、言いたいことは口にできても、心はなかなか楽にはならないというのが実状なのです。

つまり、身体的な吐き気の解消のために嘔吐は簡単かもしれませんが、言葉の吐き気は言葉で「吐」くという形式では解消しないのです。つまり、心理的に消化できない心の中身はなかなか正確な言葉で吐き出すことはできないし、言葉にならないからこそ吐き気が募るので、中途半端な言葉で吐いてもまた溜ってくるのです。また、同じく体外に出すことである排泄は、主に要らないものを出すことであるのに対し、吐くことには嫌なものを吐くとき大事なものまでも失う不安が伴いやすいのです。さらには、楽に吐けるためには、安心して吐ける場が必要で、信用できない相手のいるところでは簡単には吐けません。信頼できないところで重大事を吐くとしたら、大事な中身を放り出すときの無念、悔しさが伴うでしょう。だから心理的にはいつも吐くに吐けないのであり、心理的な吐き気はただ吐けばいい、というのは安易なのでしょう。実は苦労も悲しみも罪も溜まるものであり、その元として心の消化に悪いものを取り入れないようにすること、さらに、複雑なものや、ややこしいこと、いやらしいことを、嚙み締め、のみこみ、こなすという心理的な消化の問題の前向きな解決が、吐き気の解決にはより重要です。さらに、予防や素地の面でも、「心の胃袋」と消化力の問題を検討しておくことが望まれます。

▽心の消化

文字通りの意味でも、心理的、比喩的な意味でも、吐き出し、そして、取り入れの過剰、溜め込み、放出などの困難にまつわる「消化」の問題は、精神科におけるきわめて一般的な症状であり病理学です。そして、食うこと、嘔吐をめぐっての身体体験ならば、当然、すべての人間に歴史があります。子どもの嘔吐や吐き気をきっかけにして母子関係における食う－食わないの問題が心理的な緊張に満ちたものとなりやすく、大人になってからも、これにまつわる興奮と不安は多くの思い出によって色づけられているのです。つくった料理を子どもに吐き出されて悩んだり困ったりするのは、多くの場合母親またはその代理者であり、「吐くこと」をめぐる心身問題は、母親たちとの関係が色濃く影をおとしています。

また、この吐いたものが外界に吸収されずに突き返されると、幼い者の心に被害的な体験の基礎をつくる可能性があります。とくに、包容力のない母親に抱えられて、子どもが心理的なものと身体的なものとが連動しやすい状態にいるときはそうなりやすいのです。ゆえに、早期育児における母親の役割のひとつが、赤ん坊に内外から与えられる異常体験や過剰な刺激を分かりやすいものにし、赤ん坊には抱えきれない感情や体験の流出に対しては受け皿となって受け取り、汲み取り、ときにこれを抱え、嚙み砕いて、消化し、吸収、解毒することであり、このような母親的機能の理解の深まりについては、ビオンらの英国の精神分析家たちの仕事から学ぶところが大きいです。とくに日本語の「消化（こなすこと）」が英語の「ダイジェスト」と同じように両義的であることは普遍的な深層心理学をもたらしてくれます。精神分析の仕事は、その心身両義的なレベルで問題について考えて、患者が「こなすこと」や包容力をつけることを重要な目的とするものでしょう。

［関連項目］ 言葉にする、話し

白昼夢
day-dream

白日夢とも呼ばれ、真昼にみる夢、覚醒時状態におけるありありとした空想、およびその派生物を指し、主に視覚的なものを言います。意識的なものもあれば、「無意識の白昼夢」（Freud, S., 1900）もあり、ときに「空中楼閣的な創造物」（Freud, S., 1908）もあります。フロイト理論では、その特徴は願望充足であり、空想や幻想、夢等と同様の意義をもつものとして扱われ、日常的思考の検閲が緩和され、内容は野心、誇大妄想、性的願望があからさまで、多くが幼児期の諸体験に基づいているとされています。願望や欲動が、日常的な材料と混ぜ合わされ組み合わされて一つの全体を作りあげるもので、夜間の夢よりも二次加工が優勢であり、そのシナリオに統一性があることも多いです。内容的に夢と白昼夢は互いに重要な材料を提供し、大抵は両者に連続性が生まれ、空想や錯覚などとも連動します。また、離人症やヒステリー、ナルシシズムやマゾヒズムの理解のために、白昼夢や空想の頻度と内容を知ることは、臨床的理解の重要な手がかりをもたらしてくれます。成人における日常生活を圧倒するような印象の強い白昼夢の連続は、統合失調症の境界状態や潜在性の精神病の目印になることがありますが、人生を画す宗教的体験につながることもあります。遊びと芸術双方の基礎である想像力や創造性に発展する場合もあり、白昼夢を主体的な想像や空想に転換して公共性のあるものを創造する人々を「詩人」と呼ぶのだとフロイトは考えています（Freud, S., 1917）。

[関連項目] 創造性

橋

フロイトは『夢判断』のなかで、顕在夢を分析するとき、ある言葉や言い回しから連想をはじめてやがて夢の思想にまで至るという方法を随所で披露しています。そこで彼は、顕在夢の諸要素のつながりや、夢思考へ至る方向を示す言葉を発見して、これを分析の手続きのなかで非常に重大な役割を果すものとして取扱っています。フロイトは、このような「夢の諸部分をつなぐ橋として役にたった語」を「言葉の橋 Wortbrücke, verbal bridge」と呼ぶことがありました。さらに、ふたつ以上の意味を結びつける両義的な言葉の、分析療法過程における役割について、ドラの夢分析に際して次のようにも言っています。「思想の道筋において合流点におけるポイント（転路機）のようなものである。このポイントが夢のなかに現われているようなところから反対側へきりかえられると、もうひとつの線路を見つけることになる。この二番目の軌道に沿って、いまだに夢の背後に隠されて、探しもとめられていた思考が走っているのである」。

フロイトがこのように両義性を論じるとき、両義的な言葉の分析が夢の顕在内容から無意識的な意味を読みとるときの価値ある方法となることが強調されているのですが、そこでは同時に、両義性が果す機能についても述べられていると考えることができます。つまり、両義的な言葉は、人々に共有されやすい意識的な意味と、個人が個別の内面に抱いている個性的な意味との間の橋渡し機能 bridging function を果しているのです。私はこのフロイトの議論を、心の内面と外面、内界と外界の間に橋をかけ、その内と外を結びつけながら分けている言葉の機能についての理論的な出発点としたいのです。

また、同じ言葉がふたつの意味を担って、ふたつの文脈で互いを結びつけながら使用されるという現象は、夢の分析においてだけ議論されているものではありません。たとえば、「読みちがい」や「言いまちがい」で生まれた言葉の曖昧さは、意識可能な重要でないコンプレックスと、興味深いけれど不愉快なコンプレックスとの間を結びつける橋 associative bridge を形成していると、フロイトは述べています。これらの「言葉の橋」は、すでに明らかとはなっているが互いに乖離している精神過程の間や、すでに意識されている意味と抑圧されて意識されにくい意味との間に、橋をかけるのだといえるでしょう。

この橋渡しの機能については、私 the I と私ではない the Non-I との間、つまり、内受容器的 enteroceptive な体験と外受容器的 exteroceptive な把握の間に橋をかけるという、キュービーの象徴論につながるものであると思います。また、土居の言語の発生論もこの過程に注目し、「身体内感覚を抑圧することによって身体外の事物をはっきりと知覚し、これを言語によって代表することを覚え、かくて現実に適応することを得るようになる」と述べていますが、これも、「身体内感覚は外界の事物を形容し叙述する言語の中に間接に反映される」という過程を描いています。

一方、一九三八年の『精神分析概説』では、フロイトは、言葉によって結びつけられるものは、「自我の内容」「内的出来事」という内的なものと、視覚や聴覚の知覚の記憶痕跡とであると記しています。そして、内的なものも外的なものとともに言語化されるので、「現実検討と呼ばれる特別な工夫が、（内的なものと外的なものとの）二つの可能性を識別するために必要となる」と書いています。フロイトはここで、言語活動は内的体験と外的な知覚とを結びつけるが、それを識別するためには「特別な工夫」が必要であり、たんに話すことそのものには内と外を区別することはできない点を議論しているのであると思います。このことから、言葉にすること、つまり、内的体験を言語化することを方法とする精神分析は、内外の区別が困難な病態の治療において、たんに話してもらうだけではない「特別な工夫」を必要とするのであるという問題意識が言語論の観点から生まれるのです。

　言語の橋渡し機能に注目して、両義的な言葉の複数の意味のつながりを明らかにしながら分析をすすめることが、精神分析的方法の重要な側面であることはいうまでもありません。両義的な言葉を介して、内包されていた内容を言語化させるという技法は、とくに神経症者の治療において強調されるものです。しかし、蓋いをとる方法 uncovering method という表現は、内的な体験を外のものにするという方向づけをもっているのであり、自我境界が脆弱な患者の治療では何らかの「特別な工夫」が必要です。

　たしかに、これらの議論は言語化による内的体験の外面化をあまりに強調しすぎていますが、私の定義する言葉の橋渡し機能とは、内的体験を外に向けて言葉により表現しながら、同時に内外を分離するという逆説的なものであります。当然のことながら、言語化が自他の区別を促進することがあるという研究もあり、この自他の分化に貢献する言葉の使用に注目する研究としては、スピッツの『ノー・アンド・イエス』が代表的なものです。彼は「ノー」という言葉が、私と私ではないものの境界を確立するための証となると主張しています。

　以上のように、ふたつに方向づけられた機能については、そのどちらに強調点を置くかによって、研究者たちの言語観は異なるようです。そこで、私は「話す（ハナス）」には、対象を外界へ放す（ハナス）機能と、対象を自己から離す（ハナス）機能とがあると考えて、内的体験を外界に伝えながら内外を分離させる言葉の機能を総合的に「橋渡し機能」と呼びたいと考えています。

以上の理論的考察から、技法として「蓋いをとる方法」でも「蓋いをつける方法」でもなく、「蓋いをつくる方法」という「特別な工夫」の可能性が生まれるのです。ここでいう「蓋い」とは内外を分ける「蓋」でありながら、その内と外を橋のように結びつけるものです（内的世界と外的世界の間は境界線というよりも、ウィニコットのように、内と外の二元論では「内でも外でもありながら内でも外でもない」と逆説的に描写される広がりのある境界領域として捉えるべきであると私は考えます）。

話し

▽放す

「はなし」を「話」と一般的に表記するようになったのは、明治になってからだと言われます。かつては「話」は「かたる」と読まれることがあって、「はなす」には「噺」「咄」という字が当てられていましたが、「噺」は今でも落語家などを指すときに使われています。古い「はなす」は、肩のこらない雑談、くつろいだおしゃべりを意味していましたが、今日の「話す」にもこの意味が確実にあります。この気楽に言い放つから、「はなす」の語源が「放す」からきたものではないかという説が民間に生まれ、実際に「はなし（咄）」に「放」の字をあてている例もあるようです。『大言海』には「心事を話すの意か」とあり、口から離すの意という説もあるのですが、これらは語源的に「話し」が「放し」「離し」と分化する現場が押さえられないため、支持されないようです。山内洋一郎は、強い意志のある「放つ」から束縛を緩めるという弱い意味の「放す」が派生して、心の束縛を解き放つ、とりとめない話をする、というように転義していくとしていますが、話すことが心身の緩みと連動しているところを捉えた見事な解析ではないでしょうか。

▽沈黙は金

ところが日常ではその解放感にもかかわらず、むしろ話さないこと、語らないこと、言わないことが美徳視され、「沈黙は金」「言わぬが花」「以心伝心」「腹芸」「言外の意図」と言われます。語ること、話すこと、言うことは奨励されていないのです。これと同時に、べらべら、ぺらぺら、ぺちゃくちゃ、つべこべ、くどくど、くだくだ、うだうだ……と、話すこととしゃべることに伴う形容ではマイナスの評価が数多く言われて、言語の具体的運用である話すことには不信感がつきまといます。コトが事と言とに分化するという過程を考えるなら、事実（マコト）は言（コト）のほうではなく事（コト）のほうにあると言われるくらいであり、逆に話とは不誠実で真実性を問われないからこそべらべら雑談できるのかもしれません。そこで日本語学者の芳賀綏の言い方を借りるなら、これは「語らぬ」文化、「分からせぬ」文化なのであり、言葉によって相手に働きかけ、相手を動かし、相手を変えるという実用的な見方が日本人には「ピンとこない」のです。ところが、言葉の実用面ではなく、儀礼的表現や芸術的表現には特別な価値がおかれ、美意識や技芸の面から表現に磨きをかけようとします。しかしそこから派生する制約や不自由さは言葉の実用性をますます低下させることになってはいないでしょうか。

▽放す喜び

我が国では、精神療法においても非言語的な交流が重視され、非言語的な媒体による治療が注目されてきました。同時に、日本人の治療では言語の機能と効用を最大限に生かそうとする精神分析的な方法は向かないとも言われてきました。ところが、患者たちと話すための時間と空間を治療者が確実に用意して聞くことに徹するなら、患者は皆よく話し、よく喋るし、ぺちゃぺちゃ喋りながら、同時にその喜びを語ります。常識に反して、言葉は相互理解や気持ちを伝えることにも役立って、人を変えることもあります。

確かに「おしゃべり」には「口先だけ」という意味合いがあるのですが、私たちの言語不信は公的な場、つまり人前のことであり、「日本人は臨床的にも無口である」などという発言は、話に花が咲く臨床体験からは「戯言」と言わざるをえないのです。緩んだ放言は本来的に楽しいし、少なくない患者が治療者とゆっくり話すための時間と空間とを求めています。洗練されない話でも醜聞でも、話になる場さえ与えられるならば、ただ無意味に無責任に話すということの喜びと価値は話し手により証言されているのです。ゆえに会話や発言に伴う不信感は本来的なものではなく、むしろ聞き手や受け手との間で意味レベルで生じる裏切り、誤解、傷つき、幻滅、空しさなどと共に学習されるもので、「話したところで何も伝わらない」しむしろ「滅多なことは言わない方がいい」という感覚は成長と共に増していくのではないでしょうか。

多くの子どもたちがうるさくて騒々しく、お話し好きでよくしゃべります。「語らぬ」文化ではこの喜びが、最初の聞き手であり受け手である人々、つまり親たちや親たちとの関係によって否定されやすいのでしょう。話すことの喜びは、話しっ放しにするのが許されるところにあり、雑談や放談にこそ原初的な喜びや価値が見出されるのではないでしょうか。その意味では、聞き手の気楽に話さない態度も、儀礼的表現に神経を使う態度も、話されたことの意味を執拗に問う態度も、話し手の無神経に話すことの喜びを奪い取ることになるでしょう。つまり、聞き手がいくら時間と空間を用意したとしても、解釈的な態度では皆が話し手にとって「話せる人」で「物分かりのいい人」になるとは限らないのです。

▽話半分

「話し」が「放し」であり、本来気楽な雑談であったとしても、同時に「手柄ばなし」「みやげばなし」「昔ばなし」と言われ、人々の関心を引くために面白いものでなければならないという要請が生じやすいのでしょう。ゆえに、話の値踏みをして「お話にならない」(価値がない)「面白くない」と判断する態度を持ち込むことも、話の気楽さや緩さを壊す可能性があります。日本人の言葉不信は、むしろ言葉を大切にしたいからだと言われ、言葉の意味に対する不信感も、意味を信用したくともそうはいかず言葉に裏切られ絶望しているからかもしれないのです。だから言語的な臨床では、むしろ言語不信の問題から始める必要があるでしょう。ゆえに大人は、話の腰を折らぬために、そして話を進めるためには、話を頭から信用して真に受けるのではなく、また面白さを期待するのでもなく、言葉については「話半分」くらいの態度で臨む必要があります。そうして聞いていたら、本当に言いたいことは、話された言葉の上にあるのではなく、その背景や深層の「意図」や「心」にあるということがわかってくるのです。

［関連項目］言語化、こと、言葉にする

歯をもった膣
vagina dentata

性交の際に、その歯でペニスを噛んだり傷つけたりする女性性器のことを言い、男性の性交恐怖や同性愛不安に伴う空想や比喩として登場すると言われます。女性の口と膣が性的幻想や性交において等価となることはよくありますが、これを基盤にした置き換えまたは投影、さらには同一視により、膣が食う、噛みつくなどの攻撃性を発揮する器官と見なされて、男性を誘いながら恐れられることになります。人類学者の報告や神話の理解を活用するランクが、神経症や性機能障害に悩む男性の無意識的恐怖の理解にこの観念が役立つことを報告しましたが、その後も男性機能障害に関する象徴的な理解のほとんどが母親恐怖や去勢不安と結びつけて解釈しています。また、女性が男性のペニスについて膣を歯で破壊して食べるものと想像する場合、歯を持ったペニス penis dentata と呼ばれることがあります。両者とも異性の性器に対して抱かれる恐怖の象徴である場合が多い一方で、自らの性器が相手を傷つける空想を抱く場合もあるといいます。さらに女性性器には、鼠や蛇などの口、そして食虫花、イソギンチャク、蜘蛛などの連想が結びつくことがあります。これらの内容解釈とともに重要なのは、置き換えや口唇サディズムや性欲動の投影だけではなくその不安や防衛の解釈でありましょう。

［関連項目］性

秘密を守る

▽守秘義務

覆いをとることを特徴とする精神分析的精神療法でも、心の秘密に敬意を表し「言いたくないことは言わなくともよい」という基本方針を伝えることがあります。この背景には、たとえ重要な事柄が具体的に話されなくとも、時間の経過とともに必要な事柄はやがて話されるものだし、秘密の骨格は別の事柄を通して見えてくるものだという臨床的事実があります。また、隠し事は正しくないという道徳、秘密はよくないものだという常識とは逆に、精神療法のための心理学は秘密保持の価値や能力を高く評価するものです。そして人の秘密を扱う心理学的な治療者はすべて、治療で得られた秘密を「ここだけの話」として守る「守秘義務」があり、これを公開するときは、たとえ学問的な目的であっても、内容に修飾を加え、誤用、悪用されないように配慮せねばなりません。

秘密の積極的価値については小此木啓吾著『秘密の心理』にわかりやすく書かれています。例えば一般の対人関係では、秘密を告白すると親しさを増し、秘密をつくることで人的距離ができるという具合に、秘密は自他を分け他者の境界を設定するのです。秘密は、複数の人間で共有されるなら、内輪、結社という他から隔絶するグループを成立させ、個人の内部で守られると自他を分化させる個の感覚の基盤となります。二人の間だけの秘密保持は愛情や友情の証しとなり、他人がこちらの秘密を固く守ってくれることは信頼、忠誠の証であり、秘密を口外することは取り返しのつかない裏切りとなります。そして「秘密を握る」は、他者に対する支配の方法であり、臨床では秘密の管理は基本的人権に関わるのです。

▽漏らす

自分の秘密を自分で管理し漏らさないでおける能力の増進は自信につながり、自信のなさは、自己管理できないために秘密の漏れ出す不安を伴うことが多いのです。共有する秘密を他者が漏らさないという確信は基本的な信頼感の重要な要素であり、逆に重大な秘密を他者に漏らされるという確信は被害感や不信感を伴います。よって、信頼や不信の指標として、共有された秘密がどのように取り扱われているかについての感じ方が微妙に問題となり、漏れそうだがかろうじて漏れないですんでいる秘密の動向がとくに重要となります。というわけで人間関係においては、漏れないでほしいが漏れやすい秘密は自他の境界や、特定集団の境界を脅かしやすいのです。

▽臭い秘密

そのような、漏れると対社会的な自己の存在基盤を脅かし、管理せねばならないものでありながら簡単に漏れやすいという、危うい秘密の代表が臭い、とくに体臭なのです。「臭い」「匂い」と秘密は縁が深く、比喩的にも人は秘密の気配を感じて「くさい」「におう」

と言います。排泄物だけではなく、わきが、おなら、汗、精液の臭い、肛門、性器の臭い等、体臭のもとは数々あり、姿や形をはっきり見せない臭いとは、管理しにくくてつかみどころがないものの代表です。同時に、人体から悪臭を放つものは社会的に忌避され、個人による管理を要求されます。個人的な秘密の漏洩を恐れる患者たちのなかに、とくに体臭が漏れていることを強く恐れる人々がいるのは当然でしょうし、自他の境界が脆弱になる患者の場合に、個人の秘密漏洩の印として体臭の漏洩が取り沙汰されやすいのも当然なのです。

▽秘すれば花

秘密の吐露は親しさの表現となるのですが、場合によっては隠された「秘密の匂い」は誘惑のしるしとなり、「秘すれば花」と言うように秘密はほんのり匂わす程度が魅力的だと感じられます。ところが、秘密の漏洩を強く恐れる患者の多くが、何をどの程度漏らしていいのか、その程度や適切な漏らし方がわからないと言います。いやがられる「臭い」は悪い意味だが、ほんのりと薫る「匂い」は良い意味であるので、実に大事なことなのでしょう。「匂わすこと」は曖昧に間接的に自分の中身を表現することであり、臭い秘密を守って自他境界を設定しながら、それとなく自己表現を行っているのであり、魅力的な人間になるためのひとつの達成となるのです。そこでは言葉だけが匂いの媒介物になるのではなく、それとなくほのめかす交流には、物的な交流、態度、仕草によるものが含まれるでしょう。

▽嘘をつくことと恥

大事なものは秘密にする、言わない、見せない、という活動の重要性は、真相を守るための嘘の価値と同様です。また、嘘にしても、秘密にしても、その内容がそのままほじくりだされないで守られると、やがて時間とともにうやむやになり忘れられていくことが多いのです。だから、幼児期から積み重ねられる秘密保持と嘘をつくことが、やがて意識されないで心の隅に置かれた内的世界の一角をつくりあげるという経過が仮定できます。子どもたちの嘘や秘密は、それを見守る親や大人にとって単純でわかりやすいかもしれませんが、その「筒抜け」の内容をどのように取り扱うかは、その後の子どもの内的世界についての自信と他者への信頼の感覚を決定するでしょう。また、隠された内容物が露呈したり、暴露されたりすることに伴う恥の不安は、自らの心身内容物が管理しきれないときに発生しやすいでしょう。このことについて、幼児期に見守る側によって「おもらし」がどのように取り扱われたかが大きくものを言うようです。その意味で、幼児期におけるしつけのうちでも身体管理、とくに清潔訓練やトイレット・トレーニングは、臭いものを抱える技術を身につけるための基本的な訓練であり、それにまつわる厳しいしつけと失敗やおねしょの記憶は、成長してから私たちの恥の不安のもとになると言われています。また、個人の秘密が語られて取り扱われる精神療法は、排泄と排泄訓練の場にたとえられることがあります。ですから心理的治療の時空が、秘密を吐露しても激しく恥をかくことがない安全な「抱える環境」でなければならないのは言うまでもありません。

ヒーリング・ミュージック

▽癒し、慰み

今や「トラウマ」は日常語になり、心理的な外傷を指す言葉としてよく使われます。精神医学や臨床心理学の報告では、確かに多くの人々が心の傷つきや痛みを抱えて暮らしているというのです。この傷が癒えるプロセスを「ヒーリング」と呼ぶのですが、これが「癒し」と訳されることが多く、実際に「傷が癒える」「心が癒される」と言うのだし、辞書をひもといても「心の悩みを解消する」とあるくらいだから、心の傷の「癒し」はまったく適切な心理臨床語であるはずです。

「癒し系」という商品や「ヒーリング・ミュージック」などという音楽ジャンルも次々登場し、「癒し」は便利な日常語にもなっています。ところが、この「癒し」あるいは「ヒーリング」という言葉は、私を含めて心の臨床を仕事にする人々が使いたがりません。というのは、「癒し」は軽蔑を誘うからでしょう。それは、直接的快感を連想させ、その場限りで肉体的であり、「いやしい」「いやらしい」からだと思われます。辞書的に「癒し」は、「卑し・賤し」と同音異義の関係にあり、これがマイナスの連想の存在を物語り、嫌悪や軽蔑の対象になりやすいことが分かります。癒しや慰みの多くは、瞬時の本能的で生理的な満足に関わり、渇きを癒す水のごとき直接的満足が期待されています。

▽ヒーリング・ミュージック

「ヒーリング・ミュージック」はきくだけの音楽であり向こうから流れてくるので、それにより得られる満足とはもともと安易なものなのです。何もしなくても、包んでくれる。本を読むとか、美術館に行くとかよりも、お手軽なのであります。よく言う「イージー・リスニング」のイージーさが、私たち臨床家にとって、なんかお気に召さないところなのでしょう。

臨床畑の専門家が「癒し手（ヒーラー）」と呼ばれるのを嫌う理由は明白なのです。それは、専らこれが子どもだましの「魔法」のごとき簡単な現象に対し使用されるので、実際にはなかなか治らない臨床問題のことを考えると、安易に「癒し」を求められることに抵抗が生じるのです。

心理的な渇望では直接的な満足は起きにくいし、それを望むのは子どもっぽい。だから心の癒しを求めるのは、大人であることや知的であること、そして我慢や苦労を、そして時間をかけた「根本的解決」を高く評価する価値観の中では、無価値で、ときに軽蔑もされるのです。とくにポップス音楽などというものは、主に若者向けで、場合によっては大の大人が大好きだと公言できる代物ではありません。

だからこそ、言わねばなりません。ただ美しければそれでいい、ただ心地よければそれでいい、安易であってもいい、愚かであっても、受け身的で依存的であってもいい、というその価値観により、自分の中の子どもが肯定される感覚は、真に「癒し」と呼ばれるに相応しいのです。

（北山修編著『こころを癒す音楽』より）

フェティシズム
fetishism

愛する相手が身につけている靴・下着などの物や、髪・手足などの肉体の一部を性的対象とする性愛の在り方を指し、性対象の倒錯の一つに含まれます。fetisch（物神、呪物）という用語は、文化人類学においては重要概念で、魔性をそなえた崇拝の対象です。依存する幼児の愛玩物や、糞便等に興味を持つ子どもの行動においても類似の現象が観察され、また正常の性愛でも恋人の所有物に執着することはありますが、本来の性対象から離れてそれが第一の性対象になった場合や、他者の利害を考慮しない犯罪行動は異常であるとされます。女性には少ないと言われ、とくに対象を限定するフェティシズムは男性に多く、奇異な性空想や、服装倒錯やサド－マゾヒズムなどの倒錯と合併することもあり、単純化された理解は困難ですが、一般には性的興奮がそのときあった外的対象もしくは身体部分と結びついて生じた代理物だと理解されることが多いようです。しかしフロイトは、男性のフェティッシュの対象とは、ほとんどの場合その起源が忘れられているが、男児が存在を信じて諦めようとしない女性（母親）のペニスの代理物であり、強烈な去勢の脅威に対する勝利の印でありその防壁となっている、と考えました。乳房やペニス、そして糞便の象徴として取り上げられることが多いですが、多くの逸脱した性愛行動の問題は単に置き換えの心理ではなく、自我、対象関係、パーソナリティなどの病理学で考えねばなりません。また、幼児のフェティッシュは、成人してからのフェティシズムにつながるという報告もあります。現象としては類似しているために移行対象との関係で論じられることがありますが、発達の観点から見て「慰み」の段階的な差異があり、移行対象では性愛や欲動との間接性や距離が重視され、依存対象の支配と所有に伴う万能感、温もりや柔らかさが注目されています。

[関連項目] 移行対象

無気味なもの
the uncanny

論文「無気味なもの」でフロイトは、「不安なもの」の中から「無気味なもの」を区別して、その発生論を展開し、この特殊な体験を生み出す基盤を明らかにして、精神病の精神病理や幻想文学の効果などを理解する上で重要な着想を残しました。論文のはじめに「無気味なものとは結局、古くから知られているものや昔からなじんでいるものに還元されるところの、ある種の恐ろしいもの」とあります。その根拠の一つは国語発想論的なもので、「ドイツ語で『無気味』の意味である unheimlich は、『親しみのある』という意味の heimlich の否定だが、興味深いことにこの両者が一致するニュアンスを示すことがある」と指摘しています。彼は、親しいもの、気持ちのいいもの das Heimliche が、実は気味の悪いもの、秘密のもの das Unheimliche になることに注目します。フロイトは「無気味なもの」をその発生条件の点から二つのタイプに分け、無気味さの第一のグループは「抑圧されたものの回帰」と呼べるもので、想像や読書の中にあらわれる感覚で、もっぱら心的現実だけが問題となるものである、とします。抑圧されたものとは、密かに抱えられた去勢コンプレックスや胎内回帰空想などの小児的コンプレックスであり、これらを呼び覚ますような体験が無気味なものとして体験されます。たとえばE・T・ホフマンの『砂男』に見られるような、眼を失う不安は去勢コンプレックスであり、仮死のまま埋葬されることへの無気味さや女性性器の無気味さは母胎回帰への願望を呼び起こす、としています。第二のタイプは、外的現実が心的現実に圧倒されてしまい、幼児期に克服されたはずのアニミズム的な確信を再現させる体験に伴う無気味さであって、自分の願望が即座に満たされ、死者は生き返り、人形は人間化する、としています。これらの万能、原始的なアニミズム、呪術の優勢な世界とは、過去の万能と乳幼児期の無制限の自己愛に満ちたものですが、そこで無気味と思うものとは、このすでに克服されたはずの原始的な心理活動の残滓を賦活する出来事なのです。この二つは決して明瞭に分かれるものではありませんが、以上のように、男性においては去勢コンプレックスは解決されると言うフロイトが、ここで女性の無気味さを語り、それが母親であることを認めていることも興味深いところです。

小此木は、論文「無気味なもの」において記述される二重人格自我などの精神病理現象を、分裂・否認・投影などの原始的な防衛機制を論じる病理学として捉え直し、メラニー・クラインの理論への架橋を試みています。また、精神病的体験と無気味なものの結びつきに注目し、否認を女性性器の去勢に関わるものという解釈を積極的に行う分析家もいますが、精神病の発病初期には否認は臨床的な現象として頻繁に観察されることがあります。

普通

▽相反性

安西水丸というイラストレイターの書いた漫画で『普通の人』という作品があります。これは日本人の普通論を書くなら必読の書だと思います。実は私は、ここに載せられた村上春樹の解説が実に秀逸だと考えており、ぜひ引用したいのです。
「よく考えてみれば、私たちは実は適当にまとめられる借り物の自分と、借り物ではないけれどうまくまとめられない自分との奇妙な狭間に生きているのではあるまいか。私たちははっきりとどちらにつくこともできず、どちらにつこうという決心もできないままに、『普通の人』としてこの世にずるずると生きているのではあるまいか。私たちの笑いを誘うのは、その相反性の中で不安定によたよたと揺れ動きながら、自分の目でそのよたよたのおかしさを捉えられないという冷厳な事実の持つ滑稽さではないのか。」

▽逆説

普通と普通じゃないこととという、相反する両方の橋渡しを不器用にやっているのが普通の人の普通さです。これは私としては一番よく分かるところです。しかし、そういうことなのですが、Aと非Aとの両方がAなのだという言い方は、論理としては破綻しています。ここには、クレタ人は嘘つきだとクレタ人が言ったというのと同様のパラドックスがあります。

そしてまた、これだけは言えるのです。この「冷厳な事実」は誰にもそのまま描けません。普通のことを普通に描いた画家がいないということです。それはどこにでもあり、敢えて描く必要もなく、描かないのが自然だからでありましょう。

そして患者にとって、普通が分かるようになること、それは症例の報告では「難しい」プロセスを経ておかしさとともに獲得される、一つの達成あるいは発見であったことは間違いありません。やはり「普通」は、そこにあるここにあると指差すことのできないものなのです。

ある患者によれば、普通車や普通席には色はないが、グリーン車やシルバーシートにはグリーンの色があるといいます。普通には色がないなら、画家の関心をひきにくいでしょう。ただ、無色と有色、普通と普通でないは矛盾するのだから、普通ではないボケと普通のツッコミの漫才こそ、矛盾が摩擦しないで器用に嚙み合うものなら、もっとも笑いを誘うおかしい対話となるでしょう。

まったく普通になることは、誰にもできません。同様に、自然に生きたいと言う人間が自然に生きることは難しいのです。この背反性を個人の人生としてどう生きるか、これが普通の人の創造性が発揮される場所でしょう。もちろんその生き方は美術館に飾られることはないのです。

（北山修『劇的な精神分析入門』より）

【関連項目】自然だ

文化
culture

文化とは、人間が自然に手を加えて形成した、衣食住や芸術・宗教・政治・学問などの諸領域における成果です。フロイトは、この文化を人間の生活と動物的な生活とを区別する一切の文物ならびに制度の総体で、自然から人間を守ることと人間相互の関係を規制することという二つの目的に奉仕すると考え、同時に人びとが文化について不満や居心地の悪さUnbehagen（不満と訳されることが多い）などの否定的感情を抱いていることに注目しました。彼にとっては、愛と幸福の獲得という人生の目標設定を行うのは快楽原則に従うプログラムですが、幸福とは、死すべき身体の限界、無慈悲で破壊的な力をもつ外界、他人との人間関係などによる苦難のために確保することが困難であり、むしろ不幸や悲惨を感じやすいのが常なのです。それでも快楽原則のプログラムを達成する努力を放棄できない人間は、美や宗教などに幸福を求めようとしますが、それに失敗したり満足できなかったりする者たちが神経症等への逃避を行うことになります。人間を満足させるための文化とは、欲動の断念と内容の歪曲の上につくりあげられており、美や秩序や清潔さ、知的で学問的な活動、法秩序などを抱え、欲動を抑圧し、目標を置き換えたり別の方法で昇華させようとしながら、結局は断念させ満足させないので文化への不満を生み出すのです。とくにアンビバレンスや攻撃性は文化にとって最大の障害物であり、文化的英雄の崇拝には憎しみが歪曲されて表現されており、文化とは、生の欲動と死の欲動の間の戦いの場だと言うこともできます。またフロイトは、自分の限界をこえて人間を支える宗教の世界とは、超越した親の似姿として無力な人間が考え出したものであり、錯覚であると考えました。

このフロイトの文化による欲圧とその個人起源説を受け継ぎ、文化や社会に対する反抗と解放の可能性を積極的に考えるライヒやマルクーゼらは、性やエロスの力に社会体制の変革の推進力を期待し、その考えは一九六〇年代に社会運動と連動したことがあります。フロイト学派が厳しい抑圧のために、下部のエスと上部の超自我の両極に引き裂かれる人間像を呈示し、完璧な昇華が不可能であることを説くのに対し、英国の小児科医ウィニコットにとっては、文化的体験の起源は、個人と育児環境との間の潜在的な可能性に満ちた空間です。そして現実受容という問題と、内なる現実と外なる現実を重ね合わせるという課題から誰も解放されない人間において、文化とは、現実検討や現実受容を強いられる日常生活で提供されている内と外との間の休息地なのです。自己実現を説く楽観的な人間学と共に、ウィニコットも含む文化の防衛的価値や創造的価値を説く文化論は、二者関係（母子関係）の錯覚としての文化を評価することが多いのです。しかし、その共有された錯覚の幻滅、たとえば対象の不在や去勢の事実がもたらす残酷さを徹底分析するフロイトの文化論は、父親が参加し二者の錯覚を幻滅させるエディプス・コンプレックスと三角関係の分析に基づくものなのです。

【関連項目】あきらめ、ウィニコット、脱錯覚、無力感

分析状況
analytic situation

分析状況、あるいは治療構造とは、分析治療の方法であり、治療が成立するための基本条件です。精神分析の治療設定は、本来は催眠誘導時に用いられたものを踏襲したもので、現在も主に「密室」で二人だけで行われるものであるとされています。フロイトは、催眠を用いないで忘れられた出来事やそれに伴う情緒の想起と表出を試みる、患者による「自由連想法」に変更しましたが、治療場面の構造はそのまま維持されました。そして、「古典的な」精神分析の治療的設定は一九二〇年ごろに完成し、患者は週に六回、約一時間のセッションを受けることになったのです。フロイト学派の追従者たちによって固定された治療構造では、原則として寝椅子に横たわる患者は心に浮かんでくる事柄について自由に話すよう促され、現在、多くの国々で、セッションは週四―五回、一回45―50分間で、期限は設定されず毎週規則正しく繰り返されることになっています。もちろんこれらは精神分析の方法を構成する重大な要素で、ゲームのルールのようなものであり、軽々しく変更されてはならないわけです。しかし、これをただ徹底することについてはあまりに教条的で冷たいという批判が生まれ、例えば、ストーンはその著書『分析状況』（一九六一）で、不変的構造として当然視されている治療設定とは、実は多くの不安定で流動的な要素をはらむものであると指摘しており、フロイトもまた、治療的な設定を柔軟に適応的なやり方で使用したことが知られるようになっています。ウィニコットは独自の病理学と人格発達理論を踏まえ、特に「ほど良い good enough」母親の育児を乳幼児のあり方を決定する育児環境として検討し、母親的な治療環境の“setting”と乳幼児の環境失敗から生じる病理の対応するところを描き出した。そして、その発達理論の裏づけを得て、患者のための治療環境としての「抱える環境」の提供と治療者による「設定すること

setting」という観点から、患者の現在の対象関係の病理とそれを発生させた過去の母子関係を、分析家たちが重ね合わせて治療的対応を発想することが可能になりました。つまり、彼によれば、「治療を設定すること」そして「治療的設定」とは、患者の取り扱いの総和であり、分析家の治療的行動であり、ニードへのほど良い適応を含むとしたのですが、それは不変の治療構造に対する「可変的な設定」の強調でもあります。現在でも精神分析場面では、固定的、構造的であり、ある面では厳しい父性的構造が多くの患者に提供されています。そして、それにおさまらない患者たちには適応的な母親的設定を提供し、多くの治療者が二つのモデルを対象や局面によって使い分けざるをえません。特に、行動化の多い境界例患者や依存を向けてくるケースには、リミットセッティングなどで意味を問いながら抱え直し、再構造化し続けるときの連続性の維持が、治療の結果を左右する大きな要因となります。

[関連項目] 抱える環境、抱えること、精神分析

防衛機制
defense mechanisms

フロイトがその精神分析的病理学で使い始めた概念です。自我、つまり「私」は、内なるエス（独語で「それ」）と、同時に外的な現実や超自我の要請に応えねばならず、抑圧や昇華などの各種の防衛メカニズムを駆使してそれを可能にしようとします。超自我は、両親という権威者像と結びついて、欲動に対抗する形で発達するものであり、日常語で言う「良心」の役割を含んでいます。こうして防衛の基本は、乳幼児が絶対的な依存から自立へ向かうプロセスで、外的な母親の庇護を失いながらも自らの心身を自分の内側に抱え、表に関わりながら裏を守るという表裏の二重性の処理の発達課題の結果だと言えます。「私」が自分を適応的に「つくる」方法であり、そのために身につけた生き方となり、この心のやり方のカタを防衛機制と呼び

ます。精神分析の構造論からいうなら、エス、超自我や現実などの間を渡して「折り合い」をつけねばならない「私」にとり、症状や問題行動は、不安が強いなどという事情下ではやむを得ない妥協、あるいは防衛の失敗となります。

メカニズムの代表が抑圧repressionであり、裏のことを心の奥（心奥）にしまいこみ、自分にも気づかれないように禁じていて、まさに、押え込む、脇に追いやる、殺すというやり方です（ここではメカニズム概念の訳語として英語表現を掲げますが、それぞれ分かりやすい英単語で表現していて、読者が納得しやすくなるでしょう）。また、置き換えdisplacementという、別の物や人に置き換えて処理するという重要なメカニズムも発見されました。実際の問題が母親への攻撃性だというのに、自分の内外の別の問題、例えば小さな身体症状や家族問題に置き換えて敵視するという場合です。反動形成reaction-formationは「裏返し」であり、「私」がイジメタイという攻撃性を抑えて逆に迎合的な態度をとるような場合です。合理化rationalizationでは矛盾を理屈で説明し、妥協形成compromise-formationでは二つの中をとって妥協をはかります。乖離dissociationとは、都合の悪い部分を意識から切り離して処理することであり、これが極端になるとまったくの別人格をつくって分裂splittingさせます。投影projectionとは、自分の認め難い部分を周囲にぶつけたり転嫁したりしようとする場合で、これで周囲に悪者を押しつけて自分は被害者になります。同一化identificationは、たとえば不安定な自分を、より上手にやっている誰かと同じになって心理的に安定しようとするものです。否認denialとは、そこにありながら認めないという、かなり逃避の要素が強い場合や精神病的なケースでみられる機制です。

さらに相手に投影したものを押しつけ、ねじ込んで、相手と押し付けたものとを一緒くたに（同一化）してしまう投影同一化projective identificationがあります。これと分裂はクライン学派が重視する原始的防衛機制であり、現代精神分析学では心の内外を混同する精神病的事態やパーソナリティ障害の理解には欠かせないものです。そして以上は、心の動きの諸側面を単純に分類したもので、もちろん重複があります。具体例ではこのような防衛を複雑に使いこなして、葛藤を生かして社会的に価値の高い何かを作りあげる、昇華 sublimation という創造的防衛があり、それが一番大事な防衛となるでしょう。逆にやり方が不器用で、抱える問題の量や質に圧倒され、防衛機能が破綻して表裏の二重性の処理や葛藤を生きることに失敗し消耗するならば神経症に陥ることになります。そのような神経症の分析的治療とは以上のことを明らかにし、洞察して、より適切な成熟した防衛機制を発見する覆いをとる方法 uncovering method です。しかし、自我境界が脆弱で、内外を混同する精神病者の分析的治療では、その病理を言語的に分析し明らかにし解釈する方法をとるか、適切な防衛によって覆いをする(あるいは覆いをつくる)方法をとるかについては学派や論者によって意見が異なります。

本当の自己
true self

ウィニコットの言う「本当の自己」とは、その臨床理論の鍵概念でありながら、「偽りの自己 false self」についての記述のほうが圧倒的に多いのです。その理由は、それ自身が「遺伝で受け継いだポテンシャル」であり、誕生直後の「抱える環境」の中、つまり絶対依存の状態で環境の適応を得て初めて存在するもので、もちろん言語的に外部と交流することもないからです。環境の侵襲 impingement から守られ、分立 isolation した状態で存在し、それが本当である状態に立ち会う時は、抱える側がその意味のないこと(ノンセンス=無意味)、形のないこと、さらには狂っていることにも耐えねばなりません。意味のない遊びなどの中、あるいは母親が幼児の自発的な身振りや幻覚に応じ万能感を満たすことに成功している時、錯覚や創造性として成立することがありますが、抱えることの失敗が生じるなら、個体は環境に反応しなければならなくなり、自己防衛のために迎合するものとして「偽りの自己」が発達します。こうして、ウィニコット理論ではセルフが誕生直後から存在するのです。また、この理論は日本人のいう「自分がない」状態や本音と建前の二重性などを説明してくれますが、簡単に「本当の自分」が実現するものではないことに注意が必要です。これと似たような概念で、新フロイト派のカレン・ホーナイによる「真の自己 real self」が、神経症の治療のために強調された概念として有名です。彼女の場合は、個人に内在する成長の源泉であり、生来備わる成長可能性を実現できるものと考え、自己喪失や自己疎外に抗してこれが成長し発展することが自己実現なのです。日本語で自己は自分と同義的に扱われることが多く、ありのままの自分、素顔の自分、本当の自分などと同様の意味で日常臨床で使われますが、日本語の「自分」に比べてセルフは、セルフィッシュと言うと分かるように中心性が伴うものです。

［関連項目］ ウィニコット、抱える環境、自己実現、自分

ま行

巻き込み
マゾヒズム
祭り

水に流すこと
満たす
見立て
見るなの禁止

空しさ
無力感

面倒を見る

巻き込み

▽巻き込み型の強迫神経症

どのような種類の心理的な病気も、多くが対人関係のなかに置かれるとたちまち周囲に大きな効果や影響力を発揮することになります。病気を通して他者に迷惑をかけまい、世話になるまい、心配させまいと努力する人もいますが、逆に「取り巻き」を要求し、その取り巻く人々を病気であることで支配し、振り回してしまう場合もあります。たとえば強迫神経症の研究で成田善弘らは、症状を一人で悩み、他者をまきぞえにしない「自己完結型」と、強迫症状の遂行にあたって他者を必要としている「巻き込み型」とに分けられることを見出しました。このような分類は、治療関係においておいて患者の問題行動や症状が展開されるときに、取り巻く環境としての治療者たちが動かされていることについて、感じたり考えたりするとき役立ちます。そして治療者を症状の内側に巻き込む人と巻き込まない人とは、治療的に「手がかかる」「手がかからない」という点で大きな違いがあるとしても、けっして、治療の難易や病態をそのまま意味するものではありません。むしろ、周囲を巻き込むことによる「迷惑」のおかげで関わりができ、意図や意味の理解が進むことも多いのです。

▽巻く

第一に重要なのは「巻き込まれる」には、悪い方向への展開に「手を貸しているというのに、それがわからなくなってしまう」という意味のあることです。つまり「巻く」には回転のイメージが伴い、「機械に巻き込まれる」にしても「事件に巻き込まれる」にしても、それはこちらの意図に関係なく、相手の回転にのせられてその一部になってこちらも悪い方向へ回ってしまうという現象を指しています。そして、手を貸して巻き込まれると、回転に伴って振り回されて、最後には「あの手この手」と手を出してしまって目が回り、回転する自分が何をしているのかわからなくなるのです。この回転による判断力の低下を警戒し、治療者は原則として、患者の相手をしながらも巻き込まれないほうがいいと言われます。そのとき、患者に手を貸さないのは悪いという気がして逆に手を出すこともあるでしょうし、事件に巻き込まれやすい人がこの世にいるという事実を考え合わせるなら、患者の分類に対応して治療者の側にも「巻き込まれ型」と「自己完結型」がいることになるでしょう。

▽誘惑

臨床では、周りがいくら巻き込まれないよう注意しても、あるいは当人がそうならないよう警戒しても、知らず知らずのうちに巻き込まれるということが起きます。そういう周囲を巻き込む力を強力に発揮して症状を出現させるのが、いわゆるヒステリー、強迫症、境界例で、互いに巻き込み巻き込まれることが代表的な特徴であるとされ、診断の根拠にすらなることがあります。ただし治療者が出会った患者に「巻き込まれる」のではなく、誘惑されるという意味で「引き寄せられる」「引き込まれる」という場合はこちらの欲望の問題であることがあり、この場合は引き寄せられる治療者側の欲望の自己分析が必要です。治療者は、患者の性愛的な欲求に関して、そこにいて話を聞き考えるという分析的方法以外で、患者を満足させようと試みる必要はまったくありません。このようなときに何が起きているかを説明し理解する解釈の効果として、水をさす、水をかける、さますがあり、熱を持ち始めた関係には言葉の冷却効果が求められることがあります。

▽依存と巻き込み

治療者や治療的な設定を得て、患者がこれを当てにする、頼りにするという程度に依存することは自然なことであり、それが適切な信頼を示すものである限り、治療者は水をさす必要はありません。ただし、治療者が患者の「わがまま」に積極的に適応し、問題に深入りして自分を失うと、「のまれる」「のみ込まれる」という自己喪失がおきます。たとえ重症であっても、第一の原則として重要なのは、考えられなくなる位にまで治療者が巻き込まれてはならないということで、これは巻き込まれた治療者は当てにならなくなるからです。治療者の中立性という理念と堅固な治療構造とは、治療者が患者に対し冷たく接して何もしないようにするためではなく、欲望と不安を抱く生身の人間として治療者が当てになるものでい続けるためです。それを堅持しようとしてもなお起こる、治療者の側の動揺や揺れ、そしてぶれこそ、患者のニードやアンビバレンスの受け皿となるのであり、自己分析は患者理解の手がかりとなるでしょう。

▽**巻きぞえを食う**

治療者を共犯者として巻き込もうとする者について、「無意識的な犯罪」の巻きぞえの願望を読み取ることは治療者の仕事です。巻きぞえは、患者の「犯罪」の責任を治療者に押し付け共有させるという、読み取られるべき悪意の意図をもつことがありますし、性愛型、依存型、攻撃型のいずれにせよ、巻きぞえ型に対する対処は治療者ひとりで取り扱わないほうがいい場合が多いのです。逆に言うと、ひとりで対応しようとするから巻き込まれやすくなるのです。「あなたは、巻き込まれようとせず、いつも距離をとる」という患者からの非難は、実は巻きぞえを食わせることへの招待でもあるのです。しかし、巻き込む以外のやり方で関係が持てないような場合もあり、治療者は一時期軽く巻き込まれながら治療を進めることは避けられないかもしれませんが、いったん巻き込まれると、そこからの回復や立てなおしのために消耗させられます。巻き込み型、巻きぞえ型の患者の治療は、その回転のための読みの力がおち、心身ともに消耗するのであり、舌を巻かずにその巻き込みの意図を読むために、そして長いものにまかれてしまわないためにも、治療者にも心理的な距離と余裕、そして第三者としてのアドヴァイザー（スーパーヴィジョン）が必要なのです。

マゾヒズム
masochism

［定義と成因］ドイツ、オーストリアの精神医学者クラフト－エビングは苦痛や屈辱により性的快感を得ようとする性倒錯を記載し、『毛皮のヴィーナス』（一八七一）の作者ザッヘル・マゾッホにちなんでマゾヒズムと名付けました。フロイトは一九〇五年の『性欲論三篇』の中でこのマゾヒズムを取り上げ、一九二四年の「マゾヒズムの経済的問題」ではこれを性愛的、女性的、道徳的という三つの形式に分けました。女性的マゾヒズムとは、女性の生物学的条件や伝統的な受苦的態度をマゾヒズムとみなすもので、道徳的マゾヒズムとは、意識的または無意識的に被害者、犠牲者、敗北者の位置に身を置こうとする傾向ですが、どちらも意識的には性的快感と無関係だとされやすいものです。普通は、先行するサディズムから二次的に発生すると考えられましたが、フロイトは「死の本能」が外の対象に向けて放出されず内にとどまっている残遺物を一次的マゾヒズムと呼び、対象に向けられるべきサディズム的欲動が抑圧され主体自身へ反転する傾向を二次的マゾヒズムと呼びました。こうして古典的には、性愛との融合が本質的なものであるとされ、性的な意味合いを伴うマゾヒズムという用語はその点で適切なのです。また、病的な自虐性の取り扱いでは、緊急の要請に応じてなされる一時的な「愛のための自己犠牲」とは自己犠牲が手段である点で区別されるべきであり、マゾヒズムでは苦痛が必要のない場合にも苦痛獲得が目的化することが特徴です。病理の成因について考えられるのは以下のようなものであり、これらによればすべてが二次的なマゾヒズムとして理解されています。（1）無意識的なサディズムの反転として現れ、攻撃や怒りが自分に向かうというもので、基本的

な理解である。迫害的な不安となって執拗に当人に逆襲することがある。(2)無意識的な強い罪悪感があって、それを償うために敗北や自己犠牲を自ら求めるもの。(3)エディプス・コンプレックスや、より早期の母子関係から派生している、厳しすぎる超自我に責められるもの。(4)外傷的な過去の虐待を、相手を変えて反復するもの。(5)過剰な依存や迎合的パーソナリティ、マゾヒストとの同一化が問題となるもの。(6)以上すべての性愛化。

［用語問題と臨床］訳語の問題として、マゾヒズムでは語源ゆえ性的なものが連想されやすく、単に自己敗北的、自己破壊的なところを捉えるなら、特に性的な意味は含まれていない被虐性や加虐性を表すものの方が適切でしょう。英語圏ではその代わりに「self-defeating（自己敗北的）」「self-destructive（自己破壊的）」などの表現が用いられることが多くなってきています。臨床においては上記の成因についての分析とともに、そういう立場に追い込む環境やパートナーの取り扱いが重要となることがあります。治療関係では自虐的な態度に伴う挑発や投影のためにサドマゾ関係が劇化されやすく、治療者が怒りや罪悪感を抱え込みサディストを演じることがあり、この逆転移の自己理解と処理が課題となります。また、フロイトは、陰性治療反応という臨床現象を、マゾヒズムや無意識的罪悪感と結びつけて理解しています。境界例水準の自傷行為から「普通のお母さん」の苦労性までさまざまな状態で見られる傾向や空想であり、日本では特にこの特徴を慎みや謙譲の美徳として美化・理想化してきたため、自虐性の観点から理解できることが少なくありません。

［関連項目］性愛的マゾヒズム、自虐的世話役、自虐性

祭り

▽**お祭り騒ぎ**

「お祭り」は、規則破りの「お祭り騒ぎ」を実現さ

せ、非日常的な充実を体験させます。しかし同時に「祭り」は「神仏をまつること」であり、神霊のための儀礼や規律を極端に強調する場で、またはそれと交替して行われるものです。また全体のなかで捉えるなら、ハレ（非日常）とケ（日常）や遊びと仕事の反復交替があり、日常に対する相互補完的な関係にあることが分かります。俗にこれは「女陰」「性交」を意味し、習俗として、多くの祭りの夜は性的解放の機会でもあったと言われますが、そこにも神を招くための宗教的儀礼が同時に伴っていたことも忘れてはなりません。

▽危険とおめでたさ

非日常的な狂気や「退行」を取り扱う精神療法には、祭りに喩えられる局面があります。そして、この比喩が成立するときは、年齢を問わない現象として「子ども返り」が際立っているはずです。バリントが精神分析治療における患者の退行現象を遊園地 funfair における人々の反応に喩えたことがありますが、彼の『スリルと退行』（一九五九）が書かれた一九五〇年代は、遊園地といっても多くが常設ではなく、今のテーマパークと比べて遥かに不安定で胡散臭いものでした。遊園地における退行として彼が描いたのは、珍しい食べ物、甘い飲み物、喧嘩と暴力、そして危険な乗り物などに伴う人々の反応です。古くから遊園地には、賑やかなサーカス、不気味な見せ物小屋、動物園に毛のはえたようなものから、今で言う「風俗営業」などまでもが集合して、それが未分化のまま「移動遊園地」として町から町へと旅していました。ヨーロッパだけでなく、日本においても遊園地の雰囲気は猥雑で、つかまえたら放そうとしない危険な誘惑者でした。サーカスが「子どもをさらう」と言われた時代で、人々の「怖いもの見たさ」や境界侵犯の関心の受け皿になっていて、そこでは境界人、周辺人たちも、何かちょっとした芸や技さえあるなら、その危うさにもかかわらず人々の興味と好奇心を引きつけ働き、対価を得たのです。

祭りそのものについても、同様のことが言えるでしょう。村や町の祭りの多くが内容的にいい加減であり、まがまがしいものの集合体だったのです。そして、この祭りの要素が精神療法のなかで強くなるとき、治療者と患者の関係性に変化が生じ、上下関係などが逆転するので対象関係の組み替え、そして幻想や空想のさらなる展開、解放、そして創造の機会となるのでしょう。さらに危険な祭りは一方で「めでたい」(申し分ない、喜ばしい)のであり、これに水をささずに立ち会う治療者には、おめでたさ、ノリの良さ、調子の良さが求められるかもしれません。しかし、それも「お人好し」「ちょっとぬけている」という程度であり、乗り過ぎると「おめでたい治療者」は危険が増し、巻き込まれて患者との関係や状況の読みを狂わされやすいのです。とくに最初から「お祭り騒ぎ」の場合、それに巻き込まれた「おめでたい治療者」はこれを管理できず、さらには物事の真相を見極められなくなります。

こうして祭りに生じる不安や危険を吸収するために信仰の体系が必要であり、祭りを設定し進行させるためにも、理論や舞台を支える構造が中身の安心を支えるのです。祭りの確実な設定が人々をリピーターにするのであり、祭りの設定にいい加減さが伴うと人命に関わるような危険が増します。そのアナロジーで考えるなら、祭りも退行も、中身が後退して柔らかくなっている分だけ外側が進行し骨組みがしっかりしていることが求められるのです。つまり、治療で祭りを発生させるには、そのための仕掛けとしての計画性、理論的裏付けが求められることになり、したがってセラピストの受ける厳しい修練や訓練が、祭りの儀礼的で祭儀的な部分やその厳しさに相当するものとして考えることができるのです。

▽あとの祭り

治療的退行をお祭りに喩えるなら、関心はお祭りまでの準備とお祭りの最中に向けられますが、お祭りの場からの帰り道も治療のうちなのであり、その体験はとくに祭りの後でものを言うのです。つまり、退行へ向かうときにも役にたった媒介物の有無、意味づけの一貫性や治療者の誠実さ、治療環境の確実さなどに大きな意義があるのです。これがないと、祭りのあとは取り返しのつかない後味の悪さや空しさを招来することになり、それに気がついたときには「あとの祭り」なのです。

［関連項目］巻き込み、空しさ

水に流すこと

▽水の象徴性

水は流動的で、空気のごとく人間の生きるところどこにでもついてまわり、さまざまな形でときには抽象的に、またあるときは具体的に、水の象徴性は語られています。水の有無が人間の生きていることを左右し、万能でかけがえのないものでありながら、ふつうは意識されることなく意味が特定されないというのも、雨季が確実に訪れて水が無限に手に入り「湯水のごとく」使える「自然に恵まれた」我が国の人々の感覚でしょう。その意味は強力であり、一定の形がなく地形に寄り添うように流れ、蒸発し氷結し、何にでも使えて何にでも含まれるのです。ところが、天災は忘れた頃にやってきて、ゲリラ豪雨や津波、洪水をもたらし、水瓶は突然干上がって水不足が言われ、私たちはあわてることになります。

▽水に流す

過去のいやなことをなかったことにしたり白紙に戻すことを「水に流す」と言うように、私たちは万事水によって解決できると思っているところがあります。不要な汚物、残飯、工場廃液が次々と水に流されていた、というようなことは記憶にまだ新しいのですが、昔は猫も人間も万事水に捨てられ流されていたのです。

「水子」と呼ばれる生まれたばかりの赤ん坊までも水に流されていましたが、俗にこの「みずこ」が「見ず子」と理解され見ないままの子どもを指すように、まさに「水に流す」は見ないままで流すという意味の「見ずに流す」の同音異義表現なのです。河川の公害や汚染水が意識された今、物を無自覚に水に流すことは制限されるようになってきてはいますが、台所や風呂場において水で流すところが「流し」と言われるように、色々なものを見ないで流せる水ほど便利なものはなく、人々はまだまだこれを諦めることはないでしょう。

▽穢れ

さまざまなものを流しながら、私たちは物質だけを流していたわけでなく、流されていたのは願いや祈りであり、その形代であり、きわめて心理的な「流し」であり習俗でもありました。今や流し雛や灯籠流しに見られるだけなので、ロマンチックな習慣に見えるでしょうが、このような物の流しにはべたべたとついてまわるケガレをはらう形代として人形をつくって流していたという歴史もあるのです。つまり、心理的な罪意識に近いケガレ（穢れ、汚れ）は、すすぐことのできる汚名と同様、物質のように処理されて水に流され、禊ぎで洗い清められてきたのです。「すっきり」「さっぱり」「すかっとさわやか」を好む日本人の風呂好きも、ケガレの禊ぎや清めの観点から理解でき、この心身両義的な罪意識の浄化を行う処理媒体として水や「ゆ（湯）」は有効であり心理的にも欠かすことができません。

▽話すこと、置いておくこと

禊ぎ、清め、はらいによってケガレは処理されてきましたが、得られるのは「すっきりする」「心が洗われる」という体験であったでしょう。しかし今や、美しい川や海を失い、水が濁って、ふんだんに使えなくなったのですから、浄水を奪われた人々のケガレの処理方法は、他に見出さねばならないでしょう。そして、和を求めるこの国が、最近も震災で突然深く傷ついて、まだ片付いているところと片付いていないところを、すっきりしないまま置いておかねばならない状況なのです。すぐにさっぱりと水に流そうとする奇麗好きのこの文化が、原発周辺では大量の汚染した水と土地をすっきりしない問題として抱え込んでいるのです。
実はこの問題の解決策のひとつが、言葉で心置きなく話すことなのです。今、話すことを方法にする言語的精神療法において罪意識を話す（放す）機会が期待されるかどうかは、この文化で精神分析が日常的な市民権を獲得できるかどうかを左右するでしょう。しかし、実際に「見ずに流す」ことを期待されても、罪としてのケガレに対して私たちは、見て見ぬふりをすることや見逃すこと、そして目をつぶることは約束してはいません。むしろ「流す」という目的よりも、話はすべて「ここだけの話」として「ここに置いておく」という守秘義務そのものが大切な約束であり、それだけで治療の方法となっているのです。

［関連項目］話し、ゆ

満たす

▽満足する

充実の「充」は「充たす」で、「充たす」は「満たす」であり、「充実」とは心にそのための空間のあることを表しています。そして「満たされる」「満足する」「満ち足りる」「充足する」「充実する」は、幸せになろうとする誰もが求める体験であり、「充実させたい」「満たしたい」「満足したい」などは心の空間をめぐる願望として数えられるでしょう。また辞書で「満つ」を引くなら、いっぱいになる、完全になる、願いがかなう、などが意味として挙げられ、「充実」の辞書的な意味も同様です。この言葉は、私たちの自己は広がりであり、空間で、器や容器であることをイメージさせます。そしてたえず欠如や不足、欠乏を抱えこみ、その内容が満たされて豊かになることが、これらの充実願望に共通する目標であります。そしてその逆の不満や不足を意味する「満たされない」「足りない」「充実しない」は不幸で不快であり、これが重なったり続いたりすると「虚ろ」「空っぽ」「空虚」などの寒々とした空洞体験を出現させます。充実の「実」はミと読まれますが、体の身、草木の実のミは物の核となる中身であり内容を満たすものです。このミで空虚を充実させること、内側を満たすことは充実願望の目指すところであり、実際に「身になってもらい」、「実のある」状態が実現することで、満ち足りて充実するのです。身体レベルで言うなら、食欲は食事や飲み物で口や胃袋を満たし、性欲は女性の膣の内部を男性のペニスで充満させ、子どもで子宮を満たして「充実した」「満足した」「満ち足りている」という体験を目指すことになります。空間がさまざまな物や人で満たされ、時間や仕事や楽しみで満たされ、財布はお金で一杯になり、社会的には地位や立場を築きあげて「充実」「満足」になるのです(昔はもっと空虚で、何もなくてよかったとすれば、満たさねばならない空間も狭かったと言えるのでしょうか)。

▽意味というミ

こうして実のあるものを生み出すこと、溜め込むこと、たくさん表現すること、いっぱいに埋めること、豊富な内容を読み取ることなどによって得られる何かの充満が充実願望の満足につながるのです。これで空間や空白をいっぱいにすることを通して充満感が得られ、またはその充満の限界をこえかけてぎりぎりのところに止まるならば「たまらない」という快感につながることもあります。そして記号という空《から》の器を充実させるのは読み取られて味わわれる意味内容でありますが、この意味のミも、記号の身や実のミになるものなのでしょう。臨床では、「中身がない」のミ、「無意味」のミ、「無味乾燥」のミ、これらのミはすべて心理的に同じものを指すことがあり、国語学者はこのようなミがないことを意味するミナシを「空しい」の語源として語ることが多いようです。

▽無意味

成人の心理学では、心が「生きがい」「やりがい」などの豊かな「甲斐」という実《ミ》に満たされることが生きていることの基盤になるとされます。「満たされない」や「充実感がない」などの「……がない」の連発は、生きるための意味の欠乏や、意味で満たさねばならない空洞や空虚の存在を述べているのです。なかでも「生きがいがない」は「充実していない」とほとんど同義であり、生存充実感、自己充足感がないことと解釈され、深刻な場合は実や身の不足や欠乏が露呈して、それが慢性化すると人生が無意味、空虚になります。つまり、「かいがない」が、存在の手応えがない、やることなすことの効き目がない、生きる値打ちがないという形で積み重なれば、生きていくことそのものの根拠を失い始めるのです。満たされない空洞や空白によって「空」があからさまに露呈するならば、生きることの基盤をゆるがされるのであり、無意味に、根拠なく生きていることは「それならいっそ死んだ方がまし」という自殺肯定の意識を生むことになるでしょう。

▽穴埋めと意味の発見

意味の充実や充足が希求されるところでは、間が抜けることや穴が空くことは忌避されます。些細な間、小さな穴は放っておけるとしても、大きく広がる空洞、蔓延しつつある空虚は、瞬間的にでも何とか穴埋めによって充実させるよう促しながら、その失敗で深く絶望させたりもします。このような、空虚に直面して空虚感に圧倒される人たちの治療では、空虚感や空洞体験と充実願望の冷静な分析は欠くことのできない基本的指針となるのです。たとえば、生きていることそのものを積極的な偽りとして受容する立場では、お手軽な生きがい対象の発見や安易な表現によって充実させることには、それが空虚の先延ばしや置き換えにすぎないことが但し書きとして付記されるでしょう。表現や創造性が高く評価されやすい時代や文化では、充実感の喪失や空虚感はすぐさま表現や創造、産出などによって埋められることが反射的に動機づけられますが、穴埋めや時間つぶしによる充実感回復は再発しやすい空虚の先延ばしなのです。

ただし、貴重な生きがいを発見してかろうじて充実感を維持している人は、このような「穴埋め」と「間に合わせ」の構造を傍観者に見抜かれて指摘されると、充実感が減じられるように感じることが多いのです。そして、頼まれてもいないのに生きがいの動機づけや構造を指摘して、他人の生きがいによけいな解釈で水をさすことは、分析家の「野暮」「愚の骨頂」「いらないお世話」となるでしょう。そして抱えられた空虚を埋めようとして何かがなされる場合、内側からの自己表現や創造としての何ものかが、たとえ野暮ったくて不器用なものでも、まずは貴重な意味ある生成となることがあります。精神分析とは、症状から、夢から、些細な言動から、そういう意味を取捨選択して発見し共有することに徹底的に貢献し「意味のある人生」にしようとする仕事なのです。

[関連項目] 生きがいがある、空《から》、空しさ

見立て

▽モデルメイキング

力動精神医学は治療関係を重視しますが、これは精神分析の転移分析という重要な作業に対応している指針であります。もし初回面接や診断面接という初期面接を行い、その後も治療的面接を続けて理解を深めていくなら、最初から治療関係（治療者－患者関係）の発展と深まりに注目しておかなければなりません。つまり、治療としてのコンタクトメイキングは初期面接から始まっているのです。

ただし、多くの治療的設定で、初診を行う者はその

後の治療者ではありません。治療関係成立という観点から見て重大なこの事実を、ほとんどの教科書はあまり考えていないのです。初回面接を行う者がその後も治療を行うとはかぎらないのであり、この場合の初回面接では治療関係が急速に深まることは避けたほうがいいのです。そこで強調しておきたいのは、患者との初回面接におけるモデルメイキングという視点です。

それは、持ち込まれて来た内容に関して進路決定を行うための基盤を作ることであり、このようにして、治療者が変わっても継続する運動の第一歩を、初回面接者は踏み出すことになります。この見立て、つまりモデルメイキングによる共有された理解を踏まえ、初回面接終了時に患者や家族に説明を行い、今後どうするかの提案を行うことになります。正確な診断は初回から確定されないことも多いのですが、見立ては患者と共有されてその後の進路決定のスタート地点となります。コンタクトメイキングの「コンタクト」は「接触」で、その意味は直接的ですが、モデル作りでは初回面接者の「あっさりした関係」の維持が重要でしょう。われわれはたいてい、問題の核心にまだ触れないし、確定的なことはあまり言えない段階です。ただし、初回面接者がその後も治療面接を行うなら、モデルメイキングはコンタクトメイキングのためにも行われることになります。

▽仮の診断

このように、「見立て」という言葉は「モデル」という言葉に近いと言えます。「見立て」が「見た感じ」(『広辞苑』)と解されるように、モデルと本人の問題との関係はより比喩的であり、「たとえばこう言えるでしょう」という間接性、柔軟さが伴います。「誤診」はあってはならないが、「見立て違い」はあってもあまり責められないでしょう。臨床における「見立て」には、印象や「仮(tentative)の診断」の要素があり、正確でなくともよいことになります。

さらに、「何かをする必要上、仮にそれとみなして、その扱いをする」(『新明解国語辞典』)という意が「見立てる」にはあります。これが目に見えないものを取り扱う精神医学には向いていることが多いのです。それは、まだ熟さない考えであっても、現場の差し迫るニードから仮にそれを表現するのが見立てであり、同時に、見立てられる対象とそれを捉える見立てとの間に、比喩的な関係とそのための距離や余裕があります。見立て、あるいはモデルメイキングとは、「距離をとって対象把握を行う」ための仕掛けとしての比喩を発見する営みであり、この対象との距離感が、距離を縮めるコンタクトメイキングではないことを伝えています。

(北山修『精神分析理論と臨床』より)

見るなの禁止
prohibition against looking

二者関係における悲劇的展開で決定的な役割を果たす禁止であり、「イザナキ・イザナミ神話」や「鶴女房」などの異類婚姻説話を分析する筆者が、幻滅を防衛するものとして臨床的に論じたものです。筆者が別れ話で終る悲劇的物語に注目するのは、広く民衆に知られるだけでなく多くの病者の悲劇的体験を映し出すからです。物語は人間男性と動物女性の結婚と別離が特色で、妻には豊かな生産性と、正体を隠そうとする禁止があり、夫や家族のために貴重な何かを生産する間は彼女本来の姿に戻るため、夫に「見るなの禁止」に従うよう要求します。夫は約束しながらその禁止を破り、妻の傷ついた自己や死体、あるいは正体を暴いてしまい、二人は別れることになります。女性主人公は母親的に描かれており、隠された傷つきや死は、子どものような主人公の貪欲な要求に応じる献身の結果と解釈できます。まさに子どもが成長するに従い母子の幻想的一体関係が崩れて、母親に対する幻滅が生起する過程であり、禁止は、母親の矛盾する二面性に直面することから生じる葛藤や罪悪感、および母親との分離意識を経験することを防衛しています。ここにフロイトのいう不安信号や「無気味なもの」、クラインの抑うつポジション、さらにはウィニコットの「環境の失敗」を見出しており、また、これらの物語を活用して見られた側の恥不安の検討や幻滅の発生論の展開が可能です。なお、この禁止は母親の課すものであり、時間がくれば破られるタブー taboo to be broken in time として、父性的で絶対破られてはならない近親姦のタブーとは対照的な位置づけになっています。

［関連項目］押しつけられた罪悪感、自虐的世話役、脱錯覚

空しさ

▽何もない

「空しい」「虚しい」は何もない、空っぽ、実質がない、無駄というような強い心理的意味を伴って使われます。同様の事態を意味する表現としては、虚無、虚ろ、空洞、空虚、寒々、穴があいたみたい、風が吹き抜けるようだ、荒涼などがあります。通常は不快で苦痛な感情であり、これを避けるためにさまざまな試みがなされることになります。防衛の方法としては、何かで埋めて空しさを「充実」させるというやり方が代表的で、これには自分で何かつくってこれを埋める方法と、既成の何かで充当する方法とがあります。また、面倒な問題を抱え込んで空洞を埋めたり、酒や薬、性的体験で「ごまかす」「紛らわす」という方法もあります。淋しさを埋めるために、男子が指をしゃぶったり、女子が「やけ食い」したりするのも、空しさを充実させようとしていると解釈できるのです。当然、ある程度の空しさはかみ締める、我慢するという態度が「偉い」し「大人」なのですが、逆に空しさに圧倒されると何をするのも「めんどくさい」「しんきくさい」という状態となり、何もする気がしなくなるので、創造に向かわせる建設的な空しさは価値が高いものなのでしょう。

▽対象喪失

「空しい」は一般的にも用いられますが、病的抑うつを考えるための心理にとって貴重な手がかりです。一九一七年の『悲哀とメランコリー』で悲哀や悲嘆を論じることにより、病的なメランコリーと対照させ画期的な考察を提示したのがフロイトです。以来、精神分析が注目してきたのは愛する対象、依存する対象、安心できる状況の喪失であり、対象喪失の反応として悲嘆、悲哀に興味がもたれ、その心的ショックからの回復過程が「喪の仕事」という治療的過程として取り出されるようになりました。このような正常な悲哀と病的な抑うつとの間には連続する移行がありそうであり、違いを単純化するなら、悲哀では求められる対象が不在である外界が空しくなるのに対し、病的な場合は自分が空しさに圧倒されるのです。後者の内的な空しさが際立つ際に重要な役割を果たすのが、対象の喪失が内的な喪失に直結しやすい強い相互依存の関係、自他の一体関係であり、このような場合は外界の取り返しのつかなさが内的な喪失の取り返しのつかなさにそのまま転化しやすいでしょう。さらに、取り返しのつかない「空しさ」の病的な抑うつ化を推進するのが、喪失対象に対する怒りや恨みという攻撃的感情であり、これが不在の対象に向けるわけにはいかなくなり自己へと向け換えられ、自己評価の低下、自責の念につながる場合もあります。

▽幻滅

もうひとつ、空しさの先鋭化において考慮しなければならないのが、喪失が急で、失われた対象の「身代わり」が発見されない場合で、このようなときは「今まで美化され理想化されていた事実が幻に過ぎなかったことを悟ること」(『広辞苑』)の意味での「幻滅」と呼ばれます。この幻滅のあとを充塡するものが何も再構築されないとき、または対象が再発見されないときは、「取り返しのつかない幻滅」であり、この痛切の極みでは先の「荒涼」「寒々」とようやく言葉になる場合さえも遥かに越えて、虚ろだけがあたりを覆いつくすことになるでしょう。このような不在の対象の亡くなった跡を埋めるために、自分が身代わりになり、自らを自虐的に消耗してますます病的な自傷状態に陥っていくこともあります。ただし日常で言う幻滅は、再発見や創造を通し取り返しのつくものも多いです。幻滅は、幻想を裏付ける対象の不在だけが契機になるものではなく、幻想とは食い違う醜いものに直面するときにも発生するものであり、後者の場合は反応は空しいという喪失よりも、「見にくい」という苦痛が入り混じる幻滅として区別されるでしょう。

▽**女性性と内的空間**

また、女性の場合、子宮の内側にある空洞、いわば「お袋」の袋の中に何もないときの潜在的な空しさが、生きがい対象としての子どもを呼び込んで抱えるときの包容力を高め、完全な献身的育児を実現させる場合があります。しかし、これが問題の抱え込みにつながる親の吸引力や依存心を増大させ、子どもたちが巣立ったあと親たちが生きがい対象を失うというような「空の巣（からのす）症候群」に母親が多いと言うのも、女性の身体の内的空間が生きがい喪失を発生させる基盤となる可能性のあることを教えています。「空女（からおんな）」とは、年頃になっても月経のない女性や子を出産しない女性を指した蔑視語です。多かれ少なかれ誰もが、自らの母親の潜在空間の空虚を埋め合わすためにこの世に生まれてくるのであり、だからこそ全ての赤ん坊は母親の生きがいそのものになって完璧に近い育児を実現させていると言えます。そして、多くの男性にとって、そのような女性たちに男として求められ、存在の根拠を与えられることも、自らの空虚を充実させる生きがいとなるのです。

【関連項目】生きがいがある、空《から》、自分、祭り

無力感
helplessness

フロイトは、人間の赤ん坊が生物学的に未熟なまま生まれるという事実を捉え、そのため新生児は自らの飢え、渇きなどの欲求を満足させる有効な方法や行動をとることができないという無力状態に注目しました。とくに人間の乳児の無力さとは生物学的無力さに対応する精神的無力さであり、その意味に感情が含まれることもありますが、主に無力感ではなく状態であり、「無力」や「寄る辺なさ」と訳されることもあります。依存を論じる者たちが肯定的で受容された意味合いをもつ一体や共生という状態像を語るのに対して、無力は完全に受け身的な赤ん坊の悲惨な状態を指します。多くの哺乳動物と比較して生理的に早産である人間の新生児は、欲求によって生じる内的緊張を制御する能力が十分に備わっていない上に、喪失や分離の危機のために興奮は増大して、出産外傷と連動してこの無力状態はその後の外傷体験や不安の原型になると考えられました。子宮内での満たされた生活を奪われ未熟な状態で誕生する乳児にとり、欲求に応える母親とその育児はきわめて高い価値をもちます。乳児は子宮の代わりを求めざるをえないというフロイトの観察からは、万能の親による手助けが生存の条件となって、これへの全面的な依存の事実からリビドー的な愛着と依存欲求が生まれることが推論できます。つまり、自我や超自我、あるいは他者との対象関係とそれへの依存が、共生と分離の必要性の内に発生することになり、このような理解が、心的危機から救い出すための他者との絆や愛着の理論、対象関係論や間主体的な現代精神分析の理論や実践につながっていくのです。さらに、か弱く、頼りない子どもを見守る親の姿を万能の存在にまで高めたのが神であり、子どもの寄る辺なさは宗教の起源であるというフロイトの考えは、精神分析の代表的人間観の一つとなっています。

英国対象関係論では依存が注目されますが、このような乳児の依存を当然視するウィニコットによると、心身の健康の基盤として乳児の絶対依存 absolute dependence には献身的育児が必要不可欠であり、ほど良く適応する母親がニードを汲むことによって環境を提供し、その援助と適応によって乳児の無力や絶望は顕在化しないことを重要視しています。幾分かの無力感は正常な発達においても体験されますが、育児や世話の質と量によってその状態には大きな個人差が生じるわけで、体質的なニードの大きさや安心感を破壊する攻撃性によってもその体験は異なります。無力であることは、それを見捨てる対象に対する激しい怒りや自己の空虚感といった情動を生み出しますが、その原因として環境側の無力や脆弱さも考えておかねばなりません。そして臨床的な無力、または無力感は、とくに境界例の治療において患者と治療者の双方で問題となります。その障害の由来は自我と対象関係の発達過程における停滞と困難だと理解されており、発達論的には母親との共生から分離へ向かう途上の病的な展開が問題となります。彼らの無力感の大部分は抑うつとしても現れ、自尊心や満足感を得るための確固たる自己を発達させていないことが多いのです。同時にこういう重症患者を扱う際に治療者が無力感を抱くとすれば、患者が体験しているはずの無力感を共有している可能性があり、治療者の自尊心や自己愛は傷ついて「何かしてあげたくとも何もしてあげられない」という無力感（救いようのなさ）を抱え込むことがあります。またこの育児環境の失敗のために精神病や性格的問題の病理が生まれるとするなら、早期幼児期へ退行する症例では治療環境が提供する「抱える環境」の錯覚や、「甘え」（土居健郎）の価値が明らかになります。

［関連項目］ 依存、抱える環境、抱えること、出産外傷、空しさ、寄る辺なさ

面倒を見る

▽面倒

「面倒」という言葉は「わずらわしい」という不快を表すもので、厄介という意味もありますが、「面倒を見る」という表現では「世話する」という意味になります。面倒を見て面倒を受け取ることは良い意味ですが、「面倒な奴」の場合のように面倒をかけて面倒を与えるのは悪い意味であり、後者では他人の世話になって相手に不快を体験させることや、見てもらった面倒が周囲を患わせることがあからさまなのです。

▽義理で縛られる

「面倒を見る」は積極的に、かつ無条件に行われることが望ましく、熱心に面倒を見ることは「面倒見の良い人」として高く評価されます。また、それを面倒がることは「面倒臭いこと」と言われるでしょう。また、恩着せがましい人物に面倒を見てもらうことは「お前は面倒な奴だ」「厄介をかける人だ」というメッセージを通し借り意識や恩返しを要求されることもあります。そして長く限度を超えて面倒を見てもらうと「面倒な人」になり、面倒をかけっぱなしにすると「面倒をおかけしてすみません」ということになり、これが積み重なって罪の意識を生みます。恩や義理は最近ではあまり使用されない言葉ですが、恩義（恩返しをする義理のある恩）は「それ自体無条件に尊ばれるべきものであり、その恒久的な持続が望まれ」（濱口恵俊）、かつては義理や借りが人間の安全な生活のために活用されました。しかしこれは同時に互いの言動や人生を縛りつけていたのです。

この義理に縛られる関係から自由になるために、つまり「面倒をおかけしてすまない」という借りの意識を細かに返却するために、また「すまない」が罪悪感として深刻化するのを事前に防ぐために、たえず工夫がなされる必要があります。まず他人にかける面倒や厄介を最小限にすること、次いで面倒かけたときは反射的に「すまない」と謝罪すること、さらに有形の「お返し」（贈答）を定期的に行って貸し借りを清算することが求められることもあります。また、こちらから面倒を無理してでも見ることで「すまない」を帳消しにしてもらうという「やり取り」もあります。都市化した現代生活ではこのような「お互い様」「もちつもたれつ」の関係を合理化しようという動向があり、縛り合わない関係で相談にのる精神科医や心理臨床家、さらに弁護士などの登場も、そのようなニードに応えるものなのでしょう。

▽面倒をめぐる葛藤

臨床という場面は、それが精神科であれ身体科であれ、多かれ少なかれ他者に依存して面倒を見てもらうところであり、以上のような恩や借りをめぐる葛藤が生じやすいと言えます。重い病気になれば誰にも厄介にならず、あとくされなく「パッと散ること」「ポックリ死ぬこと」「ＰＰＫ（ピンピンコロリ）」が望まれやすく、精神科、心理臨床、心療内科の現場では、この面倒や依存、そして世話をめぐる葛藤そのものが症状や訴えの本質を構成することがあり、これに治療者は正面から取り組まねばなりません。つまり誰もが一度は幼児期に世話になり面倒を見てもらっているはずであり、そのことを問題の起源として取り扱わねばなりません。ある治療者に対して展開される面倒をめぐる葛藤の内容が、実はかつて赤ん坊または幼児であったときに、どのような世話を受けてどのような世話を体験したのかにより決定される可能性があり、ここで抱かれる「すみません」の感情は、実は、かつての養育者に対する思いである場合があるでしょう。逆に、治療者という仕事を引き受ける動機が治療者自身の過去の育てられ方によって決定され、治療者の親に対する罪や恩の「恩返し」「お返し」の意識によって患者の面倒をみることが強く動機づけされる場合もあります。そのため、このような治療者側の面倒見の良さは、「面倒を見る」という行為を通し恩着せがましくなることで、再び患者に対し「すまない」という罪意識を押しつけることがあります。

［関連項目］ すみません

や行

焼く

ゆ

ユーモア

寄る辺なさ

焼く

▽恋の炎

「焼く」には燃やす、火であぶる、という文字通りの意味があり、それ以外の、比喩的なものとして、「世話を焼く」や、恋愛における「嫉妬する」「焼き餅を焼く」などの表現があります。恋に関して「恋に身を焼く」「恋に身を焦がす」という表現があり、同じ火を使う表現では「恋の炎」と言い、「燃え上がる」「熱くなる」「熱病」も恋の描写に使用されます。因みに、「恋」は「恋ふ」の名詞形ですが、人に対して物を与えてくれるよう求めたり、何かをしてくれるよう願う意味の「乞う（こう）」と同根であり、古くは異性に限らず、花・鳥・季節などのさまざまな対象を慕う気持ちを表しました。

「燃える」に比べ、「焼ける」「焦げる」の場合は、魚を焼く場合のようにじりじり焦げてしまい、それでのたうちまわるという激しい場面を思い浮かべるかもしれません。別の比喩的表現である「胃が焼ける」「胸が焼ける」という身体症状では、熱くなる場所が内臓になりますが、恋心や感動の場合もその身体的比喩では頭や胸が熱くなるのです。愛の相手が人間でなく、たとえば仕事やスポーツに没頭するとき人間は熱く燃えるし燃焼するのですが、焦げたり焼けたりするのは恋です。また、「火遊び」「やけどをする」というのは、性的な関係によるものを指すことが多いのです。

▽焼けぼっくい

比喩の効果は文字通りの体験に左右されるという原則に従うなら、自分でものに火を点けることが少なくなり、料理で文字通りに焼いたり焦がしたりすることをこの目で見ることが少なくなるなら、「恋の炎」の比喩の使用は減少する可能性があるでしょう。さらに、燃えたり焼けたりするには、燃焼の炎のもとであるガスやガソリンなどに似た心的燃焼（エネルギー）が人間にもあることが仮定されなければならないので、一般に恋は若さを必要とします。逆に「この身」という燃料のある限りは、たとえ実際に火を点ける機会が少なくなったとしても、自然発火する胸の炎、恋の炎、嫉妬の炎を燃やすことや、それに巻き込まれる被害の発生は止むことはないでしょう。また「焼けぼっくい（一度焼けて炭化した杭）に火がつく」というように、男女の関係はいくつになっても、燃料さえあるなら何度でも、消し炭になっても火が付くのです。

▽怒りの炎

恋だけではなく、「怒りの炎」と言い、これを含む嫉妬が「焼ける」「焼く」という表現を使用するので、この燃焼の炎が対象を害したい、傷つけたいという怒りによって燃え上がるものだということが分かります。そして嫉妬の炎による「焼ける」は、対象を求める恋の炎と、対象を害しようとする怒りの炎とがひとつになって、一層激しく焼けるのです。思い通りにならない恋、成就しない恋では、恋する者の胸を極端に熱くし、やがて燃え上がって燃えつきようとし、クライマックスでは怒りの炎が恋（請い）の炎を劇的に熱く、そして強くするのでしょう。「くるおしく燃え上がる恋」の場合、快感原則優位の恋心の執念と思い通りにならぬ現実原則との間で摩擦熱が生じ、恋と怒りが同時発生しています。それでも燃やしてやりたい状況や対象を燃やすわけにはゆかず、行き場を失った炎は一部自分に向かい、胸が熱くなる程度ではおさまらなくなってわが身を自らじりじり焦がして悶えることになります。この身は、誰にでも与えられた可燃物なのですが、自己犠牲と情熱のために焼かれる苦痛は苦痛の主体が焼けるために麻痺して無感覚となり、「燃えつきる喜び」となって苦痛を上回る快感すら生じる場合は、苦痛を楽しむマゾヒズムの心理が際立つことになるでしょう。当然ですが、「燃えつきる」「めらめら燃える」「じりじり焦げる」に比べ、加害性と自虐的要素の少ない「希望に燃える」「淡い恋に熱くなる」という程度の、取り返しのつく燃焼が健康で無難だということになります。

▽燃えつきる

仕事が恋人になってこれと心中する場合に見られる「燃えつき症候群」の「燃えつきる」に、人の「燃えつきたい」という自虐的な願望を読み取ることができます。「誰でも一度は燃えてみたい」と言い、人は燃えて燃焼しようとしますが、普通はやがて消耗し、この消耗は休みをとれば再び回復して人々は再生するはずです。ところが何もかも燃やして「燃えて死にたい」「燃えつきたい」という回復不能性への欲求は、燃やす側と燃やされる側が同一人物であるだけに、その自己完結の循環に一度はまるとなかなか引き返せなくなります。多くの場合で、燃えつきたい人に発生するのが、炎におのれの身をすべてさらすという自己犠牲の自虐性で、これに「水をさす」ことで「熱をさます」という仕事が、燃えつきようとする危機を回避させる場合には必要となります。そのとき炎の勢いと治療者は敵対することがあり、「やけ」になっていておさえがきかず、何をやっても「焼け石に水」のときは時間をかけて火の勢いがおさまってさめるまで待つしかありません。なお、眠り、夢、酔い、迷い、前後不覚の状態から「覚める」「醒める」のサメルは、「寒い」のサムと同根であり、熱や気持ちの高ぶりから「冷める」から転じたものだと言われます。

[関連項目] 覚める

ゆ

▽許し、緩し

『日本語源大辞典』（小学館）では「ゆ（湯）」の語源として、次のような「ゆるむこと」「ゆるし」が出てきます。これは日本語を使用する人なら、多くが納得するところでしょう。

温む意で、ユルミ（緩）の義［名言通］。微温の意でユ（寛）の義か［日本語源＝賀茂百樹］。冷水では縮まるようであったものが、沸かすと身もゆるやかになるところから、ユルシの略か［日本声母伝］。

▽「ゆ」と読む漢字

語源説には自由な連想や思いつきもあるとしても、深層心理学にとってはこのような連想こそ重要な手がかりです。そこでこの、ユという音が意味するところを、漢語を構成して「ゆ」と読ませる漢字を並べて俯瞰してみるなら、面白い思想のあることが分かります。『日本国語大辞典』（小学館）から「ゆ」の音で読まれる漢字をあげておきましょう。これは、「ゆ」の境地に関する緩いが強力な例証なのですが、見たことがあっても、使ったことのない未使用の漢語では価値がないし、「ゆ」と読めないのでは意味がないので、知っていて読めるものしか引用しないことにし、三分の一くらい削除しました。読者がこれまで使われたものやこれ以外に知っているものが抜けていると感じられたなら、典拠は公刊の書物ですから読者が付け加えられたらよいと思います。

(1)由の類

「由」よりどころ。いわれ。わけ。「油」あぶら。

「柚」みかん科の常緑樹。

(2)甬の類

「勇」いさましい。「湧」わきでる。

(3)萸の類

（私が未使用で省略）

(4)兪の類

「愉」たのしむ。たのしい。よろこばしい。「諭」みちびく。さとす。さとる。「輸」他へ移す。はこぶ。おくる。「喩」①おしえさとす。さとる。さとり。②たとえる。たとえ。「揄」からかう。

「癒」病気やきずがなおる。いえる。

(5)その他

「遊」あそぶ。自由に歩きまわる。

このようにして「ゆ」や、加えて裕、優、雄、有、由など「ゆう」と読ませる漢字の意味を渉猟して得られる大きな発見は、人間や人間関係におけるポジティブな経験をカバーしていることです。これを私見で総合するなら、根拠と余裕をもち自己中心的で、人目を気にしない「私」が内側から大きな広がりをもって湧出して「ある」のです。これを支える「ゆるみ」「ゆるし」が基本的条件になって揃うと、私たちは「私がいる」「自分がいる」と感じ、時に「極楽、極楽」と言う人もいます。つまり、私たちは「ゆ」の中で生まれるこういう楽観的な感覚を基盤に、心の痛みや疲れを癒して生きているのだと思うのです。

▽精神分析の関心

自由連想の由(ユウ)、遊戯療法の遊(ユウ)、夢分析の夢(ユメ)と、精神分析の関心が「ゆ」の音を巡ることも興味深いことです。阿闍世コンプレックスの「許される罪悪感」論における「ゆるし」とはユックリとユッタリとして、ユルユルとした世界に身を置くことだと考えられます。そして、心の健康において何よりも必要な「ゆとり」や「よゆう」を言う時にユは繰り返され、中井久夫が論じる「ゆとり」は説得力のある論考ですし、最近では藤山直樹が「揺らぎ」という言葉を使用しています。こうして私は、音のレベルで私たちの精神医学や精神分析の関心事が「ゆ」に導かれて展開しているように思うのです。

▽「ゆ」を楽しめない

そして、この「ゆ」の境地が意義深いのは、それに冷める(覚める)という現実回帰や覚醒があるからです。患者さんたちには、この「ゆ」の経験をいけないもの、許されないものとしている場合や、遠ざけられていることが多いのです。ゆるんだ状態を禁止されていると感じる多くの神経症者たちに共通するのは、その自己中心性や尊大さが批判されるという心配や、覚める際の恐怖が生じることでしょう。また、その身を収納する体(殻だ)や「心の皮膚」がないために「ゆ」に近づけない人や、傷に滲みるために「ゆ」につかれない人もいて、それらは「ゆ」の剝奪や喪失のケースだと言えるでしょう。そして、「斎」を「ゆ」と読んで、神聖清浄を意味することがあり、そういう「ゆ」とは畏怖すべき意味を持ち、「ゆ」が過剰になると「ゆゆしき」となって非常事態となるようです。さらに「ゆゆしき」は例によって意味がぶれる言葉で、賞賛の意味でも使われることが興味深いところです。そして、臨床的には「癒（ユ）」が求められるのですが、ここに精神分析の言う、退行 regression を経た進行 progression の意味で自然治癒や現実的な洞察の可能性を想定できるのです。

ユーモア
humor

日本語では冗談、機知、ユーモア、コミック、駄洒落とさまざまな用語が飛び交う領域ですが、欧米の議論でも日常語を使用するため、分類の困難が生じるのはやむをえません。ただしフロイトにおいても「機知」の論文とユーモアの論考は別個に存在しますし、後者は西洋の笑いと宗教の転回点に関わる高級なものですが、どちらも笑いと深く関係しているので、ここでは並列的に述べることにします。冗談や機知（英語で joke、独語で Witz）には、たいてい言葉遊びがあって意味は多義的であり、通常抑圧され蓋をされている無意識的意味は多義性と曖昧さのなかで検閲をくぐりぬけ公共性を獲得します。同時に抑圧の蓋を維持していたエネルギーを解放して快感を得るという経済論を論じるフロイトの機知論文とは、冗談が夢に似ているという発想からすすめられた精神分析的言語論の成果であります。彼は、多くの冗談を吟味して、夢の仕事に相当する「冗談の仕事」を発見し、潜在的な思考が言葉の上の手がかりを活用して冗談をつくり上げる様子を観察しました。その語法上の手がかりとは、語呂合わせ、語源、多義性、比喩的関係、言葉の合成などで、これらを通して冗談は置き換え、逆転、矛盾提示などを行いながら快感を達成します。このような形で生まれる言葉は、個人的な潜在思考と公共的な国語との橋渡しを行うものであり、これを筆者は橋渡し機能と呼び、多くの比喩の生成（比喩化 metaphorizaiton）に関わり、治療的な媒介物を生み出すことが期待されると指摘しました。

一方、私たちが苦境にあるときに見せるユーモアもまた、周囲の状況から言えば当然起こるはずの不快な感情を消費節約することから愉快さを生むものであり、同時に自己防衛のために状況を笑いとばしてエネルギーを消散・解放させ、怒り、悲しみ、嘆き、同情といった苦痛を快感に転化させるための一手段です。節約原理に加えて、フロイトは、ユーモアは諦めではなく反抗であり、自我の勝利だけでなく快楽原則の勝利をも意味し、現実に対して自己主張する傾向を指摘しました。ただ快感獲得や欲動の充足を目指す冗談とは異なり、降りかかる状況を受容したり排除したりするユーモアには一種の威厳と知性の輝きがあり、自分自身を子どものように扱いながら保護する大人の役割を演じています。おびえる自我に超自我が優しい慰めの言葉をかけており、真面目さが特徴の超自我の役割と矛盾するようですが、「ユーモアについて」でフロイトは、まだまだ超自我について学ばねばならないという謙虚な見解を示しています。ただ、ユーモアには、自分の問題を笑いものにした自虐的なものもあり、そういったユーモアにはこの考えに当てはまるところは少ないでしょう。精神分析的な臨床では、自由な連想と遊びのなかでユーモア、比喩、そして冗談の使用が技法として活用されることが多く、その場合も多義性が重視されます。言葉の心身両義性や、表面的な意味と深層の意味などを橋渡しする言葉の曖昧さが楽しまれるとき、意味の間に有機的連関が生じて体験され、分断されやすい意味の間隙が埋められることも多いのです。もちろん、治療に参加する両者に共有されてこそユーモアに治療的な意味が生じますし、かたよった笑いや汚い冗談はそういうパーソナリティを反映するものです。

［関連項目］橋

寄る辺なさ
helplessness

フロイトが乳児の無力であることを示すために用いた言葉であり、生物学的に未熟なまま生まれる人間の赤ん坊が、自らの飢えや渇きを満足させるのに他者や環境へ全面的に依存せねばならないという状態を指しています。フロイトは、これを外傷的状況とし、この危機を予期する際の分離や喪失の不安が外界への依存欲求や愛情欲求を生み出すと考えました。それ以来、精神分析の文化論は、乳幼児の「救いのなさ、頼りのなさ」、つまり欲求を満足させるために自分から有効な行為をとることができないという依存の事実が、親の全能であることを通して、それに代わる文化や宗教を人間に必要とさせるとみるのです。ウィニコットらは、絶対依存 absolute dependence に対する献身的育児の絶対的必要性を説き、母親がほど良く適応し環境を提供してニードを汲むことで乳児の無力や絶望は顕在化しないことが健康の条件であるとみています。この育児環境の失敗が精神病や性格的問題の病理を生むと考えるならば、早期幼児期へと退行する症例で治療環境が「抱える環境」として適応することの価値が明らかになりますが、フロイトは神経症治療におけるこのような「甘やかし」に反対しています。

［関連項目］甘える、依存、抱えること、無力感

ら行

両性素質

ローハイム

両性素質
bisexuality

生まれつき人は男性と女性の両方の性を有するという考えであり、しばしば両性性、両性愛とも訳されますが、一般的に両性愛は異性に対しても同性に対しても等しく関われるという性愛の在り方を指します。これは、多少の半陰陽は正常であり、人間の体内には異性の性器官が残存していて、もともと両性の素質をもっていたものが進化・発達していく過程で一方の性が失われ、一方の性的特徴が現れるという胎生学的、解剖学的な事実に基づいています。そして、成長と共に抑圧や同一化などにより一方の性が無意識化され他方が強く意識されて、同性愛あるいは異性愛が発達することになります。フロイトが友人のフリースの影響で精神分析理論に採用したもので、フリースは同性愛の場合に限らず人間は両性の素質をもっているとし、成長に伴い優勢な性が劣勢な性を無意識の中に抑圧すると解釈しました。両性素質の概念を重要視しながら、フロイトは立場を明確にしなかったのですが、それは両性において男根を優位とするフロイトの去勢理論と、両方の性が同等であるとする両性素質説とは矛盾するところがあったからです。多くの分野において、この両性性あるいは両性素質は男らしさ、女らしさをめぐって議論されますが、この語の意味は、フロイトがそうであったように否定的態度と受容的態度の間で動揺しています。同性愛と異性愛を合わせもつ成人の両性愛と発生論的な両性素質との関係は一般に不明なところが多いとされますが、去勢の事実を認識するときの衝撃を重視するフロイト学派では、性関係における両性愛は本来の両性素質への逃避や退行と見なされます。現代においても自らの性を担う際の両性愛葛藤は広く存在していますが、女性の男性的抗議や男性の受身的態度とともに、両性素質を維持したままライフスタイルとする人が増えているように見受けられます。また臨床では、ブロスが言うように、本来の両性素質とは単純に否定されるべきものではなく、性役割の葛藤やアイデンティティの混乱とともに、肯定されるべき同性愛的愛着や、皆に愛されたいという自己愛、そして甘え、さらには偽りの自己などをめぐって取り扱わねばなりません。なお、両性具有と訳されることがありますが、その際はユング派の言う両性の統一性のイメージとして使われる用語と類似することに注意が必要でしょう。

［関連項目］性、同性愛

ローハイム
Géza Róheim（1891–1953）

ハンガリー出身の精神分析学者であり文化人類学者で、フロイト主義者として両者を統合しようとした文化精神分析学のパイオニアです。精神分析学運動の拠点の一つとなった首都ブダペストに生まれ、ベルリンなどで人類学を学びます。『トーテムとタブー』などフロイトの文化事象や社会制度の深層分析に刺激され、精神分析に関心を抱き、フロイトらと交流して同国人のフェレンツィの教育的な分析を受けました。新しく「精神分析学的人類学 psychoanalytical anthropology」と命名された領域を開拓し、ハンガリー精神分析協会に所属しブダペスト大学人類学講座教授になりました。個人の無意識心理を土台にしてあらゆる外的事象が生まれるという個人還元主義の視点から、オーストラリア先住民などの文化や生活に関するフィールドワークと分析を行い、精神病理現象や文化現象などに通底する部分を追求しました。一九三八年アメリカに亡命しマサチューセッツ州立ウースタ病院に勤務、後にニューヨークに移り個人開業し、多くの著作を発表しました。神話、儀礼、制度に関する彼の解釈では、基本的に文化活動が幼児の心性、とくに分離不安の防衛的展開であるとされ、その根拠もフロイト学派の見解にきわめて忠実なものです。解釈が臨床を逸脱するものであるという点からも批判されましたが、ミードなどの業績にも刺激を与え、新フロイト派の発展に寄与しました。文化を高く評価する視点から「中間的対象 intermediate object」などウィニコットの移行対象のさきがけとなる知見を得ており、その仕事の影響は多方面に波及しています。

［関連項目］ 文化

わ行

歪曲
わがまま
わたし

歪曲
distortion

夢の仕事や象徴形成の際に、無意識の検閲のために潜在的な思考の元の内容がそれとは認識できないような顕在物に偽装されることであり、置き換えや圧縮によって起こるとされます。夢の特徴は願望充足ですが、見られた夢の内容の多くが単純な解釈を拒否するものばかりで、それは夢の本来の潜在内容が願望を充足させまいとする力によって歪曲を受けたためです。この書き換えのために、最終的にわれわれが見聞きする夢はその本来の内容からかけ離れたものになってしまいます。歪曲とは避けられぬものですが、たとえ無邪気な内容、あるいは荒唐無稽な話でも、これを分析し本来の内容を明らかにするのが精神分析家の解釈です。また、この歪曲の過程は、公共性のある神話や物語の分析においても想定されねばならないものであり、内容をそのまま真に受けるわけにはいきません。歪曲という言い方にはマイナスのイメージが伴いますが、むしろ創造性や象徴形成には欠くことのできない心の仕事であり、逆に言えば、潜在化されるべきものがあからさまに表出しているとすれば、それは病的な象徴過程の存在を示唆するものとなります。

わがまま
▽気まま

「我が」と「まま」という風に分解すれば、その意味が単純化されてよく分かるようになります。精神論の「あるがまま」に比べ、「わがまま」「きまま」は基本的な愉快の元なのですが、社会的には自分勝手、利己主義と言われ、あまり良い意味では使用されず、「わがままな」生き方や人間は批判されやすいのです。周りの意に反してわがままに振る舞うことが無理に主張されるなら、摩擦と衝突が生まれて角がたち、それが跳ね返って痛みを生むことから、悪い意味になるのでしょう。

▽発生論

育児の役割を重視する育ちの観点から見るなら、乳幼児が一時期は自分の思うまま、思いどおり、気ままに考えたり行動することは、肯定されねばならないのです。乳幼児の自我、つまり「我《われ》」の誕生とその維持のために、環境側が適応し「我が（我の）まま」になれる領域をほぼ完全保有させ、相応に「お山の大将」になることが保証されねばならないのです。というのも赤ん坊は首がすわらず、言葉が話せず、直立歩行ができない状態であるため、赤ん坊の手足になってくれる周囲の支えと適応がなければ「わがまま」は成立しないし、乳幼児の思いを汲む環境側の支持と適応こそが自分の思い通りになる分を子どもに所有させるのです。しかしながら、この環境からの「わがままにやれる領域」の保証は成長するに従い絶対に手に入らぬものとなり、その後は「わがまま」は与えられるのではなく自分から激しく主張される「ごねる」となりやすく、それがかなわぬとき楽しみは断念するか、特定の趣味や文化の領域に隔離されて楽しまれるしかないのです。同時に「わがまま」の楽しみが社会的に抑制されるようになるなら、わがままにやれていたのがやがてはやれなくなって、その内容は遊びや、空想すること、「甘える」態度や特別な宗教感覚として生かされるでしょう。

▽万能感

しかし、以上の「わがまま」「お山の大将」の記述では、これを英語圏の精神分析でいうところの“omnipotence（全能）”と同じような概念として使用していますが、「万能の」と「わがままな」とは意味が大きく異なります。現象としては同じようなことを指すことができても、日本語では絶対の「神」の影響を意識することが少ないため、絶対神の属性である「全知全能」「万能」という言葉には馴染みがないし、その内実と比べれば「お山の大将」の楽しみなど可愛いものでしょう。精神分析における「全能」「万能」に関する考えでは、その状態にある自我は神のごとく外的対象や外的世界を創造し、どのようにでも動かして思い通りに変化させます。それは周囲を支配し展開することができるという空想や幻想、信念または確信として現れやすいですが、そこでは何でも起きるし「何でもあり」なのです。だから、当人の悪意や心配を反映するとき嫌なこともまずいことも、悪夢として起こってしまいます。その際万能が、「神」のごとき自己意識が外的現実を棚上げにするなら、「周囲のことなど知ったことではない」という感覚がそこにある外界を「何でもあり」にして思い通りに動かそうとするため、症状形成や異常行動の基盤となるわけです。

早期の万能感に強く現実が入り込む余地はなく、それに応じてほど良く動く外界のおかげで「お山の大将」や「裸の王様」の「思い込み」は維持され、普通はそれでも現実感が増していき、挫折や欲求不満を通し限界を思い知りやがては抑制されていきます。ゆえに、「全能」とは言わず「わがまま」と言うのは、それが「絶対の神」の成れの果てなのであり、「万能」と言えるほどの自我体験を保証していないからでしょう。しかし、「わがまま」の背後の「万能」は非現実的で無意識的な「何でもあり」の感覚を保持して、「わがままな人」や「わがままな考え方」には自他の接点における実現の要求と現実とのぶつかりあいと共に、神のごとき支配欲求や創造性を孕んでいるのです。

▽知ったことではない

親が「この子はわがままだ」と言い、当人が「私はわがままだ」と言うとき、「自分の思い通りにしよう」という「わがまま」はいけないものだという意味がこめられます。しかし、「精神療法家なら、プラス、マイナス両方にまたがる多様な意味を看取るだろう。そして、すすんで『わがまま』の成立史とその目途とをあきらかにしようとする」のです（下坂幸三）。そして、プラス、マイナスの両方を斟酌して、「あなたはわがままだ」「私はわがままじゃない」という具合の肯定と否定の水かけ論に治療者が巻き込まれないことが重要でしょう。同時に、この「わがまま」の背後に横たわる「知ったことではない」という棚上げ感覚や快感、そして「全能」の感覚を読み取ることも分析者の仕事であります。無意識の全能の領域とは、本音として意識したり「わがまま」の言える領域と重複することはあっても、あくまでも非現実的であるからこそ、悪夢も含めて何でも起きるし、どんなこともできるのであり、常識的にはなかなか言葉にならない、「想像を絶する」「思いもよらない」魔術的、精神病的世界なのです。だからこの「万能」や「全能」を、日常的に「思い通りにしようとする」「わがままな」と言われるような、可愛くて矮小化されたものと同一視しないほうがいいと思いますが、どちらも改革や創造性の可能性につながるものでもあり、貴重な感覚なのです。

[関連項目] 自分

わたし

▽つながりの維持

五木寛之の『青春の門』（講談社文庫）の最初に、主人公の母タエが出てきます。彼女は若くしてやってきた継母ですが、主人公の男の子と父親が二人で同時に母親を犯すという幻想的な場面が出てきます。子どもである主人公は母親にしがみつき、父親が下半身は犯していたという場面で、それはまるでお祭りのように描かれているのです。

日本家族の中には、一人の母親を他のメンバーみんなで共有しているという、母親を中心にしたハーレムがありそうです。しかし、これを描いた春画を見せると母親虐待だと怒る人もいます。母親は育児も楽しめないし、セックスも楽しめないというわけです。しかし、同時に両手に花なんだから楽しめばいいじゃないの、と証言している女性サイコロジストの観察と意見もあります（馬場禮子）。

　春画に描かれるような楽天的な和合は母親の肉体の使い分けで可能になるという、子の母でありながら夫の性的対象だという弁天様的両立に対する能天気な信仰、信頼があるというわけです。これこそ、日本で三者関係や、三角関係が際立たない家族的原因だろうと私は思います。つまり、二者関係と三角関係を取り持つ母親がいて、子どもには「まあ、××ちゃん、おとなしくしていてね」と言いながら、その一方で父親に対して「あなたもうるさいわね」などと言いながら「もう一人の子ども」の相手をし、両方を取り持っている母親がいるわけです。三角関係というよりも、「和をもって日本となす」とでも言うのでしょうか、メンバーが輪のごとく和合し、「ぐる」（「ぐるぐる」の回転に通じる）になっています。

▽取り持ち

ある春画の中の台詞では、「おめえ、そっちの小僧じゃなくて、俺のこの小僧をなんとかしてくれ」とか男が言っているものもあり、この母親にとっては小僧が二人いるわけです。つまり子どもの自己中心的な心理から見るなら、確かに母親が裏切っているものの、母親の「私」は、二つの小僧の間で双方とつながりながら子どもと父親の間で取り持ちを行っているのです。一部の西洋人のように夫婦の寝室と子ども部屋を分け、隔離された子どもを泣きたいだけ泣かせておくのではなく、母親の「わたし」は一つの寝室をみんなで共有し、三角関係の突出を回避し、不連続をなんとか連続させようとして気を遣うのです。ここで、「わたし」たちは母性的に二つの世界を取り持ち、メンバーに「あれかこれか」の選択を迫り他者に対しはっきりとつながりを切って自立させるのではなく、裏でつるんで「横のつながり」を維持する方法を実践しているとも言えます。

▽わたし

ここで、母性的な「わたし」は連続する不連続として「つながり」を維持し、「あれもこれも」に通じる母体の取り持ちと裏切りという表と裏のある二面性の世界を生きるのでしょう。そして、二人であっても三人であっても「つながり」のあることを理想化し、和をもって貴しとします。「わたし」という言葉には、「わ」という最小単位が連なって「わたし＝我＋足し＝私」となり、三角関係が角を立てず、丸く円になるイメージが抱かれていると思います。これが一番貴い円環的和合状態で、みんな喧嘩をしないのです。つまり、母親弁天の「橋渡し」のおかげで息子たちと父親たちが喧嘩をしないですむし、誰かが排除されにくいわけです。

こうして母親の掌の上で、みんな転がされてしまって、父親たちも子どもたちも、母親なしでは陽も昇らない。例えば五人いる子どもも、俺の小僧をなんとかしろと言う父親も、母親にとってみればみんな子どもで、どの子も母親と寝たがるのです。そして確かに母親が穏和で健康であれば、みんなを愛することができるでしょう。家の中では子どもばかりになって平等が実現し、頂点の母親にみんながぶら下がっています。だがしかし、そのおかげで私たちは三角関係や競争で揉まれる機会や、孤独や分離感を味わう機会を失ってしまいます。

▽わたくし

『日本国語大辞典』（小学館）は、「わたくし」の九つの語源説を掲げていますが、興味深いことに、そのうち以下の三つがワタクシの語尾にカクシ（隠し）を指摘しています。②ワガタメニカクシ（我為隠）の義［日本語源学］③ワタカクシ（曲隠）の義［名言通］⑦ワタカクシ（渡隠）の中略。世を渡るものが互いに非を隠す意［紫門和語類集］。

「世を渡るものが互いに非を隠す意」とは、実に「私」の機能を的確に把握していると言えます。そしてワタクシの「隠し」は、内に隠される「非」という中身がなければ成立しないのです。その「非」の一つが罪であるとすれば、罪はツミやツツシミと縁が深いという意見があるように、日本語で言う「私」こそ私的に包まれるべき罪の置き場所なのでしょう。

（きたやまおさむ『帰れないヨッパライたちへ』より）

［関連項目］ 三角関係、すみません、性、つながる

私の歌はどこで生まれるのか――「旅」と「私」

はじめに

私は、精神科医で精神分析家ですが、余技を生かす作詞家でもあります。一般に歌は流行に流されるものですが、随分前の一九七〇年の頃に作詞賞などを頂戴して、創作者としてそれなりの評価を得たことがあります。それで私はよく心理や精神医学の学会に招かれ、歌はどこでどういう風に生まれるのかと問われ、それに関わる話を請われるのです。

長い間の持論で、歌作りは旅にあり歌はその出発地から到着地までの間で生まれると言うのが、いちばん適切で適当な答えだと思っています。ここでは、拙著『劇的な精神分析入門』『評価の分かれるところに』に書いた以下の四つのテーマを統合的に織り込んで、改めて歌をめぐる旅のエッセイとしてまとめてみたいと考えます。

・歌は旅で生まれる

・私の旅の歌
・フロイトの汽車の旅
・明け方生まれる歌
・「兎から亀へ」という旅

出発から到着までの間

この四十年の間に、プロのミュージシャンが歌ったりレコーディングした歌の歌詞を四〇〇曲くらい作りましたし、私の口にしか上っていない歌、さらには作りっぱなしの曲まで入れると七〇〇曲くらい作ったことになります。実際その多くが文字通り旅の途中で生まれていて、歌詞の中身もまた旅の歌が多いのです。

もともと、人生を旅に喩えるというのは歌の世界でよくあることなのです。そして、私の場合、旅の歌作りの原点は、思春期に出会った米国の「ホーボー」たち——英語の“Hobo”とは「渡り労働者」「浮浪者」——の歌にあると言えます。彼らが自作自演で歌った一群の歌が「ホーボーソング」と呼ばれ、一九六〇年代のフォークソング流行の時に一群を成したのです。彼らは、列車の無賃乗車まで繰り返し、町から町へと渡り歩き、行く先々で歌い、歌を作り、また旅に出たのです。

米国の「ホーボーズ・ララバイ」は典型的な曲で、ここからの着想で私が詞を書いた「さすらい人の子守唄」というタイトルだけでも、その中身が想像できるでしょう。また、自らホーボーでフォークシンガーの元祖が米国のウッディ・ガスリーで、彼は文字通り旅するミュージシャンでした。そして、芸術家が旅しながら土地土地で演奏するという伝統は、ヨーロッパの「吟遊詩人」の生き方や日本の俳人・芭蕉の漂泊にも見られるものなのです。日本の古典「防人の歌」は、多くが別離や分離を契機に、長い旅の途中で生まれたものです。彼らの旅を題材にした歌は旅の途中で生まれ、彼らの旅人としての生き方を通して、別れと出会いを繰り返す「旅としての人生」が描き出されます。そして、その旅の歌が聴衆にとっては自分の人生の比喩になるのです。

実際に一九六〇年代は新幹線が走り始めて、大勢の日本人が急に旅を始めた時代で、それに応じるようにして旅の歌が数多く生まれました。例えば、「君の行く道は果てしなく遠い」と歌った「若者たち」は、旅立ちの時である青年期心性と相俟って印象に残りました。同時代に「知らない町を歩いてみたい」と歌った「遠くへ行きたい」は、作詞の永六輔もまた旅人でした。

その心理学に目を向けるなら、別離から到着までの間で、分離の痛みを何とかしようとして、思いを相手に届けようと歌が生まれていることが分かるのです。あるいは、別れのために生じた亀裂や隙間を埋める「橋渡し」のために歌は生まれるのです。そして、会いたい人に会えないのでその恋心を歌うための創造のプロセスは、歌ができた時にいったん終ります。別離という出発があって、作品の完成という到着があり、出発から到着の間が創作タイムで、そこには時間的にも空間的にも間があるのです。

私のこの「歌は旅の間に生まれる」という見方は、別離から創造までのラヴコールとしての言葉の発生論と重ねることができるのです。人は、会いたい人に会えないので、その人を想い、名を呼ぶのです。何かに対し恋い焦がれてのたうち回り対象を指差していた幼児が、花に向かって激しく手を伸ばし「チューリップ」と名前を付けて呼ぶ時、人は言葉を「覚えた」「使った」、そして創造したと言えるのです。

言語獲得の心理について付言すべきは、指差しや名付けで対象の支配や操作を可能にし、人が落ち着きや希望を手に入れることです。あの、一体から分離の移行期に泣き叫んで手足をバタつかせた焦りや怒りは言葉の使用で沈静化し、その時の言葉はまるで対象と合致しているかのような魔術的支配の感覚に満ちているのです。これを言事（言葉と事実）一致の錯覚と私は呼んできましたが、日本語では「言霊（ことだま）」と呼ばれ、魔術的・宗教的でもあります。これは同音異義語のコト（言）とコト（事）とが一致しているという原始的な感覚で、やがてそれは幻滅あるいは脱錯覚 disillusion されねばならないのです。ミズと呼べば水が出てくるという思い込みには、ミズと言ってもミズが出てこないという現実に出会う幻滅のプロセスが待っているというわけです。

「ミルク」という言葉の獲得と共に、言葉で呼んでも対象のミルクが手に入らぬことが増え、急に言事不一致の感覚が忍び込んでくるのです。やがて、人は言語世界への参入と引き換えに失ったものの大きいことも知り、この喪失感を「唇が寒い」と言い、発話に伴う薄っぺらさや空しさとして大人は嘆くようになるのです。

だから、ママと言わなくてもママが出て来る乳児の前言語的段階、次いでママという言葉でママを支配する言事一致の段階、やがてママと言ってもママが出てこない言事不一致の段階という、こういう段階論は私たちにとり重要でしょう。そしてこの最終段階を経た大人の場合、ホーボーの歌でも防人の歌でも、歌の生成に伴う喜びだけではない、呼んでも帰らぬ喪失感や分離の痛みが歌い込まれています。大人の歌においては、このセンチメンタリズムが意味として悲しい歌詞やメロディにからみつくように織り込まれるという事実が、乳幼児期における喜びの言語獲得と異なるところなのです。

列車に揺られて

人は誰もただ一人旅に出て
人は誰もふるさとを振り返る
　ちょっぴり寂しくて振り返っても
　そこにはただ風がふいているだけ

「風」というタイトルの、こういう歌詞が生まれたのが、一九六八年の夏、四国の宇和島の夜でした。フォーク・クルセダーズの三人はあの日、台風で足止めを食い、旅の宿で作曲の端田宣彦と私は夜の嵐が通り過ぎるのを待ちながら、あの歌を作りました。完成したのは、夜半過ぎだったと思います。

歌を作っていたら、あるいは歌っていたらあっという間に時間が経ち、思いは目的地に着くのです。好きな歌さえあれば、あるいは好きな文庫本でもいいのですが、やがて時間が過ぎて、待つ側も待ち人の到着を待てるのです。

さて、さらに具体的な、私の旅の話をしましょう。私の場合、今も列車の中で、あるいは旅先で、歌やこのようなエッセイは生まれるのです。実はこの原稿も新幹線で書いているのですが、東京と京都の間でも、全部で片道二時間半の旅です。それも、超特急の「のぞみ」ではなく少し遅い「ひかり」が良い感じです。最初は単なる逃避とか時間つぶしだと思っていましたが、実はそうではなく、出発はしたけど目的地にはまだ着かないという、この「合間」こそが創造という目的と合致した方法であり、それに相応しい場なのです。それで、私が旅に出かける時は、作曲家から頂戴したメロディを録音したプレイヤーを持っていくことが多く、それを聞きながら列車に揺られていると、やがて歌が生まれるのです。それも夜汽車の旅が好きで、ここがどこか歌作りに相応しい場所なのです。

旅人は男の場合が多くて、女性は待つ側になりやすいという考えは、あまりに古い性別感覚だと言われそうですが、ただ夜行列車の旅となるとどうしても男性中心の話になります。それはやはり女性の一人旅、それも夜行の旅は危険で不便だからでしょう。

今はもう廃止されたのでできないのですが、十年前の東京と九州の間は夜汽車で行くのが楽しみでした。東京発九州行きの列車が、夜汽車と呼ぶに相応しい深夜、関西を通り過ぎるので、それに京都で乗り込んだものです。車中で一晩過ごし、車内放送で叩き起こされ下関あたりでコーヒーを飲んで、終着の博多駅に着くのが朝十時頃でした。特に面白いのは、新幹線や在来線の電車が小倉辺りで通勤通学の乗客を乗せ追い抜いていく頃で、向こう側の若者たちは起き抜けの私たちを異次元の世界からの客人のように迎え、そして通り過ぎてゆきました。そこには世代交代のドラマがあり、彼らの視線はよほど暇でないとこれには乗りはしないというメッセージなのでしょうし、それでこの夜行列車は数年前に消えたわけです。

海外でも、夜の旅にはロマンがあります。ホーボーになってヒッチハイクは無理としても、アメリカでは長距離バスが安くてゆっくりした旅の筆頭でありましょう。ヨーロッパの鉄道では、乗り放題のユーレイルパスが定番ですが、これもできれば夜の旅がおすすめです。何十回か経験した旅から印象に残る夜の旅を挙げるなら、まったく最初の海外旅行で、モスクワから初めての北欧であるヘルシンキに向から旅は、あの到着直前に乗客たちと交わした乾杯の叫びとともに、私の脳裏に焼き付いています。日本からずっと一緒だった連中は、北欧留学中のピアニストである息子に会いに来た父親、後に事件を起こした過激派の学生、今も我が家の近所で店を開く染色デザイナー、と次々と顔が浮かびます。

それからヨーロッパの列車の長旅が病みつきになり、とうとう五年前の夏、私は思いきって、鉄道を乗り継いでフロイトの生まれ故郷、遥かフライブルク（現在のチェコ・プリボール Příbor）まで行ってみました。七時間半くらいの長旅でしたが、隣りの座席の女子高生たちが理解できない言語で笑い転げているのを見ているだけで、目的地に着きました。それに、若い時はスリの類いに遭遇したことがないのが自慢の一つだったのですが、途中プラハの駅で置き引きに遭いました。年をとったのだからもうひとり旅は止めろという警告のような事件となり、実際にこれが海外における私の列車旅行の最後となったのです。事故のない時は面白いのですが、旅慣れない人にはあまりおすすめしません。つまり、海外の大都市の駅というところは、世界で一番危険なところの一つだと心得ておいた方がいいのです。

ここで少し分析を行うのですが、駅にはこの危険があるので、また迷う人のためにも、案内所が必要なのです。精神科医、そして精神療法家とは、まるで駅の旅行案内所だなと考えたことがあります。私は駅のそばで生まれ育ち、駅がホームグラウンド、そしてプレイグラウンドだったので、駅との同一化というようなものがあるのです。多方面から線路が集まる駅は、乗ったり降りたりする地点であり行先へと道をつなげる場所です。そして、「私」を「渡し」と解し、臨床でもつないで分けようとする機能に注目するのは、きわめて母親的です。つまり母子の間に割って入る父親的切断より、父と息子の間を取り持つ母性的な存在への同一化傾向が強いのだと思うのです。

フロイト、分身に出会う

また、私がフライブルクまで鉄道で行こうとしたのは、フロイト自身の体験と深く関わりがあります。フロイトもまた、完成したばかりの鉄道網を利用し、列車であちこち出かけましたが、私の知る限り彼の鉄道旅行の原点は、三歳の頃、家族と共に故郷を汽車で出発したところにあるようです。この夜逃げ同然の体験について、一八九七年十二月三日のフリースへの手紙の中で書き、フライブルクからライプツィヒへ向かう汽車から見た光景をこう記しています。「初めて見た燃えるガスの光が地獄の亡霊を思い出させてくれた。」そして、それが「旅行恐怖（Reisefieber, travel anxiety）」と関わりがあったと言っているのです（『フロイト　フリースへの手紙　1887–1904』）。

そこでは、彼が車窓から見た光景が読み手に向けて語られています。この自らの自己分析の記述は後年、精神分析のための自由連想を説明する彼のメタファーとして登場しています。「変わりゆく車窓の外の景色を見ながら、見えたものを車内の隣の人に教えてあげるように。」（「分析治療の開始について」）

幼い彼の旅の体験は、さらにライプツィヒで一年過ごしてから、ウィーンへ向かう旅の途中で見た光景につながります。一八九七年十月三日の手紙で、彼は旅の夜に裸の母親を見たことを、ラテン語で情緒的な意味をこめて記しました。本人は二、三歳だというのですが、実際は四歳らしくて、手紙には、です。

そこで「私のリビドーが目覚めたのです」とあり、それで旅の夜の光景が再び強く彼の心に残ったようです。

彼の分離不安は、故郷プリボールから引き離されたことだけから生まれたわけではないようです。それ以前に、主にチェコ人の乳母によって育てられ、異母兄や年老いた父親から成る一家の関係は複雑、年下のライバルも次々と登場するという環境がありました。心の中の一番の故郷である「裸の若い母親」を自分が見たいようには見ることができず、遥か遠くに見上げるような存在だったのでしょう。

一方で、長男として母親の寵愛を独り占めしたという話もありますが、その独占的関係を脅かしたのが幼い弟の誕生です。その弟が死んだ時フロイトは十九ヵ月、弟は八ヵ月で、フロイトは手紙で、このライバルに悪意を抱いたこと、そしてその死に自責の念を抱いたことを記しています。さらに、死んでほしいと強く願ったために弟を殺してしまった、という罪悪感が問題となったという記述は、学問上のライバルの前での失神について、自己分析を行う際にも登場します（『フロイトの生涯』）。つまり弟とは、死んでも亡霊となって追いかけてくる存在であり、母の愛をめぐり嫉妬で彼を揺さぶる存在であり続けたのでした。

また母と言えば、生家がプリボールで保存されることになり催された一九三一年の除幕式で読まれた手紙に、次のように書いています。「私の身のうちの奥深く埋もれて、フライベルクの幸せな子ども、若い母親から生まれた最初の子が未だに生き続けています。」（「プリボール市長への手紙」）

誰にとっても生まれた地の自然とは「母親」であり、その瑞々しい山並みと若い母親の裸体はほとんど等価でしょう。それとは逆に、目の前にあるウィーン市街の飾り気に満ちた造形は、真実を隠す装いにしかすぎなかったのです。だから、彼はその意匠を凝らした覆いには目もくれず、古代を想い、遥か遠くの山々や森を眺め、ときに出かけていって自然という「母親」に抱えられたのでしょう。そして、旅する彼が母親を探して旅していたように見えるのは、「旅の恥はかき捨て」と言うように、旅の途中にしか現れない正直な姿というものがあるからでしょう。

私は、あの「裸の母親」を見た場所も、夜汽車の中だったのではないか、と空想しています。フロイトは、まんじりともせず一夜を明かしたのでしょう。そのときに想った、「裸の母親」に向かおうとしながらも、ライバルたち（あるいは弟の亡霊）に邪魔され、それで間に合わないなら飢えて死ぬという三角関係の恐怖を克服するための自己分析として、彼の精神分析は生まれたのです。

そしてフロイトはさらに、論文「無気味なもの」の中で報告するごとく、老いてからも分身に追いかけられます。そして、列車の中で、それも睡眠と覚醒の間で、自らの分身と予期せぬ形で出会い、無気味に感じるのです。が、その注に記したように、それは自分の分身で、当然それは馴染みの者なのです。「ナイトガウンを着た年老いた紳士が旅行帽を冠って私の車両に入ってきた。この男は、二つの車室の間にある洗面所から帰る際に方向を誤って、間違って私の車室に入ってきた、と私は思った。それで彼に教えてやろうと考え跳び起きたわけだが、この侵入者が開かれた扉の鏡に映った私自身の姿に他ならないことに気づきうろたえたのだ。」（「無気味なもの」）

これに加えて、彼の具体的な分身をもう一人挙げるなら、医者出身で劇作家のアルトゥル・シュニッツラーこそ、フロイト自身が自らのドッペルゲンガー（分身）だと考えた人物なのです。タブー視された世界を夢の物語として描くこの六歳下の作家に宛て、フロイトが出した一九〇六年の手紙で、正直に羨望を告白するのです。そしてその十五年後、六十歳の誕生日を迎えたシュニッツラーに、この「分身」に憧れ葛藤しながらも、これと別れて科学の道を選んだと言うのです。「私があなたをこれまで避けてきたのは一種の分身嫌い（Doppelgänger-scheu）からでした。」（一九二二）

意識的な好き嫌いはあったでしょうが、この作家という分身との出会いこそ、フロイトの創造の現場なのだと思います。彼の残した仕事を見るなら、その両者が喧嘩していたとはとても思えないのです。芸術家の分身と科学者フロイトが連携したからこそ、ゲーテ賞を獲得するほどの文章が書けたのではないでしょうか。その内なる連携が起こりやすいのが、夜汽車であるというわけです。つまり、分析家は、意識と無意識の間を行ったり来たりするのですが、その旅の最中が出会いの場であり、創造性の原点ではないかと思うのです。

アイデアは早朝に生まれる

私自身は、若い時から、この睡眠と覚醒の間に関心がありました。実は、石岡瑛子さんデザインの青い表紙が強烈な印象を残したエッセイ集（一九七二）で、その中の一文に次のような患者のエピソードを書いています。医学生時代の二四歳の頃の拙い文章ですが、関心の古さを示すために引用したいと思います。

心臓手術を受けた少女が全身麻酔が解ける過程で朦朧とした状態となり、意識が徐々に回復する過程で、つまり無意識と意識との間で色んな連続する夢をみたというエピソードを報告しています。「彼女が無意識と意識のあいだで通りすぎた夢の舞台とは菜の花の咲く高原だった。最初、麻酔からさめかけて初めて夢にみた景色は荒野にたった一本の菜の花が風に揺れているだけで、さらに空も灰色で寒々としたものだったけれど、その小さいけれど暖かさを感じさせる花びらのおかげで何か救われたような気がしたという。やがて彼女の夢は消えてゆき、病院の白い天井がぼんやりと目にとらえられてきて、私はまだこの世に生きているのかなとやっと思いついたとたん、再び天井の色がぼやけて菜の花畑が瞼の裏に浮かんできた。二度目に見た景色では、空の色も少し明るくなっていたので、かなり遠くまで見渡すことができたらしい。黄色い花びらはさっきよりも増えていたようだが、五十メートルむこうにはまだ枯れ草に覆われた荒野が続いているのがはっきりわかった。けれどそれに気が付いたときには意識は薄らぎ、さらには深い昏睡状態に落ちていた。」(『さすらいびとの子守唄』)

つまり心の中には、特に意識と無意識の間には、奥行きのある広大な空間が広がっているというのです。そして、そこを通り過ぎる間に、私たちはそこをしっかり眺めることができ、そこはその場限りではなく、一貫した現実性を有するというのです。私は、一人、熟睡もしていないしはっきり覚醒もしていない状態で、その間の世界を何度も通り過ぎるのです。そこがウィニコットのいうような「中間領域intermediate area」で、E・クリスが「自我のための退行regression in the service of ego」と表現した状態なのでしょう。しかし、そこが一般に夢見るような状態、朦朧とした状態だと捉えられているのに対し、私が言いたいのはそれが「一人旅」で、それなりに覚醒しているという特徴です。

普通の覚醒状態では外向きで社会的な適応を果たしているし、本当の夢見る状態では内的世界に没入しています。しかし、その「間」では、私は正直で格好をつけず、素直で、混じり気のない「素の自分

natural self」が一人でいるように感じるのです。そして昔はそこでよく嫌いなライバルや好きな人のことを想いました。また今でも、患者に会ったらどうするか、よく考えるのです。その時、新しい歌、新しいアイデア、新しい発想に出会うことがあるのです。

人間が鶴や蛇であったという異類婚姻説話を思い出すなら、その変身も真夜中や明け方に起こりやすいと思うのです。早朝は、本当か偽りか、現実か幻かというような二分法 dichotomy の両極をしっかり含みこんで、なお自分が一つである時で、私は私なのです。そこで「私」が創造性を発揮する時間帯なのです。

目覚めの旅では、内的世界に閉じ込められて内的なものに振り回されているのではない、「旅の車窓から」外を向き、何かをまじまじと、まんじりと見ています。しかしそこで、外のことを気にして性急に出かけるわけでもないのです。内からも外からも比較的自立していて、何よりも仮面をつけずに正直に外や内の両方に向いており、二股をかけながら一人であることが貴重なのです。もちろんここで自分が収まりよく安心しているときは、概ね心身の調子はいいようですが、そこが混乱状態だったり、悲しみや怒りに満ちているときもあります。急いで駆け抜けねばならない場合もあり、病気になったり心配事があると、ここにいて創造的な連想に耽る余裕がなくなるのです。

亀でもなく兎でもなく

よく私のエッセイでは、「見るなの禁止」とその禁止を破って生じる幻滅が中心テーマになるのです。

人には表と裏があるものと捉え、生産的な女性の背後に傷ついた鶴が隠されていたという昔話です。これを踏まえて私は、多くの人の在り方として、「つう」のような自虐的世話役を生きていることを見出してきたのです。実際に人間は動物であり、人々の生活では台所は火の車で、時に自転車操業なので、生産的な人間の正体が傷ついた鶴だったというのは、よくあることでしょう。

しかしながら、自分のことを観察し、この異類婚姻説話の流れを私の人生や生活に重ねるなら、それだけでは大いに違和感があるのです。これまでにも書いたことですが、私自身の自覚では、「兎と亀」という話を加えた方が、私の生活の全体像としては正確になると思うのです。

つまり、イソップの「兎と亀」の物語も人格の二重性を描くものだと考えるのです。こちらは裏表というより昼夜の二重性と言うべきでしょうし、先の言い方を借りるなら、一日という旅で現れる兎と亀はお互いにお互いが分身の関係にあるのだと思います。私は、昼間人前に出て概ね元気であり、時に跳ね回る兎ですが、その後ろの楽屋には、確かにいろいろなことで傷ついたり、そして疲れきった兎がいることがあります。原稿を書く仕事では、午前中は書き散らし、午後それに目を凝らして神経を働かせていると、その進展を喜びながらも疲れていきます。この生産者の生活によくある落差を、外部から皮相的な観察に終始する「与ひょう」たちが見てびっくりするのですが、それは私の人生の全体像ではないのであり、その後の物語があります。

図をご覧下さい。「かける兎」のごとき私が、昼間は跳びはねて遊び、あるいは懸命に働き、夜になり「疲れた兎」が横たわり目を瞑ると、あるいは勝って酔った気分で横になると、眠り始めた兎の背後から亀がゆっくりと立ち現れるのです。夜な夜な出現するこの亀は、歩みはのろいし、目を閉じ夢と眠

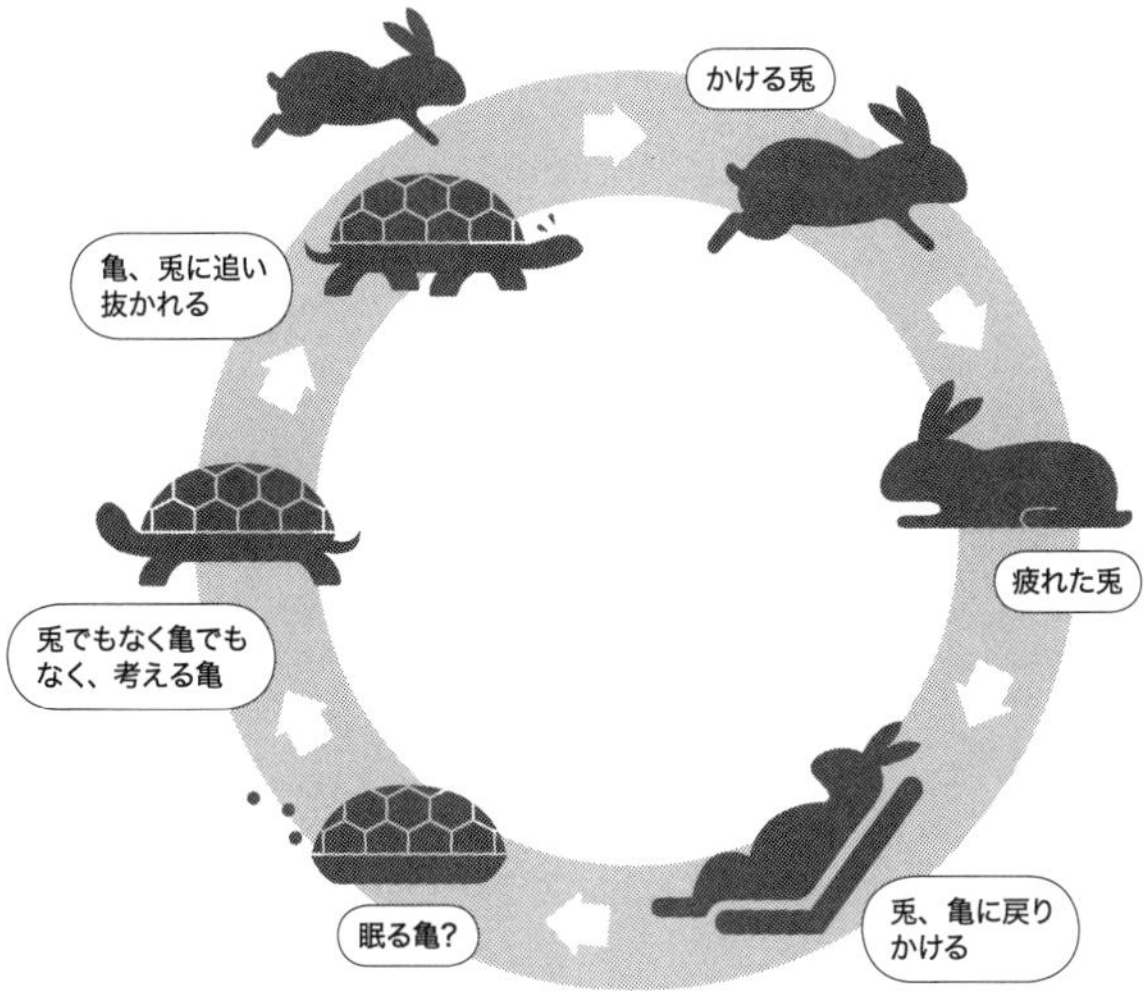

平均的な一日のサイクル

りの中に生きているようなのです。その間、ほとんど甲羅の中に閉じこもっているように見える亀の心はどこで何をしているのでしょうか。彼にはあらかじめ決められたプランはないようであり、実のところ「私」も、はっきりと把握できていません。陸ではのろまな亀ですが、海の中では自在に泳ぎ回れるのでしょうから、果てしない海路を辿り遠洋にまで出かけているのかもしれません。あるいは、夢のどこかで激しく民族音楽を演奏しているかもしれませんが、その歌は聞こえません。そして朝方に私がよく見るのは、覚醒に向かうところで顔を上げまどろみの中にいる「考える亀」です。

朝方の「私」は亀でも兎でもなくその両方であって、一個で本来の「私」自身なのであり、その「私」はそこで沈思黙考しています。若い頃はそこで大忙しでしたが、今や年老いて周辺がおだやかとなり、早く行かねばならないところも減り、この中途半端な時間が増えてきました。

思うに、ずっと幼い頃は、いつもこれが一番自然な自己状態だったのでした。それが寝てるのか起きているのか分からぬ、あまりに不分明な状態で、遊んでいるようにも見え、また実際とりとめなく考えていることが多かったのです。そのため、突然〝寝るか勉強するかのどっちかにしなさい〟という二分法構造への参加を強いられるようになったのです。昼夜の二分法で分類し評価する構造の中で「私」は亀か兎かのどっちかでいることが求められ、亀に近い状態だった私は「私」でいることをやめ適応のために兎のぬいぐるみを被るようになったのでしょう。そして、陸では兎に追い抜かれた愚鈍な亀は、時に外の要求に対し反動的な怒りを感じ、時に兎に取り残された者の悲しみを抱えているのです。そして、このサイクルでさまざまな自己の「渡し」を行っている「私」がいるのです。

この夜から朝の間にある「考える亀」という、移行の領域において考える「私」は、自分に正直な「素の自分」です。亀でも兎でもない、そして亀でも兎でもあり、その真ん中で「本来的」とでも言うべき状態であり、「私は私」なのです。そこで朝起きたら患者に何を言うか考えたり、良いアイデアを思いつきながら眠りにまた落ちたりしています。若い頃は雄になりきって身体的に興奮しましたし、今でも稀に家出の計画を立てているのです。そして外からは寝ているように見えますが、実は泣いていたり、誰かを罵ったり、吠えたり、呼んだり、そして歌っていたりして、ここに歌詞の元がたくさん生まれているように思うのです。

日本語の「なく」は、涙を流して「泣く」と声を出して動物のように「鳴く」の同音異義語がありますが、私の考えでは、ここにその意味の分かれる前の原初的な「なく」があります。歌うことは、「泣く」でも「鳴く」でもあり、別の「なく」でもある、音の世界から生まれるのでしょう。

外の分類法からは、それは亀でもあり兎でもあり、両面的な「どっちつかず」の状態なのです。この兎と亀の間は、具体的に昔話や神話の登場人物で言うなら、いろいろな動物の部分的要素が入り混じるスフィンクスや人魚、鵺《ぬえ》、鶴女房という寄せ集め状態でいながら、主観的には一つのまとまった「亀でも兎でもない」状態なのです。ここでは「本来的」で「私は私」なのですが、外から見るならこの寄せ集めはおそらく私の精神の特色でしょうし、見方次第では生半可で中途半端な状態なのであり、周囲の人たちを葛藤的にするかもしれません。中国由来の表現「亀毛兎角」とは、亀に毛が生えたり兎に角が生えたりするのはありえないことなので、通常なら起こらないことを言うのですが、私はあのまどろみの中で目を瞑り起きている自分が亀であると同時に兎だったりするので、個人的にはそれはあり得る状態なのです。

そして私個人の場合、覚醒の手前で時に「なき」ながら考えているので、そこでこそ再び旅の歌も生まれ、そこが人生におけるクリエイティヴィティの原点です。また、分析のセッション中で精神分析家の「私」が何も見ずに目を瞑り暗闇の中でぼんやり考えていますと、この状態が度々発生します。気持ちの上で揺れながらも、その旅の途中で、本来の自分として、考えはまとまっているなあと感じます。

臨床精神分析の実際では、分析する私はこの「亀毛兎角」になってみなさんの兎や亀を想うことが必要だと考えます。臨床場面で「私」がこのモグラや亀に近い状態で応じるなら、患者も蛙や象さんになったりします。そこでは「私」は主観的には亀でも兎でもないので中間的で中立ですが、外から見るなら亀で兎で、両面的な「どっちつかず」であるのでしょう。この素の状態で人の心の動きを知るためには、外の視線や現実を見ない方がいいと思うのです。

そして外向けの歌作りや執筆活動では、亀から兎への間で引き継ぎがあって、例えば朝方の亀の「うた」を日中兎が選択的に書き移し、「私」が修正加工し歌として書き直すところが外向きの創作の核心です。このような「私」を介しての元気な兎と愚鈍な亀の連携、つまり分身同士が仲がよいという事実が、私が多産であった理由だと考えます。そして完成度をあげるための推敲で一生懸命になるなら、いくら楽しくてもやがて兎の目と頭脳が疲れてきて終わりがきます。

だからここで、日本語の「目を瞑る」が「許す」という意味になるのだなと感じ入ります。逆に人前や「晴れの場」で兎はのぼせて調子や声まで高くなり、時に「軽躁的になる」という印象は正しいかもしれませんが、祭りの後は確実に「冷めて」いき、普通の亀となるのが自然なことだと思います。

さいごに

最近、「さいごに」と私はよく文章の最後に書くことを、成田善弘先生から指摘されました。だから「最後と思ったらまた一つ生まれるのでしょう」という意味の表現でしたが、私もそうだと思います。本書に載った、中でも一群の小さなエッセイたちはすべて、本文の亀と兎のサイクルが何回か回転するのを時間をかけて待っていると「また一つ」生まれているのです。

この文章もどこかこれまでのと似たような内容で書いていますので、少し疲れ、そして飽きてきました。さあ、待ちに待った亀の時間です。明日の朝おそらく私は兎になるのでしょうが、いつか今夜が本当に最後で、その後は亀が永遠に勝ち続けることになるのです。そしたら最終列車の終着駅《ターミナル》で、人生という私の拙い創造は終るのです。

索 引

【人名】

【事項】

［か行］

[さ行]

［た行］

［ま行］

参考文献リスト

【あい】
西郷信綱『梁塵秘抄』（筑摩書房，1976年）
宮路敦子『心身語彙の史的研究』（明治書院，1979年）

【曖昧】
北山修『心の消化と排出』（創元社，1988年）

【あきらめる】
北山修『評価の分かれるところに――「私」の精神分析的精神療法』（誠信書房，2013年）

【焦る】
中井久夫「分裂病者における『焦慮』と『余裕』」，『中井久夫著作集 2〈治療〉』（岩崎学術出版社，1985年）所収
木村敏『時間と自己』（中公新書，1982年）
増井武士「「置いておく」こと，と「語りかける」こと」，『現代のエスプリ 言葉と精神療法』No. 264（至文堂，1989年）所収

【遊び】
北山修「冗談と比喩――フロイトの機知研究から学ぶ」，精神分析研究，29; 287, 1986.
Freud, S.（1905）*Der Witz und seine Beziehung zum Unbewußten*.（機知――その無意識との関係）
――――.（1908b）*Der Dichter und das Phantasieren*.（詩人と空想すること）
Klein, M.（1932）*Psychoanalysis of Children*, Hogarth Press: London.
Kris, E.（1952）*Psychoanalytic Explorations in Art*.（『芸術の精神分析的研究』馬場禮子訳，岩崎学術出版社，1976年）
Winnicott, D. W.（1971）*Playing and Reality*.（『遊ぶことと現実』橋本雅雄訳，岩崎学術出版社，1979年）

【遊ぶ】
Winnicott, D. W.（1971）『遊ぶことと現実』（橋本雅雄訳，岩崎学術出版社，1979年）

【甘える】
土居健郎『精神分析と精神病理〈第 2 版〉』（医学書院，1965年）
――――『精神分析』（講談社学術文庫，1988年）

────『続「甘え」の構造』(弘文堂，2001年)
北山修（2010)「フロイトとの土居健郎の『格闘』」，北山修編著『フロイトと日本人』(岩崎学術出版社，2011年）所収

【ありがたい】
三浦つとむ『日本語はどういう言語か』(講談社，1976年)

【生きがいがある】
神谷美恵子『生きがいについて』(みすず書房，1980年)

【移行対象】
牛島定信「過渡対象をめぐって」，精神分析研究，26; 1, 1982.
北山修「「抱えること」と媒介的退行」，精神分析研究，35; 18, 1991.
Winnicott, D. W.（1971)『遊ぶことと現実』(橋本雅雄訳，岩崎学術出版社，1979年)
Horton, P. C.（1981) *Solace: The Missing Dimension in Psychiatry*.（『移行対象の理論と臨床』児玉憲典訳，金剛出版，1985年)

【依存】
小此木啓吾『現代精神分析の基礎理論』(弘文堂，1985年)
北山修『錯覚と脱錯覚〈改訂版〉』(岩崎学術出版社，2004年)
Balint, M.（1952) *Primary Love and Psychoanalytic Technique*, Tavistock: London.
Fairbairn, W. R. D.（1952) *Psychoanalytic Studies of the Personality*.（『人格の精神分析学的研究』山口泰司訳，文化書房博文社，2003年)
Freud, S.（1923) *Das Ich und das Es*.（自我とエス)
────.（1926) *Hemmung, Symptom und Angst*.（制止・症状・不安)
Winnicott, D. W.（1958) *Collected Papers: Through Pediatrics to Psycho-Analysis*.（『小児医学から精神分析へ〈ウィニコット臨床論文集〉』北山修監訳，岩崎学術出版社，2005年)
────.（1965) *The Maturational Processes and the Facilitating Environment: Studies in the Theory of Emotional Development*.（『情緒発達の精神分析理論』牛島定信訳，岩崎学術出版社，1977年)

【愛しい】
北山修『幻滅論〈増補版〉』(みすず書房，2012年)
森田良行『日本語をみがく小辞典〈形容詞・副詞篇〉』(講談社，1989年)

【いないいないばあ】
土居健郎（1972) *Psychotherapy as "Hide-and-seek."*『精神医学と精神分析』(弘文堂，1979年）所収
Freud, S.（1920) *Jenseite des Lustprinzips*.（快感原則の彼岸)

Kleeman, J. A. (1967) "The peek-a-boo game: part I," The Psychoanalytic Study of The Child, 22; 239, The Hogarth Press: London.
Stern, D. N. (1985) *The Inter-personal World of the Infant*.(『乳児の対人世界』〈理論編〉・〈臨床編〉，小此木啓吾・丸田俊彦監訳／神庭靖子・神庭重信訳，岩崎学術出版社，1990・1991年)

【ウィニコット】
Winnicott, D. W. (1958)『小児医学から精神分析へ〈ウィニコット臨床論文集〉』(北山修監訳，岩崎学術出版社，2005年)
________. (1964) *The Child, the Family and the Outside World*, Penguin: Harmondsworth.
________. (1965a)『情緒発達の精神分析理論』(牛島定信訳，岩崎学術出版社，1977年)
________. (1965b) *The Family and Individual Development*.(『子どもと家庭——その発達と病理』牛島定信監訳，誠信書房，1984年)
________. (1971)『遊ぶことと現実』(橋本雅雄訳，岩崎学術出版社，1979年)
________. (1971) *Therapeutic Consultations in Child Psychiatry*, Hogarth Press: London.(橋本雅雄・大矢泰士監訳『子どもの治療相談面接〈新版〉』岩崎学術出版社，2011年)
________. (1977) *The Piggle: An Account of the Psychoanalytic Treatment of a Little Girl*, Hogarth Press: London.
________. (1986) *Holding and Interpretation*, Hogarth Press: London.(『抱えることと解釈』北山修監訳，岩崎学術出版社，1989年)
________. (1988) *Human Nature*, Free Association: London.

【羨ましい】
Klein, M. (1957) *Envy and Gratitude*.(『羨望と感謝』松本善男訳，『メラニー・クライン著作集５』岩崎学術出版社，1996年所収)

【おかし】
森田良行『基礎日本語』(角川書店，1977年)

【押しつけられた罪悪感】
北山修『見るなの禁止〈日本語臨床の深層１〉』(岩崎学術出版社，1993年)
Kitayama, O. "The wounded caretaker and guilt," International Review of Psychoanalysis 18: 229, 1991.
Klein, M. (1948) "On the theory of anxiety and guilt"(「不安と罪悪感の理論について」杉博訳，『メラニー・クライン著作集４』誠信書房，1985年所収)
Winnicott, D. W. (1954) "The depressive position in normal development."(「正常な情緒発達における抑うつポジション」佐伯喜和子訳，北山修

監訳『小児医学から精神分析へ〈ウィニコット臨床論文集〉』岩崎学術出版社，2005年所収）

【思われます】
荒木博之『やまとことばの人類学』（朝日新聞社，1985年）
大野晋他『日本語相談〈1〉』（朝日新聞社，1989年）

【解釈】
北山修『言葉の橋渡し機能　およびその壁〈日本語臨床の深層 第2巻〉』（岩崎学術出版社，1993年）
Bettelheim, B.（1983）*Freud and Man's Soul*.（『フロイトと人間の魂』藤瀬恭子訳，法政大学出版局，1989年）
Bion, W. R.（1970）*Attention and Interpretation*, Tavistock Publications: London.
Freud, S.（1900）*Die Traumdeutung*.（夢判断）
Greenson, R.（1968）*The Technique and Practice of Psychoanalysis,* 1. International Univ. Press: New York.
Malan. D. H.（1979）*Individual Psychotherapy and the Science of Psychodynamics*.（『心理療法の臨床と科学』鈴木龍訳，誠信書房，1992年）
Menninger, K. A.（1959）*Theory of Psychoanalytic Technique*.（小此木啓吾・岩崎徹也訳『精神分析技法論』岩崎学術出版社，1969年）
Reich, W.（1933）*Character Analysis.*（『性格分析』小此木啓吾訳，岩崎学術出版社，1966年）
Sandler, J. et al（1992）*The Patient and the Analyst: the Basis of the Psychoanalytic Process*.（『患者と分析者――精神分析の基礎知識』藤山直樹・北山修監訳，誠信書房，2008年）

【介入】
Greenson, R.（1967）*The Technique and Practice of Psychoanalysis*, 1, International Univ. Press: New York.
Meninger, K.（1959）*Theory of Psychoanalytic Technique*, Basic Books Inc.: New York.（『精神分析技法論』小此木啓吾・岩崎徹也訳，岩崎学術出版社，1969年）
Sandler, J. et al（1992）『患者と分析者――精神分析の基礎知識』（藤山直樹・北山修監訳，誠信書房，2008年）

【抱える環境】
北山修『錯覚と脱錯覚〈改訂版〉』（岩崎学術出版社，2004年）
Winnicott, D. W.（1958）『小児医学から精神分析へ〈ウィニコット臨床論文集〉』（北山修監訳，岩崎学術出版社，2005年）
――――.（1965）『情緒発達の精神分析理論』（牛島定信訳，岩崎学術出版社，1977年）

Winnicott, D. W. (1986)『抱えることと解釈』(北山修監訳，岩崎学術出版社，1989年)

【抱えること（ホウルディング)】
北山修『錯覚と脱錯覚〈改訂版〉』(岩崎学術出版社，2004年)
Winnicott, D. W. (1958)『小児医学から精神分析へ〈ウィニコット臨床論文集〉』(北山修監訳，岩崎学術出版社，2005年)
________. (1965a)『情緒発達の精神分析理論』(牛島定信訳，岩崎学術出版社，1977年)
________. (1986)『抱えることと解釈』(北山修監訳，岩崎学術出版社，1989年)
________. (1988) *Human Nature*, Free Association: London.

【空《から》】
小川豊昭「シゾイドの空虚感」，小出浩之編『ラカンと臨床問題』(弘文堂，1990年) 所収
小林司『“生きがい” について』(日本放送出版協会，1989年)

【観念の模倣】
Freud, S. (1905) *Der Witz und seine Beziehung zum Unbewußten*. (機知――その無意識との関係)
Mahony, P. (1982/1987) *Freud as a Writer*. (『フロイトの書き方』北山修監訳，誠信書房，1996年)
Spector, J. (1972) *The Aesthetics of Freud*. (『フロイトの美学――芸術と精神分析』秋山信道・小山睦央・西川好夫訳，法政大学出版局，1978年)

【頑張れ】
天沼香『「頑張り」の構造』(吉川弘文館，1987年)

【儀式】
北山修『心の消化と排出』(創元社，1988年)
Freud, S. (1909) *Bemerkungen über einen Fall von Zwangsneurose*. (強迫神経症の一症例に関する考察)
Reik, T. (1919) *Ritual*. Int. Univ. Press, New York, 1970.

【境界】
北山修『自分と居場所〈日本語臨床の深層 第3巻〉』(岩崎学術出版社，1993年)
Federn, P. (1953) *Ego Psychology and the Psychoses*, Imago Publishing Co.: London.
Hartmann, E. (1991) *Boundaries in The Mind*, Basic Books: New York.

【空虚感】
Masterson, J.（1972）*Treatment of the Borderline Adolescent: A Development Approach*.（『青年期境界例の治療』成田善弘・笠原嘉訳，金剛出版，1979年）
Kernberg, O.（1975）*Borderline Conditions and Pathological Narcissism*, Janson Aronson: New York.

【劇】
市田勝・近藤三男「心気症の精神療法への一寄与」，精神医学，32; 139, 1990.
北山修『劇的な精神分析入門』（みすず書房，2007年）
高橋康也『道化の文学』（中公新書，1977年）
土居健郎『方法としての面接』（医学書院，1977年）
山崎正和『劇的なる日本人』（新潮社，1971年）
Kohut, H.（1977）*The Restoration of the Self*, Int.Univ. Pr.: New York.

【元気】
小此木啓吾『モラトリアム人間の時代』（中公文庫，2010年）
北山修・橋本雅之『日本人の原罪』（講談社現代新書，2009年）

【言語化】
Fliess, R. “Silence and verbalization: a supplement to the theory of ‘the analytic rule’,” Int. J. Psycho-Anal. 30; 21, 1949.
Balkanyi, C. “On verbalization,” Int. J. Psycho-Anal, 45; 64, 1964.

【口唇期】
Abraham, K.（1949）*Selected Papers on Psychoanalysis*.（『アーブラハム論文集――抑うつ・強迫・去勢の精神分析』下坂幸三・前野光弘・大野美都子訳，岩崎学術出版社，1993年）
Erikson, E. H.（1950）*Childhood and Society*（『幼児期と社会』1・2，仁科弥生訳，みすず書房，1977・1980年）
Freud, S.（1905）*Drei Abhandlungen zur Sexualtheorie*.（性欲論三篇）
Klein, M.（1952）“Some theoretical conclusions regarding the emotional life of the infant.”（「幼児の情緒生活についての二，三の理論的結論」佐藤五十男訳，『メラニー・クライン著作集　4〈妄想的・分裂的世界〉』小此木啓吾他監修，誠信書房，1985年所収）
Winnicott, D. W.（1958）『小児医学から精神分析へ〈ウィニコット臨床論文集〉』（北山修監訳，岩崎学術出版社，2005年）

【肛門期】
北山修『心の消化と排出』（創元社，1989年）
Abraham, K.（1949）『アーブラハム論文集――抑うつ・強迫・去勢の精神分

析』（下坂幸三・前野光弘・大野美都子訳，岩崎学術出版社，1993年）
Bion, W. R. (1962) *Learning from Experience*, Heinemann: London.
Erikson, E. H. (1950) *Childhood and Society*.（『幼児期と社会』1・2，仁科弥生訳，みすず書房，1977・1980年）
Freud, S. (1905) *Drei Abhandlungen zur Sexualtheorie*.（性欲論三篇）
――――. (1908) *Charakter und Analerotik*.（性格と肛門愛）
――――. (1913) *Die Disposition zur Zwangsneurose*.（強迫神経症の素因）
――――. (1917) *Über Triebumsetzungen, insbesondere der Analerotik*.（欲動転換，ときに肛門愛の欲動転換について）
Gorer, G. (1966)「日本文化の主題――幼児期経験と日本人」，加藤秀俊編『近代日本の名著13〈日本文化論〉』（徳間書店，1966年）所収
Klein, M. (1946) "Notes on some schizoid mechanisms."（「分裂機制についての覚書」，『メラニー・クライン著作集　4〈妄想的・分裂的世界〉』小此木啓吾他監修，誠信書房，1985年）
Fenichel, O. (1945) *The Psychoanalytic Theory of Neurosis*, W. W. Norton & Company: New York.
Salzman, L. (1968) *The Obsessive Personality: Origins, Dynamics, and Therapy*.（『強迫パーソナリティ』成田義弘・笠原嘉訳，みすず書房，1985年）

【こと】
中村明『比喩表現の理論と分類』（秀英出版，1980年）

【言葉の橋】
Freud, S. (1905) *Bruckstück einer Hysterie-Analyse*.（あるヒステリー患者の分析の断片）

【壊す】
古澤平作（1931）「罪悪意識の二種――阿闍世コンプレックス」，『現代のエスプリ　精神分析・フロイト以後』No. 148（至文堂，1979年）所収
小此木啓吾（1978）「阿闍世コンプレックスからみた日本的対象関係」，『現代のエスプリ　精神分析・フロイト以後』No. 148（至文堂，1979年）所収

【覚める】
柴田武・國廣哲彌他『ことばの意味１』（平凡社，1976年）
永田俊彦「分裂病者の『目覚め』の体験と再発」，吉松和哉編『分裂病の精神病理11』（東京大学出版会，1982年）所収
北山修『評価の分かれるところに――「私」の精神分析的精神療法』（誠信書房，2013年）

【三角関係】
きたやまおさむ『帰れないヨッパライたちへ』（NHK 出版，2012年）

【自虐性】
Kernberg, O. (1987) "Clinical dimensions of masochism." In: *Masochism: Current Psychoanalytic Perspectives* (ed. R. A. Glick & D. I. Myers. 1988); 61-79. Analytic Press: Hillsdale.
Cooper, A. M. (1988) "The Narcissistic-Masochistic Character." In: *Masochism: Current Psychoanalytic Perspectives* (ed. R. A. Glick & D. I. Myers. 1988); 61-79. Analytic Press: Hillsdale.
Kitayama, O. "The wounded caretaker and guilt," International Review of Psychoanalysis 18: 229, 1991.

【自虐的世話役】
北山修『悲劇の発生論〈増補新装版〉』(金剛出版, 1997年)
———『見るなの禁止〈日本語臨床の深層 第1巻〉』(岩崎学術出版社, 1993年)
Kitayama, O. "The wounded caretaker and guilt," International Review of Psychoanalysis 18: 229, 1991.
Winnicott, D. W. (1958)『小児医学から精神分析へ〈ウィニコット臨床論文集〉』(北山修監訳, 岩崎学術出版社, 2005年)

【自己実現】
河合隼雄『ユング心理学入門』(培風館, 1967年)
Horney, K. (1950) *Neurosis and Human Growth: The Struggle Toward Self-Realization*. (『自己実現の闘い——神経症と人間的成長』対馬忠監修, 藤沢みほ子・対馬ユキ子訳, アカデミア出版会, 1986年)
Jung, C. G. (1928, 1953) *Two Essays on Analytical Psychology*, Balliere Tindail & Cox: London.

【自然だ】
河合隼雄『宗教と科学の接点』(岩波書店, 1986年)
南博『日本人の心理』(岩波新書, 1953年)

【視線恐怖】
岡野憲一郎『恥と自己愛の精神分析』(岩崎学術出版社, 1998年)
小川捷之編集・解説『現代のエスプリ　対人恐怖』No. 127 (至文堂, 1987年)

【疾患への逃避】
Freud, S. (1905) *Bruckstück einer Hysterie-Analyse*. (あるヒステリー患者の分析の断片)
________. (1926) *Hemmung, Symptom und Angst*. (制止・症状・不安)
Sandler, J. et al (1992)『患者と分析者——精神分析の基礎知識』(藤山直樹・北山修監訳, 誠信書房, 2008年)

【自分】
土居健郎『「甘え」の構造』(弘文堂，1971年)

【出産外傷】
Freud, S. (1926) *Hemmung, Symptom und Angst*. (制止・症状・不安)
Mann, J. (1973) *Time-limited psychotherapy*. (『時間制限精神療法』上地安昭訳，誠信書房，1980年)
Rank, O. (1924) *The Trauma of Birth*. (『出生外傷』細澤仁，安立奈歩，大塚紳一郎訳，みすず書房，2013年)
Winnicott, D. W. (1958)『小児医学から精神分析へ〈ウィニコット臨床論文集〉』北山修監訳，岩崎学術出版社，2005年)

【神経をつかう】
川村邦光『幻視する近代空間』(青弓社，1990年)
森田正馬『神経質の本体と療法』(白揚社，1960年)

【神話】
古澤平作 (1932)「罪意識の二種――阿闍世コンプレクス」，精神分析研究 1；5，1954.
小此木啓吾『日本人の阿闍世コンプレクス』(中央公論社，1982年)
河合隼雄『昔話と日本人の心』(岩波書店，1982年)
北山修『悲劇の発生論〈増補版〉』(金剛出版，1988年)
Bion,W. R. (1962) *Learning from Experience*, Heinemann: London.
Freeman, D, (1996)「乳幼児期の発達と恥の体験」，北山修編集代表『日本語臨床 I　恥』(星和書店，1996年) 所収
Freud, S. (1908) *Der Dichter und das Phantasieren*. (詩人と空想すること)
――――. (1913) *Märchenstoffe in Traumen*. (「夢の中の童話素材」菊盛英夫訳，『フロイト・造形美術と文学』河出書房新社，1972年)
Rank, O. (1909) *The Myth of the Birth of the Hero*. (『英雄誕生の神話』野田倬訳，人文書院，1996年)

【すみません】
北山修『心の消化と排出』(創元社，1988年)

【性】
北山修『心の消化と排出』(創元社，1989年)
―――『幻滅論〈増補版〉』(みすず書房，2012年)
Abraham, K. (1949)『アーブラハム論文集』(下坂幸三・前野光弘・大野美都子訳，岩崎学術出版社，1993年)
Fred, S. (1905) *Drei Abhandlungen zur Sexualtheorie*. (性欲論三篇)
Meltzer, D. (1973) *Sexual State of Mind*. (『心の性愛状態』古賀靖彦・松木邦裕訳，金剛出版，2012年)

【性愛（セクシャリティ）】
Freud, S.（1905）*Drei Abhandlungen zur Sexualtheorie*.（性欲論三篇）
———.（1912）*Beiträge zur Psychologie des Liebeslebens, II.*（「愛情生活の心理学」への諸寄与II）

【性愛的マゾヒズム】
Freud, S.（1919）"Ein Kind wird geschlagen."（子どもが叩かれる）
———.（1924）*Das ökonomische Problem des Masochismus*.（マゾヒズムにおける経済的問題）

【精神分析】
北山修『幻滅論〈増補版〉』（みすず書房，2012年）
———『精神分析理論と臨床』（誠信書房，2001年）
———編著『フロイトと日本人』（岩崎学術出版社，2011年）
Breuer, J., Freud, S.（1893-1895）*Studien über Hysterie.*（ヒステリー研究）
Fairbairn, W. R. D.（1952）『人格の精神分析学的研究』（山口泰司訳，文化書房博文社，2003年）
Freud, A.（1936）*Ego and the Mechanism of Defense*.（「自我と防衛機制」黒丸正四郎・中野良平訳，『アンナ・フロイト著作集２』岩崎学術出版社，1998年所収）
Freud, S.（1900）*Die Traumdeutung*.（夢判断）
———.（1911）*Formulierungen über die zwei Prinzipien des psychischen Geschehens*.（精神現象の二原則に関する定式）
———.（1923）*Das Ich und das Es*.（自我とエス）
Hartmann, H.（1939）*Ego Psychology and the Problems of Adaptation*.（『自我の適応——自我心理学と適応の問題』霜田静志・篠崎忠男訳，誠信書房，1967年）
Grosskurth, P.（1985）*Melanie Klein*, Meresfield Library: London.
Jones, E.（1961）*The Life and Work of Sigmund Freud*.（Abridged）（『フロイトの生涯』竹友安彦他訳，紀伊國屋書店，1969年）
Klein, M.（1946）「分裂的機制についての覚書」，『メラニー・クライン著作集　4〈妄想的・分裂的世界〉』小此木啓吾他監修，誠信書房，1985年所収
Sandler, J. et al（1992）『患者と分析者——精神分析臨床の基礎知識』（藤山直樹・北山修監訳，誠信書房，2008年）
Winnicott, D. W.（1958）『小児医学から精神分析へ〈ウィニコット臨床論文集〉』（北山修監訳，岩崎学術出版社，2005年）
———.（1965）『情緒発達の精神分析理論』（牛島定信訳，岩崎学術出版社，1977年）
Zeligs, M., "Acting in," Journal of the American Psychoanalytic Association, 5: 685, 1957.

【前性器期】
Britton, R. (1998) *Belief and Imagination*, Routledge: London.
Rycroft, C. (1968) *Imagination and Reality*.（神田橋條治・石川元訳『想像と現実』岩崎学術出版社，1979年）

【創造性】
Freud, S. (1908) *Der Dichter und das Phantasieren*.（詩人と空想すること）
———. (1917) *Vorlesungen zur einführung in die Psychoanalyse*.（精神分析入門）
Seagal, H. (1981) *The Work of Hanna Seagal, A Kleinian Approach to Clinical Practice*.（『クライン派の臨床――ハンナ・シーガル論文集』松木邦裕訳，岩崎学術出版社，1988年）
Kris, E. (1952)『芸術の精神分析的研究』（馬場禮子訳，岩崎学術出版社，1976年）
Winnicott, D. W. (1971)『遊ぶことと現実』（橋本雅雄訳，岩崎学術出版社，1979年）

【対象関係論】
北山修『幻滅論〈増補版〉』（みすず書房，2012年）
———『精神分析理論と臨床』（誠信書房，2001年）
Fairbairn, W. R. D. (1952)『人格の精神分析学的研究』（山口泰司訳，文化書房博文社，2003年）
———. "On the nature and aims of psycho-analytical treatment," Int. J. Psycho-Anal, 34: 374, 1958.
Grosskurth, P. (1985) *Melanie Klein*, Meresfield Library: London.
Rodman, F. R. (Ed.) (1987) *The Spontaneous Gesture*.『ウィニコット書簡集〈ウィニコット著作集　別巻１〉』（北山修・妙木浩之監訳，岩崎学術出版，2002年）
———. (2003) *Winnicott*, Perseus Publishing: Cambridge.
Sutherland, J. D. (1989) *Fairbairn's Journey into the Interior*, Free Association Books: London, 1989.
Winnicott, D. W. (1958) *Collected Papers: Through Pediatrics to Psycho-Analysis*.（『小児医学から精神分析へ〈ウィニコット臨床論文集〉』北山修監訳，岩崎学術出版社，2005年）
———. (1965)『情緒発達の精神分析理論』（牛島定信訳，岩崎学術出版社，1977年）
Winnicott, D. W. and Kahn, M. (1953) "W. R. D. Fairbairn: review of *Psychoanalytic Studies of the Personality*"（「W・R・D・フェアバーン『人格の精神分析的研究』への書評」），『精神分析的探究Ⅰ〈ウィニコット著作集６〉』館直彦他訳，岩崎学術出版社，2001年所収

【対人恐怖】
岡野憲一郎『恥と自己愛の精神分析』（岩崎学術出版社，1998年）
小川捷之編集・解説『現代のエスプリ　対人恐怖』No. 127（至文堂，1978年）
北山修『心の消化と排出』（創元社，1989年）
鑪幹八郎『恥と意地』（講談社，1998年）
鍋田恭孝『対人恐怖・醜形恐怖』（金剛出版，1997年）
山村道雄「赤面恐怖に就いて（第一報）」，『東北帝大精神病学教室業報』69, 1933年所収
Gabbard, G. O. (1994) *Psychodynamic Psyochiatry in Clinical Practice*. (『精神力動的精神医学（３）』舘哲朗監訳，岩崎学術出版社，1997年）

【対面法】
小此木啓吾・岩崎徹也・橋本雅雄・皆川邦直編著『精神療法の基礎. 精神分析セミナー』（岩崎学術出版社，1981年）
北山修『自分と居場所〈日本語臨床の深層 第３巻〉』（岩崎学術出版社, 1993年）

【たつ】
多田道太郎『しぐさの日本文化』（筑摩書房，1972年）

【脱錯覚】
北山修『錯覚と脱錯覚〈改訂版〉』（岩崎学術出版社，2004年）
———『幻滅論〈増補版〉』（みすず書房，2012年）
Rycroft, C. (1968) *Imagination and Reality*. (『想像と現実』神田橋條治・石川元訳，岩崎学術出版社，1979年）
Winnicott, D. W. (1958)『小児医学から精神分析へ〈ウィニコット臨床論文集〉』（北山修監訳，岩崎学術出版社，2005年）

【短期精神療法】
丸田俊彦「短期集中精神療法」，精神分析研究，25; 307, 1981.
Malan, D. H. (1963) *A Study of Brief Psychotherapy*, Tavistock: London.
Balint, M., et al. (1972) *Focal Psychotherapy*, Tavistock: London.
Mann, J. (1973) *Time-Limited Psychotherapy*. (『時間制限精神療法』上地安昭訳，誠信書房，1980年）
Sifneos, P. E. (1979) *Short-Term Dynamic Psychotherapy*, Plenum: New York. (『短期力動精神療法』丸田俊彦・丸田純子訳，岩崎学術出版社，1984年）

【ち】
北山修『覆いをとること・つくること』（岩崎学術出版社，2009年）
松村武雄『日本神話の研究・第４巻―綜合研究篇』（培風館，1958年）

山中襄太『国語語源辞典』（校倉書房，1976年）

【中間】
北山修『評価の分かれるところに――「私」の精神分析的精神療法』（誠信書房，2013年）
柳田國男「橋姫」（1918年），『柳田國男全集 6』（ちくま文庫，1989年）所収
Rycroft, C.（1968）『想像と現実』（神田橋條治・石川元訳，岩崎学術出版社，1979年）

【治療的退行】
小此木啓吾・岩崎徹也・橋本雅雄・皆川邦直編著『精神分析の治療機序〈精神分析セミナー 2〉』（岩崎学術出版社，1982年）
Balint, M.（1968）*Basic Fault-Therapeutic Aspects of Regression*, Tavistock Publications.（『治療論から見た退行――基底欠損の精神分析』中井久夫訳，金剛出版，1978年）
Menninger, K.（1959）*Theory of Psychoanalytic Technique*, Basic Books Inc.: New York.（小此木啓吾・岩崎徹也訳『精神分析技法論』岩崎学術出版社，1969年）
Sandler, J. et al（1992）『患者と分析者――精神分析の基礎知識』（藤山直樹・北山修監訳，誠信書房，2008年）
Winnicott, D. W.（1958）『小児医学から精神分析へ〈ウィニコット臨床論文集〉』（北山修監訳，岩崎学術出版社，2005年）

【直観】
Bion, W. R.（1970）*Attention and Interpretation,* Tavistock Publications: London.
Grinberg, L. et al.（1979）*Introduction to the Work of Bion*.（『ビオン入門』高橋哲郎訳，岩崎学術出版社，1982年）
――――.「心的現実と精神分析の実践における直観の役割」，精神分析研究，42; 95, 1998.

【直観】
北山修「Sedlak, V. の『成長した心理療法家における発達――大切な対象の哀悼が必要なこと』への指定討論」，第58回日本精神分析学会大会（2012年）
土居健郎（1986）「勘と勘繰りと妄想」，『日常語の精神医学』（医学書院，1994年）所収
Sedlak, V.「成長した心理療法家における発達――大切な対象の哀悼が必要なこと」，精神分析研究，57; 220, 2013.

【つながる】
多田道太郎『しぐさの日本文化』（筑摩書房，1972年）

【土居健郎】
大橋秀夫「土居健郎」(『精神分析の知』88，福島章編，新書館，1996年)
土居健郎『精神分析』(共立出版，1956年／講談社学術文庫，1988年)
――――『精神療法と精神分析』(金子書房，1961年)
――――『精神分析と精神病理』(医学書院，1965年)
――――『漱石の心的世界』(至文堂，1969年)
――――『精神分析と精神病理〈第2版〉』(医学書院，1970年)
――――『「甘え」の構造』(弘文堂，1971年)
――――『方法としての面接』(医学書院，1977年)
――――『表と裏』(弘文堂，1985年)
――――『日常語の精神医学』(医学書院，1994年)
――――『土居健郎選集』全8巻，岩波書店，2000年)

【動機】
小此木啓吾 (1978)「精神分析的面接」，『現代精神医学体系4A1』(金子仁郎他編，中山書店，1995年)
小此木啓吾・岩崎徹也・橋本雅雄・皆川邦直編著 (1981)『精神療法の基礎〈精神分析セミナー1〉』(岩崎学術出版社，1981年)
Dewald, Paul A. (1964, 1969) *Psychotherapy: A Dynamic Approach*, Blackwell Scientific Publications: Oxford.

【同性愛】
Blos, P. (1985) *Son and Father Before and Beyond the Oedipus Complex*. (『息子と父親――エディプス・コンプレックス論をこえて〈青年期臨床の精神分析理論〉』児玉憲典訳，誠信書房，1990年)
Freud, S. (1923) *Das Ich und das Es*. (自我とエス)
Storr, A. (1964) *Sexual Deviation*. (『性の逸脱』山口泰司訳，岩波書店，1992年)
West, D. J. (1960) *Homosexuality Re-examined*. (『同性愛』村上仁・高橋孝子訳，人文書院，1977年)

【とき】
北山修「未来から学ぶ――精神分析的精神療法」，精神分析研究，57; 110, 2013.

【とける】
北山修『評価の分かれるところに――「私」の精神分析的精神療法』(誠信書房，2013年)
前田重治『自由連想覚え書』(岩崎学術出版社，1984年)

【閉ざす】
神田橋條治・荒木富士夫「『自閉』の利用」，『発想の航跡〈神田橋條治著作

集〉』（岩崎学術出版社，1988年）所収
柴田武・國廣哲彌他『ことばの意味２』（平凡社，1979年）

【内的世界／外的世界】
McDougall, J.（1986）*Theatres of the Mind*, Free Association Books.
Seagal, H.（1973）*Introduction to the Work of Melanie Klein*.（『メラニー・クライン入門』岩崎徹也訳，岩崎学術出版社，1977年）

【なおす】
Rackman, S.（1974）*Meaning of Fear*.（『恐怖の意味』北山修訳，誠信書房，1979年）

【二次加工】
Freud, S.（1900）*Die Traumdeutung*.（夢判断）

【二者関係／三者関係】
Balint, M.（1968）『治療論からみた退行――基底欠損の精神分析』（中井久夫訳，金剛出版，1978年）
Bion, W. R.（1962）*Learning from Experience*, Heinemann: London.
Blos, P.（1985）『息子と父親――エディプス・コンプレックス論をこえて〈青年期臨床の精神分析理論〉』（児玉憲典訳，誠信書房，1990年）
Rickman, J. "The factor of number in individual and group dynamics," Journal of Mental Science, 96; 170, 1950.

【日本語臨床】
北山修編『日本語臨床Ⅰ　恥』（星和書店，1996年）
――――『日本語臨床Ⅱ　「自分」と「自分がない」』（星和書店，1997年）
――――『日本語臨床Ⅲ　「甘え」について考える』（星和書店，1999年）
竹友安彦「メタ言語としての〈甘え〉」，『思想』768（1988年）所収
豊永武盛『「声と身体」の語らい』（金剛出版，2000年）

【売春婦】
北山修『評価の分かれるところに――「私」の精神分析的精神療法』（誠信書房，2013年）
中井久夫『治療文化論――治療医学的再構築の試み』（岩波書店，1990年）

【はかなさ】
北山修『幻滅論〈増補版〉』（みすず書房，2012年）
Freud, S.（1916）*Vergänglichkeit*（無常について）
Kubler-Ross, E.（1969）*On Death and Dying*.（『死ぬ瞬間〈完全新訳改訂版〉』鈴木晶訳，読売新聞社，1998年）

【吐くこと】
北山修『心の消化と排出』（創元社，1988年）
渡辺雄三「境界例症例における『取り入れ』と『吐き出し』をめぐって」，臨床精神医学．14; 1693, 1985.
Freud, S.（1915）*Triebe und Triebschicksale*.（本能とその運命）

【白昼夢】
Freud, S.（1900）*Die Traumdeutung*.（夢判断）
――――.（1908）*Der Dichter und das Phantasieren*.（詩人と空想すること）
――――.（1917）*Vorlesungen zur Einführung in die psychoanaiysis*.（精神分析入門）
Segal, H.（1991）*Dream, Phantasy and Art*.（『夢・幻想・芸術』新宮一成他訳，金剛出版，1994年）

【話し】
佐竹昭広『古語雑談』（岩波新書，1986年）
芳賀綏「日本人の言語意識――その二面性」，国文学（至文堂），11月増刊; 8, 1987.
山内洋一郎『野飼ひの駒――語史論集』（和泉書院，1996年）

【歯をもった膣】
Rank, O.（1924）『出生外傷』（細澤仁・安立奈歩・大塚紳一郎訳，みすず書房，2013年）

【悲劇の主人公】
市田勝・近藤三男「心気症の精神療法への一寄与」，精神医学，32; 139, 1990.
Kohut, H.（1977）*The Restoration of the Self*, Int. Univ. Pr.: New York.

【秘密を守る】
小此木啓吾『秘密の心理』（講談社，1986年）

【ヒーリング・ミュージック】
北山修編著『こころを癒す音楽』（講談社，2005年）

【フェティシズム】
Freud, S.（1927）*Fetischismus*.（呪物崇拝）
Greenacre, P.（1970）"The transitional object and the fetish," In *Emotional Growth.*, Int. Univ. Press: New York.

【無気味なもの】
Freud, S.（1919）*Das Unheimliche*.（無気味なもの）

Mahony, P.（1982/1987）『フロイトの書き方』（北山修監訳，誠信書房，1996年）
小此木啓吾『現代精神分析の基礎理論』（弘文堂，1985年）

【普通】
安西水丸『平成版 普通の人』（朝日新聞出版社，2000年）
北山修『劇的な精神分析入門』（みすず書房，2007年）

【文化】
Freud, S.（1927）*Die Zukunft einer Illusion*.（ある幻想の未来）
———.（1930）*Das Unbehagen in der Kultur*.（文化への不満）
Winnicott, D. W.（1971）『遊ぶことと現実』（橋本雅雄訳，岩崎学術出版社，1979年）

【分析状況】
北山修「構造と設定」，岩崎徹也編集『治療構造論』（岩崎学術出版社，1990年）所収
Stone, L.（1961）*The Psychoanalytic Situation*, International Univ. Press.
Sandler, J. et al（1992）『患者と分析者——精神分析の基礎知識』（藤山直樹・北山修監訳，誠信書房，2008年）
Winnicott, D. W.（1958）『小児医学から精神分析へ〈ウィニコット臨床論文集〉』（北山修監訳，岩崎学術出版社，2005年）

【防衛機制】
北山修『精神分析理論と臨床』（誠信書房，2001年）
Freud, A.（1936）『自我と防衛機制〈アンナ・フロイト著作集２〉』（黒丸正四郎・中野良平訳，岩崎学術出版社，1998年）
Freud, S.（1915）*Triebe und Triebschicksale*.（本能とその運命）
———.（1926）*Hemmung, Symptom und Angst*.（制止・症状・不安）

【本当の自己】
Horney, K.（1950）*Neurosis and Human Growth: The Struggle Toward Self-Realization*.（対馬忠監修／藤沢みほ子・対馬ユキ子訳『自己実現の闘い——神経症と人間的成長』アカデミア出版会，1986年）
Winnicott, D. W.（1958）『小児医学から精神分析へ〈ウィニコット臨床論文集〉』（北山修監訳，岩崎学術出版社，2005年）
———.（1965）『情緒発達の精神分析理論』（牛島定信訳，岩崎学術出版社，1977年）

【巻き込み】
成田善弘ら「強迫神経症についての一考察」，精神医学，16; 57, 1974.

【マゾヒズム】
Freud, S.（1905）*Drei Abhandlungen zur Sexualtheorie*.（性欲論三篇）
———.（1920）*Jenseits des Lustprinzips*.（快感原則の彼岸）
———.（1924）*Das ökonomische Problem des Masochismus*.（マゾヒズムの経済的問題）
Nacht, S.（1976）*Le Masochisme*.（『マゾヒズム』山田悠紀男訳，同朋舎，1988年）

【祭り】
Balint, M.（1959）*Thrills and Regressions*.（『スリルと退行』中井久夫他訳，岩崎学術出版社，1991年）

【見るなの禁止】
北山修『悲劇の発生論〈増補新装版〉』（金剛出版，1997年）
———『見るなの禁止〈日本語臨床の深層 第1巻〉』（岩崎学術出版社，1993年）
Kitayama, O. "Pre-oedipal 'taboo' in Japan folk tragedies," International Review of Psychoanalysis 12: 173, 1985.

【空しさ】
Freud, S.（1917）*Trauer und Melancholie*.（悲哀とメランコリー）

【無力感】
Freud, S.（1926）*Hemmung, Symptom und Angst*.（制止・症状・不安）
———.（1927）*Die Zukunft einer Illusion*.（ある幻想の未来）
Winnicott, D. W.（1958）『小児医学から精神分析へ〈ウィニコット臨床論文集〉』（北山修監訳，岩崎学術出版社，2005年）

【面倒を見る】
濱口恵俊『「日本らしさ」の再発見』（日本経済新聞社，1977年）

【ゆ】
北山修『評価の分かれるところに——「私」の精神分析的精神療法』（誠信書房，2013年）
中井久夫「分裂病者における『焦慮』と『余裕』」，『中井久夫著作集2「治療」』（岩崎学術出版社，1985年）所収
藤山直樹『精神分析という営み』（岩崎学術出版社，2003年）

【ユーモア】
北山修『言葉の橋渡し機能　およびその壁〈日本語臨床の深層 第2巻〉』（岩崎学術出版社，1993年）
Freud, S.（1905）*Der Witz und seine Beziehung zum Unbewußten*.（機知——そ

の無意識との関係）
———. (1927) *Der Humor*.（ユーモア）

【寄る辺なさ】
Freud, S. (1926) *Hemmung, Symptom und Angst*.（制止・症状・不安）
———. (1927) *Die Zukunft einer Illusion*.（ある幻想の未来）
Winnicott, D. W. (1958)『小児医学から精神分析へ〈ウィニコット臨床論文集〉』（北山修監訳，岩崎学術出版社，2005年）

【両性素質】
Blos, P. (1985)『息子と父親——エディプス・コンプレックス論をこえて〈青年期臨床の精神分析理論〉』児玉憲典訳，誠信書房，1990年）
Freud, S. (1905) *Drei Abhandlungen zur Sexualtheorie*.（性欲論三篇）
———. (1919) "Ein Kind wird geschlagen."（子どもが叩かれる）
———. (1923) *Das Ich und das Es*.（自我とエス）
———. (1937) *Die endliche und die unendliche Analyse*.（終わりある分析と終わりなき分析）
Laplanche, J. et Pontalis, J.-B. (1967) *Vocabulaire de la Psychanalyse*.（『精神分析用語辞典』村上仁監訳，みすず書房，1977年）

【ローハイム】
Róheim, G. (1934) *The Riddle of the Sphinx*, Harper & Row: New York.
———. (1950) *Psychoanalysis and Anthropology*, Int. Univ. Press: New York.

【歪曲】
Freud, S. (1900) *Die Traumdeutung*.（夢判断）

【わがまま】
下坂幸三『精神療法の条件』（金剛出版，1988年）

【わたし】
きたやまおさむ『帰れないヨッパライたちへ』（NHK 出版新書，2012）
北山修『劇的な精神分析入門』（みすず書房，2007年）
馬場禮子：パーソナル・コミュニケーション

●私の歌はどこで生まれるのか——「旅」と「私」
北山修『さすらいびとの子守唄』（角川書店，1971年）
———『劇的な精神分析入門』（みすず書房，2007年）
———『評価の分かれるところに——「私」の精神分析的精神療法』（誠信書房，2013年）

成田善弘：パーソナル・コミュニケーション
Freud, S.（1913）*Zur Einleitung der Behandlung.*（分析治療の開始について）
———.（1919）*Das Unheimliche*.（無気味なもの）
———.（1931）*Brief an den Bürgermeister der Stadt Pribor.*（プリボール市長への手紙）
———. tr. Masson, J. M.（1985）*The Complete Letters of Sigmund Freud to Wilhelm Fliess, 1887-1904*（『フロイト　フリースへの手紙　1887-1904』河田晃訳，誠信書房，2001年）
Gay, P.（2006）*Freud: A Life for Our Time*.（『フロイト』1・2，鈴木晶訳，みすず書房，1997・2004年）
Jones, E.（1961）『フロイトの生涯』（竹友安彦他訳，紀伊國屋書店，1969年）
Kitayama, O. "Pre-oedipal 'taboo' in Japan folk tragedies," International Review of Psychoanalysis 12: 173, 1985.
———.（2010）*Prohibition of Don't Look*, Iwasaki Gakujutsu Shuppansha: Tokyo.
Kris, E.（1952）『芸術の精神分析的研究』（馬場禮子訳，岩崎学術出版社，1976年）
Winnicott, D. W.（1986）『抱えることと解釈』（北山修監訳，岩崎学術出版社，1989年）

著者略歴

（きたやま・おさむ）

1946年淡路島生まれ．精神分析医．1972年，京都府立医科大学卒業後，ロンドンのモーズレイ病院およびロンドン大学精神医学研究所で卒後研修．帰国後，北山医院（現南青山心理相談室）院長．専門は精神分析学．医学博士．九州大学名誉教授．元日本精神分析学会会長．日本精神分析学会学会賞（古澤賞，2011）と同出版賞（小此木賞，2013）を受賞．主な著書に『悲劇の発生論』（金剛出版，1982／増補新装版1997）『錯覚と脱錯覚』（岩崎学術出版社，1985／改訂版2004）『幻滅論』（みすず書房，2001／増補版2012）『共視論』（共著，講談社，2005）『日常臨床語辞典』（執筆・監修，誠信書房，2006）『劇的な精神分析入門』（みすず書房，2007）『覆いをとること・つくること』（岩崎学術出版社，2009）『最後の授業』（みすず書房，2010）『評価の分かれるところに』（誠信書房，2013）など．主な監訳書にD・W・ウィニコット『小児医学から児童分析へ』（岩崎学術出版社，1988），J・ストレイチー『フロイト全著作解説』（編集・監訳，人文書院，2005），フロイト『「ねずみ男」精神分析の記録』（編集・監訳，人文書院，2006）『フロイトと日本人』（編著，岩崎学術出版社，2011）など．
同時にミュージシャン・作詞家として，大学在学中にザ・フォーク・クルセダーズ結成に参加し，「帰って来たヨッパライ」（1967）が代表作．作詞の仕事により，「戦争を知らない子供たち」（1970）で第13回日本レコード大賞作詞賞を受賞．

北山 修
意味としての心
「私」の精神分析用語辞典

2014年 2月 7日 第1刷発行
2016年 11月 2日 第3刷発行

発行所 株式会社 みすず書房
〒113-0033 東京都文京区本郷5丁目32-21
電話 03-3814-0131(営業) 03-3815-9181(編集)
http://www.msz.co.jp

本文組版 キャップス
本文印刷・製本所 中央精版印刷
扉・表紙・カバー印刷所 リヒトプランニング

Printed in Japan
ISBN 978-4-622-07785-5
[いみとしてのこころ]